商务馆对外汉语教学专题研究书系（第二辑）
总主编 赵金铭
审 订 世界汉语教学学会

汉语作为第二语言教学史研究

主编 张西平

2019年·北京

总主编 赵金铭

主　编 张西平

副主编 李　真　岳　岚

作　者（按收录文章先后顺序排列）

施光亨　鲁健骥　张西平　卞浩宇

张卫东　温云水　程相文　李　真

李无未　陈珊珊　杨慧玲　徐时仪

高永伟　柳若梅　顾　钧　施正宇

许光华　何莫邪　武柏索　李向玉

岳　岚　崔颂人　刘小湘　赵金铭

目　录

总　序 ································· 1
综　述 ································· 1

第一章　汉语作为第二语言教学史研究的兴起 ········ 1
　　第一节　汉语作为第二语言教学的历史研究 ········· 1
　　第二节　汉语作为第二语言教学史的历史分期 ······· 18
　　第三节　汉语作为第二语言教学史的研究对象与方法 ····· 30

第二章　汉语作为第二语言教学的历史发展 ········· 50
　　第一节　唐元时期的汉语教学 ················· 50
　　第二节　明清时期的汉语教学 ················· 64
　　第三节　19世纪的汉语教学 ··················· 86
　　第四节　民国时期的汉语教学 ················ 107

第三章　历史上外国人所编对外汉语教材 ·········· 118
　　第一节　朝鲜时代的《老乞大》和《朴通事》 ······ 118
　　第二节　法国来华传教士汉语教材《汉语札记》 ···· 137
　　第三节　日本明治时期的会话教材 ·············· 146

第四章　历史上外国人所编双语学习词典 …… 170
第一节　世界汉外双语词典史的缘起 …… 170
第二节　明清传教士与辞书编纂 …… 183
第三节　罗存德和他的《英华字典》 …… 199
第四节　俄罗斯早期汉语词典 …… 213

第五章　早期西方人的汉语学习与汉语研究 …… 227
第一节　来华美国人的汉语学习 …… 227
第二节　清代来华西方人的汉语水平 …… 236
第三节　16—18世纪传教士与汉语研究 …… 255
第四节　《马氏文通》以前的西方汉语语法书 …… 293

第六章　历史上外国人创办的汉语教学机构 …… 299
第一节　那不勒斯东方大学的汉语教学 …… 299
第二节　澳门圣保禄学院的汉语教学 …… 309
第三节　马六甲英华书院的汉语教学 …… 313

第七章　早期海外任教的中国汉语教师 …… 328
第一节　美国汉语教学的先驱——戈鲲化 …… 328
第二节　英国伦敦大学的汉语教师——老舍 …… 335
第三节　任教朝鲜的汉语教师——魏建功 …… 346

编后记 …… 352

总　序

赵　金　铭

对外汉语教学专题研究书系是商务印书馆出版的同名书系的延续。主要收录2005—2016年期间，有关学术杂志、期刊、高校学报等所发表的有关对外汉语教学研究论文，涉及学科各分支研究领域。内容全面，质量上乘，搜罗宏富。对观点不同的文章，两方皆收。本书系是对近10年对外汉语教学研究成果的汇总与全面展示，希望能为学界提供近10年来本学科研究的总体全貌。

近10年的对外汉语教学与研究，呈现蓬勃发展的局面，与此同时，各研究分支也出现一些发展不平衡现象。总体看来，孔子学院教学、汉语师资培训、文化与文化教学、专业硕士课程教学等方面，已经成为研究热门，研究成果数量颇丰，但论文质量尚有待提升。由于主管部门的导向，作为第二语言汉语教学的汉语本体研究与汉语教学研究，在一定程度上被淡化。语音、词汇及其教学研究成果较少，语法、汉字及其教学研究成果稍多，汉字教学研究讨论尤为热烈。新汉语水平考试研究还不够成熟，课程与标准和大纲研究略显薄弱。值得提及的是，教学方法研究与教学模式研究、汉语作为第二语言习得研究、现代教育技术研究及其在教学中的应用研究，发展迅速，方兴未艾，成果尤为突出。本书系就是对这 10 年研究状况的展示与总结。

近 10 年来，汉语国际教育大发展的主要标志是：开展汉语教学的国别更加广泛；学汉语的人数呈大规模增长；汉语教学类型和层次多样化；汉语教师、教材、教法研究日益深入，汉语教学本土化程度不断加深；汉语教学正被越来越多的国家纳入其国民教育体系。其中，世界范围内孔子学院的建立既是国际汉语教育事业大发展的重要标志，也是进一步促进国际汉语教学持续发展的一个重要平台，吸引了世界各地众多的汉语学习者。来华外国留学生汉语教学与海外汉语教学，共同打造出汉语教学蓬勃发展的局面。

大发展带来学科研究范围的扩大和研究领域的拓展。本书系共计 24 册，与此前的 22 册书系的卷目设计略有不同。

本书系不再设《对外汉语课堂教学技巧研究》，增设《汉语作为第二语言教学的教学方法研究》和《汉语作为第二语言教学的教学模式研究》两册。汉语作为第二语言教学，既与世界第二语言教学有共同点，也因汉语、汉字的特点，而具有不同于其他语言作为第二语言教学的特色。这就要求对外汉语教学要讲求符合汉语实际的教学方法。几十年以来，对外汉语教学在继承传统和不断吸取各种教学法长处的基础上，结合汉语、汉字特点，以结构和功能相结合为主的教学方法为业内广泛采用，被称为汉语综合教学法。博采众长，为我所用，不独法一家，是其突出特点。这既是对外汉语教学的传统，在教学实践中也证明是符合对外汉语教学实际的有效的教学方法。与此同时，近年来任务型教学模式风行一时，各种各样的教法也各展风采。后方法论被介绍进来后，已不再追求最佳教学法与最有效教学模式，教学法与教学模式研究呈现多样化与多元性发展态势。

进入新世纪后，对外汉语教学学科理论研究的一个重要进展是开拓了第二语言习得理论与实际问题的研究，从重视研究教师怎样教汉语，转向研究学习者如何学习汉语，这是一种研究理念的改变，这种研究近10年来呈现上升趋势。研究的重点集中于学习者语言系统研究、汉语作为第二语言的习得研究，以及汉语作为第二语言学习者研究。本书系基于研究领域的扩大，增设《基于认知视角的汉语第二语言习得研究》，从一个新的角度开辟了汉语学习研究的新局面。

教育部在2012年取消原本科专业目录里的"对外汉语"，设"汉语国际教育"二级学科。此后，"汉语国际教育"作为在世界范围内开展汉语作为第二语言教学的名称被广泛使用，学科名称的变化，为对外汉语教学带来了无限的机遇与巨大的挑战。随着海外汉语学习者人数的与日俱增，大量汉语教师和汉语教学志愿教师被派往海外，新的矛盾暴露，新的问题随之产生。缺少适应海外汉语教学需求的合格的汉语教师，缺乏适合海外汉语学习者使用的汉语教材，原有的汉语教学方法又难以适应海外汉语教学实际，这三者成为制约提高对外汉语教学质量、提升对外汉语教学水平的瓶颈。

面对世界汉语教学呈现出来的这些现象，在进行深入研究，寻求解决办法的同时，也产生了一种急于求成的情绪，急于解决当前的问题。故而研究所谓"三教"问题,一时成为热门话题。围绕教师、教材和教法问题,结合实际情况,出现一大批对具体问题进行研究的论文。与此同时,在主管部门的导引下,轻视理论研究,淡化学科建设,舍本逐末,视基础理论研究为多余,成为一时倾向。由于没有在根本问题上做深入的理论探讨,将过多的精力用于技法的提升,以至于在社会上对汉语作为一个学科产生了不同认识,某种程度上干扰了学科建设。本书系《汉语作为第二语言教学的学科理论研究》和《汉语作为第二语言教学的教学理论研究》两册集中反映了学科建设与教学理论问题,显示学界对基本理论建设的重视。

2007年国务院学位办设立"汉语国际教育硕士专业学位",目前已有200余所高等院校招收和培养汉语国际教育专业硕士。10多年来,数千名汉语教师和志愿者在世界各地教授汉语、传播中国文化,这支师资队伍正在共同为向世界推广汉语做出贡献。

一种倾向掩盖着另一种倾向。社会上看轻汉语作为第二语言教学的观点,依然存在。这就是将教授外国人汉语看成一种轻而易举的事,这是一种带有普遍性的错误认知。这种认识导致对汉语作为第二语言教学科学性认识不足。一些人单凭一股热情和使命感,进入了汉语国际教育的教师队伍。一些人在知识储备和教学技能方面并未做好充分的准备,便匆匆走向教坛。故而如何对来自不同专业、知识结构多层次、语言文化背景多有差别的学习者,进行汉语作为第二语言教学的专业培养和培训,如何安排课程内容,将其培养成一个合格的汉语教师,就成为当前迫切需要解决的问题。本书系增设的《汉语作为第二语言教学的教师发展研究》《汉语作为第二语言标准与大纲研究》以及《汉语作为第二语言教学的课程研究》，都专门探讨这些有关问题。

自1985年以来，实行近20年的汉语水平考试（HSK），已构成了一个水平由低到高的较为完整的系统，汉语水平考试（HSK）的实施大大促进了汉语教学的科学化和规范化。废除HSK后，研发的"新HSK"，目前正在改进与完善之中。有关考试研究，最近10年来，虽然关于测试理论和技术等方面的研究仍然有一些成果出现，但和以往相比，研究成果的数量有所下降，理论和技术方面尚缺乏明显的突破。汉语测试的新进展主要表现在新测验的开发、新技术的应用和对重大理论问题的探讨等方面。《汉语作为第二语言测试研究》体现了汉语测试的研究现状与新进展。

十几年来，汉语作为第二语言教学史的研究越来越多，也越来越深入。既有宏观的综合性研究，又有微观的个案考察。宏观研究中，从学科建设的角度探讨汉语教学史的研究。重视对外汉语教学历史的发掘与研究，因为这是对外汉语教学学科建设中不可缺少的一部分。宏观研究还包括对某一历史阶段和某一国家或地区汉语教学历史的回顾与描述。微观研究则更关注具体国家和地区的汉语教学历史、现状与发展。为此本书系增设《汉语作为第二语言教学史研究》，以飨读者。

本书系在汉语本体及其教学研究、汉语技能教学研究、文化教学与跨文化交际研究、教育技术研究和教育资源研究等方面，也都将近10年的成果进行汇总，勾勒出研究的大致脉络与发展轨迹，也同时可见其研究的短板，可为今后的深入研究引领方向。

本书系由商务印书馆策划，从确定选题，到组织主编队伍，以及在筛选文章、整理分类的过程中，商务印书馆总编辑周洪波先生给予了精心指导，在此深表谢意。

本书系由多所大学本专业同人共同合作，大家同心协力，和衷共济，在各册主编初选的基础上，经过全体主编会的多次集体讨论，认真比较，权衡轻重，突出研究特色，注重研究创新，最终确定入选篇章。即便如此，也还可能因水平所及评述失当，容或有漏选或误选之处，对书中的疏漏和失误，敬请读者不吝指教，以便再版时予以修正。

综 述

张 西 平

汉语作为第二语言教学史以汉语作为第二语言教学的历史为研究对象，从地域范围来看，既包括发生在中国本土的教授外国（族）人学习汉语的历史，也包括发生在世界各地的教授外国人（含华人后裔）学习汉语的历史；从时间角度而言，理论上囊括从古至今汉语作为第二语言教学的全部内容，实际上通常以1949年以前的汉语教学历史为主。

汉语作为第二语言教学有着悠久的历史，从汉代开始就有外国人到我国来学习汉语。东汉时期的"四姓小侯学"名声远播，引起外国人羡慕，"亦遣子入学"。早在公元前，汉字、汉语就已经传入朝鲜半岛，在汉字文化圈中，朝鲜半岛上的国家是最早接触和吸收汉语、汉文化的国家，也是最早开始进行汉语教学的国家。丝绸之路的开通，中外经济贸易的往来，宗教的传播以及与其他国家政治关系的演变，深刻地影响着外国（族）人汉语教学和学习活动的开展，汉语作为第二语言教学的历史随着中外文化交流关系的起伏而变迁。汉语作为第二语言教学的历史是对外汉语教学学科的重要组成部分，它隶属于对外汉语教学学科史的研究范畴，为对外汉语教学学科理论提供必要的历史支撑。

一 汉语作为第二语言教学史研究的历史与现状

汉语作为第二语言教学有着一千多年的历史,但汉语作为第二语言教学史的研究只有不到三十年的历史。汉语作为第二语言教学史这一学科的确立源于中国学术界对西方人的汉语研究,罗常培 1930 年发表的《耶稣会士在音韵学上的贡献》首次关注到西方来华传教士在汉语语言学上的贡献。1955 年中国文字改革委员会成立,"拼音文字史料丛书"将利玛窦的《西字奇迹》和金尼阁的《西儒耳目资》收入其中,中国语言学界出现对《西儒耳目资》的关注与研究,西方人的汉语研究开始进入中国语言学的研究范围。不过,这些都是从汉语史的角度对西方人的汉语成果进行的本体研究,对外汉语教学领域并未出现相关的学术关注。

20 世纪 80 年代开始,对外汉语教学作为一个专门的学科正式确立,诸多专家学者从学科建设的高度开展理论研究,理论著作和论文相继问世,它们从不同的角度阐述了对外汉语教学的理论,构建起比较系统、日趋完善的理论框架。但是作为学科史的汉语作为第二语言教学的历史研究却很薄弱。汉语教学史的研究肇始于 20 世纪 80 年代末,张亚军教授是最早撰文关注历史上的对外汉语教学的学者之一。他指出,"随着这种友好的交往,汉语便成为人民交际的桥梁。但是,过去人们并没有把对外汉语教学看作是一门独立的学科,它只是外国人学习儒学、佛学或者其他学问的一部分。所以我们今天要了解我国历史上的对外汉语教学情况,不但要了解国内汉语教学,同时还应该了解国外的汉语教学，从而使我们看到历史上我们对外汉语教学的规模、特点以及教材、教法等情况"①。20世纪80年代末，还有徐恭生对琉球国在华留学生的考察②和武柏索对欧洲第一个汉语研究中心——那不勒斯东方大学的介绍③。这只是汉语教学史研究的开端，成果数量寥寥无几。90年代以后，鲁健骥教授等人也呼吁加强对外汉语教学史的研究。④国家对外汉语教学领导小组办公室1998年设立首批科研项目，资助张西平教授的"西方人早期汉语学习史调查"和董明教授的"古代汉语汉字对外传播史"，体现出国家层面对汉语作为第二语言教学史研究的重视。更为可喜的是，2004年在澳门成立了国际性的学会组织——世界汉语教育史研究学会，它的成立将分散的个体研究汇聚到以世界汉语教育史研究学会为核心的学术研究团体中来，毋庸置疑，这将大大推动这一学术领域的发展。20世纪90年代和21世纪初产生了关于地区和国别汉语教学史研究的几部专著，周聿峨的《东南亚华文教育》（暨南大学出版社，1995年）、黄昆章的《印度尼西亚华文教育发展史》（外语教学与研究出版社，2007年）、郑良树的《马来西亚华文教育发展简史》（外语教学与研究出版社，2007年）和鲁宝元、吴丽君编写的《日本汉语教育史研究——江户时代唐话五种》（外语教学与研究出版社，2009年）均为世界汉语教育史研究学

---

① 张亚军《历史上的对外汉语教学》，《语言教学与研究》1989年第3期。
② 徐恭生《琉球国在华留学生》，《福建师范大学学报（哲学社会科学版）》1987年第4期。
③ 武柏索《欧洲第一个汉语研究中心——古老而年轻的那不勒斯东方大学》，《语言教学与研究》1988年第4期。（本书第六章第一节）
④ 鲁健骥《谈对外汉语教学历史的研究——对外汉语教学学科建设的一个重要课题》，《语言文字应用》1998年第4期。（本书第一章第二节）

会推动下的学术成果。

相比之下,外国人,特别是日本人对汉语教学史的研究更早一些,六角恒广对日本汉语教学史的相关文献进行了整理和系列研究,主要包括:《近代日本的中国语教育》(1984)、《中国语教育史论考》(1989)、《日本中国语教育史研究》(1992)、《日本中国语教学书志》(2000)、《日本近代汉语名师传》(2002)和《中国语教育史稿拾遗》(2002)。

2009 年《世界汉语教育史》(张西平主编,商务印书馆,2009 年)的出版在对外汉语教学学科史上具有里程碑意义。这是第一本以世界汉语教育史为核心的对外汉语教学专业本科教材,该书讲授了 21 个国家和地区的上下近两千年的汉语教育史,是一部具有奠基性和开创意义的力作,填补了对外汉语教学领域的一项空白,大大推进了汉语作为第二语言教学史的研究。由于当时尚有一些相关研究还未全面展开,有些章节内容单薄,资料略显匮乏,研究不够深入,造成了章节之间的不平衡,不过,正是因为如此,也为后来者提供了一个不断补充和完善的空间。

进入 21 世纪以后,特别是近十年以来,汉语作为第二语言教学史的研究发展迅速,不少硕士、博士论文涌现。北京语言大学鲁健骥教授、施光亨教授和程相文教授以及北京外国语大学张西平教授、姚小平教授最早指导他们的学生进行汉语教学史的研究;上海师范大学王澧华教授的硕士生对近代传教士、海关洋员和外交官编写的汉语教材进行了系列研究;后来华东师范大学、山东师范大学、福建师范大学、重庆师范大学等高校的研究生也加入这一领域的研究,学位论文近几年增长很快。

十几年来,汉语作为第二语言教学史的研究越来越多,也越来越深入。既有宏观的综合性研究，又有微观的个案考察。宏观研究中，鲁健骥、施光亨、张西平、李宇明等人从学科建设的角度探讨汉语教学史的研究。鲁健骥教授呼吁应该重视对外汉语教学历史的发掘与研究，因为这是对外汉语教学学科建设中不可缺少的一部分。任何一个学科的建立，都有其历史渊源，都不可能是无源之水、无本之木，都是经过很长时期的积累、发展，到了一定的时候才成熟，成为一门科学。有史有论是一个学科存在的必不可少的条件。对外汉语教学这一学科，在"论"的方面有了一定的基础，但在"史"的方面还很不足，应该尽快开展起对外汉语教学历史的研究。[1] 施光亨教授以明末为界把历史上对外国（族）人的汉语教学分为两个时期。明末以前，外国（族）人学习汉语使用的主要是汉语作为母语教学的教材；明末以后，大批西方人来华，开始了汉语作为第二语言教学的探索。[2] 张西平教授则对汉语教育史的研究对象和方法展开初步讨论，汉语作为外语学习的历史是汉语教育史的研究对象，该研究对象具有跨学科的性质，这决定了其研究方法也必然具有多样性。[3] 李宇明教授指出为了促进汉语的国际传播，应重视对已有的相关实践进行经验总结，鉴往而明今。[4] 此外，宏观研究还包括对某一历史阶段和

---

[1] 鲁健骥《谈对外汉语教学历史的研究——对外汉语教学学科建设的一个重要课题》，《语言文字应用》1998年第4期。（本书第一章第二节）。

[2] 施光亨《历史上的汉语教学：向着第二语言教学走出的第一步》，《海外华文教育》2004年第4期。（本书第一章第一节）

[3] 张西平《世界汉语教育史的研究对象与研究方法》，《世界汉语教学》2008年第1期。（本书第一章第三节）

[4] 李宇明《重视汉语国际传播的历史研究》，《云南师范大学学报（对外汉语教学与研究版）》2007年第5期。

某一国家或地域汉语教学历史的描述。董明是最早进行阶段汉语教学史研究的学者,他探讨了明清两代汉语在琉球的传播①、隋唐时期汉语在朝鲜半岛的传播②以及明清时期琉球人的汉语、汉文化学习情况③。王继红谈论了隋唐的汉语教学情况④,高霞和刘敏都谈论了唐代的汉语教学情况⑤,卞浩宇对唐元时期来华传教士的汉语学习状况进行了考察⑥,张西平概述了明清时期的汉语教学⑦,张卫东从中外文化交往的角度总结了19世纪的汉语教学⑧,温云水对民国时期的汉语教学史料进行了探究⑨,这些学者梳理了从隋唐到民国一千多年的汉语教学史。另外,从国别和地域研究来看,研究涉及韩国、日本、东北亚、法国、德国、美国、俄罗斯等国家和地区,具体包括金基石、韩容洙对韩国汉语教育史的梳理⑩,

---

① 董明《明清两代汉语在琉球的传播》,《世界汉语教学》1996年第4期。
② 董明《隋唐时期汉语在朝鲜半岛的传播》,《北京师范大学学报(人文社会科学版)》1999年专刊。
③ 董明《明清时期琉球人的汉语汉文化学习》,《北京师范大学学报(人文社会科学版)》2001年第1期。
④ 王继红《隋唐对外汉语教学史考》,《绥化学院学报》2010年第4期。
⑤ 高霞《唐代的对外汉语传播简介》,《楚雄师专学报》2001年第2期。刘敏《唐代留学生教育的兴盛及其影响》,《佳木斯大学社会科学学报》2002年第2期。
⑥ 卞浩宇《唐元时期来华传教士汉语学习和研究》,《宗教学研究》2011年第3期。(本书第二章第一节)
⑦ 张西平《明清时期的汉语教学概况——兼论汉语教学史的研究》,《世界汉语教学》2002年第1期。(本书第二章第二节)
⑧ 张卫东《论19世纪中外文化交往中的汉语教学》,《北京大学学报(哲学社会科学版)》2000年第4期。(本书第二章第三节)
⑨ 温云水《民国时期汉语教学史料探究》,《世界汉语教学》2005年第2期。(本书第二章第四节)
⑩ 金基石《韩国汉语教育史论纲》,《东疆学刊》2004年第1期。韩容洙《韩国汉语教学概观》,《汉语学习》2004年第4期。

王幼敏对日本汉语教学史的关注[1], 曹秀玲对东北亚汉语教学历史的概说[2], 白乐桑对法国汉语教学的历史沿革与当代状况的介绍[3], 李木谢子对明朝后期至1887年德国汉语教育的简要概述[4], 顾钧对鸦片战争时期来华美国人汉语学习的研究[5], 王治理、肖玉秋分别对俄罗斯的汉语教学和俄罗斯来华留学生情况的介绍[6]。

更多的研究属于个案研究。这些个案研究主要是针对某本教材、辞书或某个人物、教学机构的研究。关于历史上的汉语教材，成果比较集中的是程相文对朝鲜汉语教材《老乞大》《朴通事》的研究[7], 李真对法国传教士马若瑟汉语语法书《汉语札记》的研究[8], 从不同的角度对上述教材进行了探讨。对其他教材个案

---

[1] 王幼敏《近代日本的中国语教育》，《云南师范大学学报（对外汉语教学与研究版）》2006年第4期。王幼敏《近代日本中国语教育的历史轨迹——同远东政治紧密相连的语言教学》，《广西师范大学学报（哲学社会科学版）》2006年第2期。

[2] 曹秀玲《东北亚汉语教学的历史与现状综观》，《世界汉语教学》2008年第3期。

[3] 白乐桑《法国汉语教学历史沿革与现状》，张放编译，《法语学习》2005年第2期、第3期连载。

[4] 李木谢子《早期德国汉语教育史简要综述——明朝后期至1887年的德国汉语教育》，《商业文化（学术版）》2009年第9期。

[5] 顾钧《鸦片战争以前来华美国人的汉语学习》，《江苏大学学报（社会科学版）》2012年第4期。（本书第五章第一节）

[6] 王治理《早期对俄汉语教学与俄罗斯的汉语教学》，《海外华文教育》2003年第2期。肖玉秋《1864年以前的俄国来华留学生》，《历史档案》2007年第1期。

[7] 程相文《〈老乞大〉和〈朴通事〉在汉语第二语言教学发展史上的地位》，《汉语学习》2001年第2期。（本书第三章第一节）

[8] 李真《〈汉语札记〉对世界汉语教学史的贡献》，《世界汉语教学》2005年第4期。（本书第三章第二节）

的研究比较分散。辞书方面关注较多的是第一本英汉汉英双语字典——马礼逊的《华英字典》。此外，不乏对双语词典的综合性描述，如金嫒熙的《历史上的汉语—朝鲜语辞书》、向际宇的《近代西方汉学字典初探》、柳若梅的《俄罗斯汉学家出版的早期汉语词典》[①]等分别描述了朝鲜、欧洲和俄罗斯词典的历史概况。

关于历史上外国人汉语学习情况和汉语水平到底如何，相关资料不太充足，零星地散落在各种史籍中，研究也比较少见。顾钧对鸦片战争之前来华的三位美国人亨德、裨治文、卫三畏的学习情况进行了论述[②]，施正宇通过京师同文馆考察了当时西方人的汉语水平[③]。相比之下，关于外国人的汉语研究方面成果较多，既有对他们汉语语法研究的论述，也有对他们汉语、汉字研究的总结。例如，何莫邪、贝罗贝等都对20世纪以前的西方人汉语语法书情况进行了考察[④]，姚小平总结了16—19世纪西方人对汉语、汉字的认识[⑤]，许光华还梳理了16—18世纪传教士的汉语研究情况[⑥]。

[①] 这三篇文章分别参见《辞书研究》2004年第2期、2010年第4期和2013年第1期。（本书第四章第四节）

[②] 顾钧《鸦片战争以前来华美国人的汉语学习》，《江苏大学学报（社会科学版）》2012年第4期。（本书第五章第一节）

[③] 施正宇《试论清代来华西方人的中国语言水平——从京师同文馆的建立说起》，《清华大学学报（哲学社会科学版）》2014年第6期。（本书第五章第二节）

[④] 何莫邪《〈马氏文通〉以前的西方汉语语法书概况》，《文化的馈赠——汉学研究国际会议论文集·语言文学卷》，北京大学出版社，2000年。（本书第五章第四节）贝罗贝《二十世纪以前欧洲汉语语法学研究状况》，《中国语文》1998年第5期。

[⑤] 姚小平《16—19世纪西方人眼中的汉语汉字》，《语言科学》2003年第1期。

[⑥] 许光华《16至18世纪传教士与汉语研究》，《国际汉学》2000年第2辑。（本书第五章第三节）

关于具体的汉语研究，内容非常丰富，但内容多与汉语本体研究密切相关，而不侧重汉语教学，这里暂不一一赘述。

历史上在中国和海外还有不少汉语教学机构和从事汉语教学的教师，不过这两个方面的研究成果比较少。关于汉语教学机构，对马六甲英华书院的介绍相对较多，岳岚对英华书院的建立、师生情况、课程设置、教学制度、方法以及教学成果进行了详细介绍[1]。另外，20世纪80年代武柏索就关注了那不勒斯东方大学的汉语教学情况[2]，张静贤、费锦昌在90年代介绍了圣彼得堡大学的汉语教学[3]。进入21世纪以后，这方面的研究仍然不多，主要有李向玉对澳门圣保禄学院中文教学的研究[4]，岳峰对牛津大学的汉语教学与理雅各关系的论述[5]，等等。早期赴海外任教的汉语教师数量不多，资料比较有限，研究也相对匮乏。研究较多关注的是对赴美汉语教师戈鲲化的研究，崔颂人叙述了戈鲲化赴美任教的证明、经历以及去世的情况[6]。关于著名作家老舍在伦敦任教和语言学家魏建功在朝鲜教授汉语、在台湾推广"国语"的情况，尽管资料不是很多，但是刘小湘、赵金铭也分别尽可能对

---

[1] 岳岚《马六甲英华书院的汉语教学》，《汉学研究》2016年春夏卷。（本书第六章第三节）

[2] 武柏索《欧洲第一个汉语研究中心——古老而年轻的那不勒斯东方大学》，《语言教学与研究》1988年第4期。（本书第六章第一节）

[3] 张静贤、费锦昌《俄罗斯圣彼得堡大学东方系的汉语教学》，《世界汉语教学》1993年第3期。

[4] 李向玉《澳门圣保禄学院的中文教学》，《世界汉语教学》2000年第3期。（本书第六章第二节）

[5] 岳峰《理雅各与牛津大学最早的汉语教学》，《世界汉语教学》2003年第4期。

[6] 崔颂人《美国汉语教学的先驱——戈鲲化》，《世界汉语教学》1994年第3期。（本书第七章第一节）

相关情况进行了论述①。另外,王顺洪还对日本本土汉语教师进行了多方面的分析和介绍②。

二 汉语作为第二语言教学史研究的问题与不足

汉语作为第二语言教学史作为一个新兴的学术研究领域,十几年来成长比较迅速,特别是伴随着孔子学院在全球的快速发展,在学术上了解和研究汉语在世界各国的传播历史成为开展国际汉语教育的基础。迄今为止,汉语教学史的研究成绩可以概括为:研究领域日益受到关注,学术研究进展扎实,研究成果日趋增长,研究队伍逐步扩大,学科建设作用日益显著。但是,作为一个年轻的研究领域,它仍面临着诸多的新问题、新挑战,需要我们冷静思考,以保证这个研究领域逐步健康地发展。

首先,原始文献比较匮乏。历史学科的基本特点是依据史料展开研究,史料不足乃历史研究之大忌。作为一个具有历史属性的研究领域,汉语作为第二语言教学史研究的合法性和科学性全部来源于对历史上汉语教学史料的发掘与研究。目前,已经整理

---

① 刘小湘《我国对外汉语教学的珍贵遗产——试论老舍在伦敦期间的对外汉语教学》,《世界汉语教学》1992年第3期。赵金铭《魏建功先生在朝鲜教汉语和在台湾推广"国语"的贡献》,《世界汉语教学》2002年第3期。(本书第七章第二节、第三节)

② 王顺洪《日本明治时期的汉语教师》,《汉语学习》2003年第1期。

的文献数量有限，主要有汪维辉编、2005年中华书局出版的《朝鲜时代汉语教科书丛刊》[1]、李无未主编、2015年中华书局出版的《日本汉语教科书汇刊（江户明治编）》[2]和姚小平、姚喜明主编、上海大学出版社出版的丛书"19世纪西方传教士编汉语方言词典"。另外还有一些翻译著作，如姚小平主编的《华语官话语法》《汉文经纬》《汉语官话口语语法》《上海方言口语语法》等。虽然在文献整理方面我们取得了一些进步，但是这对于卷帙浩繁的汉语教学史文献而言是远远不够的。我们无法做到无米之炊，所以必须从史料入手，为进一步的研究提供必要的保障。唯有此，这个研究领域方可作为历史支撑起整个对外汉语教学学科。

其次，研究领域发展不均衡。汉语作为第二语言教学史的研究，包括对世界各地的从古至今的汉语教学的研究，涉及地域广泛，时间漫长，进行研究需要阅读不同语种的文献，因此进行受到的限制和面临的困难比较多。教学史研究的研究领域发展并不均衡，这种不均衡主要表现在以下几个方面：就研究时段而言，明清时期是中外文化交流和碰撞比较激烈和活跃的时期，西方人汉语学习的两次高潮均产生于这个时期；朝鲜和日本在同一时期的汉语学习需求也比较强烈。所以目前的研究成果多数集中于明清时期，以及和明清差不多相对应的朝鲜时代和日本江户、明治时期。而对于明朝以前、民国以后的汉语教学史研究则明显不足。从研究国别和地域来看，目前的研究主要针对英美、日本和韩国的汉语教学史，而对世界上其他国家和地域的研究相对薄弱，例

---

[1] 该丛刊收录了朝鲜时代汉语教科书10种。
[2] 该汇刊汇集日本江户、明治两个时期汉语教科书和工具书134种。

如德国、西班牙、葡萄牙等欧洲国家的汉语教学史，印度、越南、马来西亚、泰国等亚洲国家的汉语教学史。就语种而言，研究涉及的语种主要是英语、日语和韩语，而其他语种因为很少被研究者掌握，所以其研究的开展和深化受到了限制。从研究内容来看，学者们对历史上的汉语教材以及外国人对汉语的研究关注最多，而对汉语教学史上的重要人物、教学机构等则关注不多。通常个案研究较多，而综合性的研究成果不够显著。作为一个历史性质的学科，研究没有连续性和全局性是一个较大的问题，不掌握国内外汉语作为第二语言教学的连续性，便无法从足够时段的实践中总结出历史经验；没有全局性，就无法总结出汉语在世界各国传播发展的基本规律。因此，汉语作为第二语言教学史仍是一个亟待发展的学科领域。

最后，汉语作为第二语言教学史的理论性研究有待深入。"从对外汉语教学的历史情况，我们可以清楚地看到，汉语教学有着悠久的历史，汉语在中外文化交流中发挥了很大的作用，特别在亚洲产生了很大的影响。同时还可以看到语言教学的发展与国家的政治、经济有着密切的关系。国运昌，汉语兴。汉语教学在历史上出现过两次大分工。在古代，汉语言学习和汉文化学习是不分的，后来出现了汉语言学习与其他专业学习的分工和汉语与汉学的分工，这是由于社会的进步，出现在近代的事了。再一点，从历史上汉语教学的情况，我们可以看到，汉语教学走的路子与西方古代拉丁文、希腊文教学走的路子有很大的不同。我们的教学思想和方法是值得探讨的，这对我们认识语言的习得过程，认识汉语的特点以及探讨科学的汉语教学方法都是很有作用的。"（张亚军，1989）我们应该从历史中进行经验总结，丰富对外汉语教学的理论，为汉语国际传播和推广打下坚实的理论基础。目前的二语习得理论只是在英语作为第二语言教学的基础上总结出来的，相比之下，汉语作为第二语言教学的历史要长得多，如何从汉语教学的漫长历史中汲取智慧和经验，丰富乃至改写目前以西方为主导的第二语言习得基本理论，这是对外汉语教学理论研究尚未考虑过的问题。汉语作为第二语言教学历史的研究对于创建中国特色的二语习得理论具有重要的学术价值，需要引起足够的重视。

汉语作为第二语言教学史的多维性表现在汉语本体的发展变化往往是在汉语作为第二语言学习的历史过程中得以变化和发展的。从佛教传入后汉语产生"反切"训音，到明代入华西人创制的汉语注音罗马化系统对汉语音韵学的影响都证明了这一点。王力的《中国语言学史》（山西人民出版社，1981年），将汉语受外部影响最大的两次归于佛教和基督教的传入，而这两次影响是以从西域来的僧人和从欧洲来的传教士将汉语作为第二语言学习而开始的。因此，汉语作为第二语言教学史不仅是对外汉语教学学科的历史支撑，也是中国语言学史发展中不可忽略的一部分。遗憾的是，无论是中国语言学史领域还是对外汉语教学学术界都还未对此进行深入研究。

三 汉语作为第二语言教学史研究的前景与展望

汉语作为第二语言教学的历史研究对于对外汉语教学学科建设具有重要意义，但长期以来却一直处于相对薄弱的尴尬局面，为了进一步推动学科的良性发展，需要从以下几个方面加强汉语教学史的研究：

第一，进一步丰富和完善原始文献，建设共享平台和资源库。

原始文献的缺乏是汉语作为第二语言教学史研究遇到的首要障碍。目前的文献整理大多是研究者个人花费大量时间、精力、财力搜集而来，由于汉语教学史的原始文献在国外的收藏更为丰富，获取也较国内方便，很多研究者不得不远赴重洋，凭借一己之力搜集文献。文献搜集之后，研究通常由分散的个体进行，不同研究者之间缺乏必要的共享与交流。建设文献共享平台和资源库，不仅可以众人拾柴火焰高，有利于文献的丰富和完善，而且还可以做到人力、物力多方面的节约，最大效率地创造价值。

第二，加强课程与专业建设，培养师资力量。

目前在全国对外汉语教学专业中开设"汉语作为第二语言教学史"或者"世界汉语教育史"这类课程的寥寥无几，设置这一专业或研究方向的高校也少之又少，这种现状显然不利于学科发展。因此，应该在全国高校范围内开设对外汉语教学专业，并把汉语作为第二语言教学史作为专业必修课。另外，在汉语国际教育硕士和博士阶段设立相应的专业方向，为高层次人才的培养提供必要的先决条件。开设新兴领域的课程，困难是不可避免的，为此可以由相关部门组织编写教材、开设教师培训班，通过一线教师的培养，保证新课程顺利开设，也通过教学不断储备后续力量。

第三，巩固学术阵地，培养学术梯队。

世界汉语教育史研究学会是汉语作为第二语言教学史研究发展的产物，学会自2004年成立以后已经陆续召开了十届年会，积极推动领域内研究的发展。近几年，世界汉语教育史研究学会在商务印书馆推出了"国际汉语教育史研究丛书"，推动新的研究成果不断问世；同时，正在筹备创办学会会刊。随着世界汉语教育史研究学会的年会规模越来越大，质量越来越高，老中青三代中外学者汇集到一起，使学会成为一个愈加重要的学术团体，也为学刊等学术阵地的开辟和学术梯队的培养建设搭建了一个非常好的舞台。

第四，结合国家战略，联合多种力量，推动学科发展。

汉语作为第二语言教学史研究需要对全世界的汉语教学历史进行调查，这是个人力量难以达到的。因此，我们可以结合国家战略，联合孔子学院和汉语国际推广的力量，推动汉语教学史研究的发展。截至 2017 年 12 月 31 日，全球孔子学院和孔子课堂分别达到 525 所和 1113 个。在世界各地，我们可以设立世界汉语教育史研究学会分会，推动不同国家和地区汉语教学史文献的发掘与整理，吸纳不同国家、不同地域的研究者加入研究队伍。这不仅有利于克服多种语言的障碍，还可以利用各地优势开展相关研究，加强国别汉语教学史的建设，从而推动世界范围内汉语教学史的研究。

第一章

汉语作为第二语言教学史研究的兴起

第一节 汉语作为第二语言教学的历史研究[①]

中华民族有着悠久的历史。中华民族主体民族汉族的语言——汉语,对增强国内各民族之间的友谊和团结,对中华民族的形成、融合以及统一的多民族国家的形成,曾经发挥过巨大的作用;对外,它是与世界各种文化相互交流、和各国人民友好交往的工具,也是一定历史时期内国际关系的见证。

一

国内各兄弟民族学习汉语的材料,由于时代太久远,已不多见,但我们仍然可以举出这样一个例子:中古时期的西夏,它的主体民族党项族兴于隋唐,1038年建国大夏,1227年为蒙古军所灭,前后一百九十年,地辖宁夏、甘肃的大部分和青海、内蒙古、陕西的部分地区。成立之初,即倡导学习汉族的官制、礼仪、文化。为了培养懂得汉文化的人才,成立了专门的机构——"国学"(汉

---

① 本节摘自施光亨《历史上的汉语教学:向着第二语言教学走出的第一步》,《海外华文教育》2004年第4期。

学);他们为了学习汉语,编写了汉语、西夏文词语对照手册《番汉合时掌中珠》[①]。这是我们见到的中国历史上第一部为第二语言学习编写的双语对照词汇手册。该书编者在"序言"中说"不学番语,则岂和番人之众;不会汉语,则岂入汉人之数",还举了个汉人和西夏人相互不了解的例子,说"若此者,由语言不通故也"。编者的编写目的十分明确:"和番入汉。"另有一种西夏字书名《要集》的,每个字下注有汉字释义和用西夏字标记的汉字读音,也有帮助学习汉语的用途。[②] 中华民族的先辈们对语言在文化交流中的作用已经有了相当自觉的认识。

由此,我们还想到,中国历史上不少王朝在中华民族及其传统文化的形成和发展过程中都做出过不可磨灭的贡献。我们有责任从汉语教育史的角度出发,把考古学家、历史学家们现有的和将来可能搜集到的资料中有关各民族间语言学习的教材、资料认真加以研究,继承历史的遗产,进一步发展汉语教育。

二

就面向世界的汉语教学来说,其历史大体上可分两个时期:明末以前和明末以后。

明末以前,学习汉语的以亚洲学生为主。其中,唐代以日本学生占多数,另有朝鲜半岛的高丽、百济、新罗等国的学生,明代来华学生中以琉球为最多,其次是日本、暹罗、占城、高丽等;

---

① 古勒茂才《番汉合时掌中珠》,1190年,复印本。
② 范文澜等《中国通史(第六册)》,人民出版社,1995年。

难得的是琉球学生中有女生四人。他们学习汉语的目的，正如日本国王所说的"吾国虽处扶桑之东，未尝不慕中国！"和高丽国王所说的仰慕中华"声名文物之盛"。① 这些国家开展汉语教学的途径有二，一是由中国派去教师，如据日本史书《古事记》记载：西晋武帝年间（284年），王仁东渡日本去教皇太子汉语，带去《论语》十卷、《千字文》一卷。唐代也常派遣有学问的、"善与讲论"的人出使新罗。② 更多的是第二条途径，即随同外交使臣来华。中国史书记载：隋炀帝时期（608年）日本曾派留学生、学问僧八人随我使者来华。唐代的遣唐使来华则常有伴送或迎返日本学生的职责。有唐一代除唐末内乱时期外，日方派出遣唐使不下十三批，每批都有留学生、学问僧多人，仅唐高宗年间（653年）的两批就各有一百二十余人；最多时一次就有五百人。来华学生多为王室和大臣子弟，来华后就读于国子监（国子学）、太学。明代更为留学生免费提供食宿和四季衣物，并有探亲制度，同时严令禁止中国教师收受学生礼物（黄明光，1995）。教学内容除了上面提到的《论语》《千字文》等外，唐玄宗礼贤下士，曾要国子监下属四门学的助教去日使者寓所教授儒经。唐、明两代还允许留学生参加中国的科举考试，明代更有免乡试、不受名额限制等优惠的明确规定（黄明光，1995）。由此我们可以知道这些外国留学生的学习内容和教学要求与中国儒生无异。他们不少人回国后在政治上，尤其在促进本地区文化、教育的发展上都做出了重大贡献，其中新罗、日本学生回国后分别利用或模仿汉字创

---

① 黄明光《明代外国官生在华留学及科考》，《历史研究》1995年第3期。
② 韩国磐《隋唐五代史纲（修订本）》，人民出版社，1979年。

制了新罗文字和日本的假名。

除了这些史书有所记载的官派留学生以外，不应忽视的是还有民间方式。这就是元末高丽人汉语学习用书《老乞大》[①]记载的："如今朝廷一统天下，世间用着的是汉儿言语。我这高丽言语，只是高丽地面里行的。过的义州，汉儿地面来，都是汉儿言语。有人问着一句话也说不得时，别人将咱们做什么人看？"这些话生动地描述了他们学习汉语的迫切心情。关于具体的教学活动，书中说，他们进的是"汉儿学堂"，师父是"汉儿人"，学生中"汉儿、高丽中半"。教材是"《论语》《孟子》《小学》"。每天上午由老师讲课，下午写仿书、对句、吟诗，最后到师父面前讲书、背书；背得不好就受罚。这里描述的就读学校、教材和教学方法等完全是传统塾学的汉族人语文教学模式。但是，民间交往既有事务性的需求，更涉及社会生活的各个方面，随着相邻地区人员的往来日趋频繁，仅仅学习"《论语》《孟子》《小学》"就远远不够了，于是，就出现了《老乞大》《朴通事》这样的教材。《老乞大》的内容以路途往返、交易买卖为主；《朴通事》则涉及名物制度、风俗习惯、饮食起居、休闲娱乐等诸多方面。《老乞大》《朴通事》是最早的外国（族）人学习汉语的教材，它们的出现，应该说，是对把传统的语文教学模式——至少是教学内容、教材方面搬用到外国（族）人身上的一种挑战。尽管它们满足的只是"下层人"语言交际的需要，也没有资料说明它们曾经为学校所采用，没有受到官方和社会的重视，外国（族）人学习汉语

[①] 《老乞大》《朴通事》，参见刘坚、蒋绍愚主编《近代汉语语法资料汇编——元代明代卷》，商务印书馆，1993年。

还是以"官学"模式为主流,但是,它们却说明了对外国(族)人的汉语教学还存在着另一种需求和方式。这种需求和方式的变化发生在明末以后。

三

我们所以把明末〔具体说来是明万历(1573—1619)以后〕作为历史上对外国(族)人的汉语教学新时期的起始线,是因为教和学的主体及教学目的、教学内容、教学方法、教材等方面,在这以后发生了巨大的变化。明末以后,大批西方传教士、外交官和商人来华学习汉语,成为这方面最为活跃的群体,主导着外国人汉语学习的发展。他们的目的主要是为了传布教义和政治、外交、商业等方面的利益,跟以前仰慕、学习中华文化有很大的不同。耶稣会的范礼安(1538—1606)说,在中国传教最重要之条件是"熟悉华语"[①],罗明坚(1543—1607)在1583年致耶稣会总会长的信中有言"我为传教非学官话不可"(张西平等编著,2003),又说他学习汉语是"希望将来能为天主服务,使真理之光照耀这个庞大的民族"(张西平等编著,2003)。俄罗斯地近中国,但因无人懂汉语,明末中国皇帝给他们的文书,竟被束之高阁达半个世纪之久。[②]1689年中俄《尼布楚条约》签订前后担任翻译的有法国和葡萄牙的传教士(范文澜等,1995)。从

[①] 张西平等编著《西方人早期汉语学习史调查》,中国大百科全书出版社,2003年。

[②] 李逸津《俄罗斯汉语教学与汉学研究的发端》,《天津师范大学学报(社会科学版)》2004年第4期。

清人入关直到 18 世纪初，中俄使团交往都是用满语和蒙语。但是，出于地缘政治和与西方列强竞争的需要，为了把中国人带到"对耶稣的信仰"（李逸津，2004），俄罗斯终于走出了突破性的一步，这就是在原来派遣东正教宗教使团来华的基础上，雍正年间（1728 年）签订《恰克图条约》时把中方接受俄罗斯的六名学生来华学习写了进去。① 这大概可说是把中国接受外国留学生作为条款写进去的第一个外交条约。英国外交官威妥玛（1818—1895）在他的《语言自迩集》（1867）② 的初版"序言"中说："本人职责之一，即指导为女王陛下驻中国公使馆录用人员的诸公的学习……本书主旨是帮助公使馆的见习生，使他们在中国官话上，在书本或公函或公文中阅读的书面语上，尽量少费时间。"③ 从这里，我们可以看到，无论是传教士学习汉语，政府派遣留学生，还是外交官编写汉语教材，从明末开始，西方人来华学习汉语的动机和需求同以前以东方国家为主的汉语学习者已经有了很大的不同。可以说，西方人来华学习汉语的高潮是由基督教传教和资本主义势力东进的需要催生的。

我们注意到 18 世纪初，由于天主教耶稣会士要求中国教徒改变祭天、祭祖、祭孔的传统，有些传教士还参与了清政府的内部纠纷等原因，雍正元年（1723 年）清政府严禁他们在内地的传教活动，只许在澳门居住。以传教士为主体的西方人学习汉语相

---

① 《中华百科全书》，中国大百科全书出版社，1999 年。
② 威妥玛《语言自迩集——19 世纪中期的北京话》，张卫东译，北京大学出版社，2002 年。
③ 鲁健骥译《语言自迩集·序言》，威妥玛《语言自迩集——19 世纪中期的北京话》，张卫东译，北京大学出版社，2002 年。

对走入低潮,直到 1840 年,清政府在鸦片战争中失败,重开国门,更多的西方人来到中国,他们学习汉语呈现出又一个更大的高潮。

我们还注意到从明万历到清雍正(1723 年)和 1840 年以后的两个高潮有着不同的热点。我们在下面分别叙述、说明。1723 年到 1840 年这一时期,离开北京的传教士并没有完全停止汉语学习和研究活动,我们把有关的情况列入第一个高潮时期。

四

明末以后,早期来华的西方人也曾以"四书五经"为教材。法国传教士马若瑟(1666—1736)在 1728 年撰写的《汉语札记》中记述:"当我开始我的中文学习时,我得到的是'四书'。"新来的传教士"应该尽最大的努力学习中国的'四书',就像中国的学童从小就用心学习那样"。

学了《孟子》《论语》《大学》《中庸》(即"四书")以后,"更高的一级"是《诗经》《书经》《易经》。他认为学习汉语是个"平淡而又漫长的过程"(张西平等编著,2003),但是他们并不能适应这个过程。利玛窦(1552—1610)1582 年 8 月来华,一到澳门就学习汉语,日常的语言交际似乎已能应付,并开始讲道,但是他还是在来华后的第十一年即 1593 年起,开始攻读"四书"。他感慨地说:"在老年期又做了小学生。"[①] 这既是利玛窦的无奈,又是早期的西方人进入一个他们非常陌生的语言环境的必然。

---

① 张海英《利玛窦对汉语的学习与认识》,《海外华文教育》2006 年第 2 期。张方《从〈俄汉合璧学汇〉看俄国防大学 19 世纪汉语教育的词汇和语音教学》,《世界汉语教育史国际学术研讨会论文汇编》,澳门,2004 年。

罗明坚在澳门学习汉语时曾遭同伴的埋怨："浪费大好时光学习什么中国语言""从事一个毫无希望的工作"（张西平等编著，2003）。最早来北京学习汉语的俄罗斯驻华宗教使团也是"直接以中国古典书籍为教材"。俄罗斯东正教主教公会1742年曾命令宗教使团成员"在北京必须同当地居民自由交谈，以便改善传道方法"。但这个命令无法实现，因为先行来华的宗教使团成员回答说："据说要了解它（汉语），那些在北京住了七年的人都不能做到。"（李逸津，2004）这是罗明坚、俄罗斯宗教使团的无望。无论是无奈还是无望，这些肩负着特殊使命的西方人必须寻找汉语学习的新途径。在这里我们似乎听到了敲打汉语作为第二语言学习之门的最早声响。

他们注意到了要完成自身的特殊使命，要尽可能快地达到"同当地居民自由交谈"的水平，必须把精力放在口语学习上。而口语的发音，经常使用的词语的意义，和句子的理解，又是这些对汉语知之甚少的西方人必须解决的难题。《利玛窦中国札记》（中华书局，1983年）中说："中国话全部是由单音节字组织起来的。中国人利用声韵和音调来变化字义。不知道这些声韵就产生语言混乱，几乎不能进行交谈，因为没有声韵，谈话的人就不能了解别人，也不能被别人了解。"（张西平等编著，2003）马若瑟说过这样一段话："对于初来乍到的传教士们，没有比拥有一部字典更值得令人高兴的了，因为看来这似乎是学习一门新的语言唯一的途径。"他介绍了《康熙字典》《说文解字》等辞书，但只是为了"有助于日后专心阅读四书"。他已清楚地看到了这些辞书的局限性，在其《汉语札记》中用了很大的篇幅来介绍口语（官话），他以元杂剧和《水浒传》等白话文著作为对象，以语法为重点，包括语音、汉字、词语注释等方面，系统地研究了汉语语言规则。他希望这本著作能取代中国传统的辞书（张西平等编著，2003）。第二语言学习的特点是学习者多有明确的目的，有良好的母语能力和知识，有成年人的认识、理解语言的能力，等等；而早期学习汉语的西方传教士、外交官在这些方面比起一般第二语言学习者们有着更强的优势。他们一旦在一定程度上掌握汉语以后，就势所必然地会以同中国传统的语文研究不同的角度、理论，对汉语进行更为全面、深入的观察和研究。这些研究在明末清初时期的成果主要集中在三个方面：创制了罗马字拼音制式、编写了双语辞书、撰著了语法著作，也就是语音、词汇和语法。罗明坚、利玛窦编纂的以罗马字注音的双语词书《葡汉词典》（1588），创制第一个罗马字汉语读音方案的利玛窦的《西字奇迹》（1605），中国拼音文字运动史上起过重大作用的罗马字注音的利玛窦、金尼阁（1577—1628）的《西儒耳目资》（1626），西班牙传教士瓦罗（1627—1687）编写的《华语官话语法》（1703），英国传教士马礼逊（1782—1834）的《华英词典》（1823），以及上面提到的马若瑟的《汉语札记》（1831），等等，都编写或出版于这一时期。单就汉语辞书一项，据王立达编译的《汉语研究小史》[①]的统计，1575—1800年出现过的就有六十五种之多，流传至今的有五十种。尽管1840年以后，西方人创制的拼音制式多有创新，辞书的数量和质量也有大幅度的提高，对汉语语法的认识进一步深化，但我们仍然可以说，拼音制式的创制、汉外词典和研究汉语语法著作的编写，发轫于这一时期，体现了这一

---

① 王立达编译《汉语研究小史》，商务印书馆，1959年。

时期的特色。

　　这一时期来华西方人中的先行者们的研究及其成果不仅在学术史上有其自身的价值，也为汉语作为第二语言教学的形成提供了必要的条件，做了很多基础性的工作。朱德熙先生说过，当一名"合格的汉语教师"，首先要"对现代汉语的语音、词汇、语法有相当广泛、深入的知识"，又说："汉语研究是对外汉语教学的基础，是后备力量；离开汉语研究，对外汉语教学就没法前进。"[①] 我们不妨做一比较：元末明初的《老乞大》《朴通事》虽然"传写诵习"多年，其间出现了多种版本，但它们始终只是以课文内容切合使用者的交际需要，区别于传统语文教学使用的教材——"四书五经"，而没有利用成年人纯熟的母语能力和思维能力，给以语言规则的说明。我们不能苛求于前人。现代语言学在中国土地上还不见踪影的时候，《老乞大》《朴通事》在当时受到的普遍欢迎，还有人为之作"谚解""集览"，就已经很好地说明其价值了。从这一点再来看明末清初时期西方人的汉语研究，就更可以认识它对后来对外汉语教材出现的意义了。

五

　　先期来华的西方人的汉语研究成果有利于他们理解、认识复杂的、可说是完全陌生的汉语。但是，它们毕竟只是语言学习

---

　　① 朱德熙《纪念〈语言教学与研究〉创刊10周年座谈会发言（摘登）》，《语言教学与研究》1989年第3期。

的工具和知识,而不是严格意义上的以提高语言能力为终极目标的课本、教材。马若瑟在《汉语札记》"绪说部分"中说:"我把这本《汉语札记》推荐给他们(指传教士)……(他们)一旦掌握了本书的知识,就完全不需要字典了。"(张西平等编著,2003)他没有说可以用作教材,是很准确的。如果说,先期来华的西方人还来不及顾及这些问题,也没有条件提出这些要求的话,1840年鸦片战争后,西方列强一次次地发动侵略战争,清政府屡战屡败,各国使领馆员、传教士和商人等大批来到中国,这些问题就成了必须面对的现实。先行者的学习经历不能在无望中重复,他们对汉语的认识和研究成果也为突破传统、走出新路提供了必要的条件。1840年以后,对外国人的汉语教学向着第二语言教学跨出了历史的第一步。其重要标志就是在这一时期编写了大量教材;其中最富首创精神、影响最大的当数威妥玛的《语言自迩集》。下面我们就以它和相关的一些材料为例,说明这一时期教材的主要特点。

1. 把所教的语言定位为北京官话口语。如前所说,早期学习汉语的很多西方人多有以古代书面语——"四书五经"为教材的经历,由于传教、外交等职业和生活的需要,他们又必须学习通行的口语;因居住地等的不同,在口语中有的人学了官话,有的人学了方言。也就是说,早期来华的西方人学习汉语面临着书面语跟口语不一致、官话和方言的分歧两大难题。他们曾为此做出过努力,如为了解决前一个难题,他们编写了以口语为基础的辞书、手册和语法著作,采用口语例释和注音。对于官话和方言的分歧,他们早就意识到"官话"在汉语中的特殊地位和作用。罗明坚在1583年致耶稣会总会长的信中说:"找一位能教我中国官话的老师非常困难,但我为传教非学官话不可。"(张西平等编著,2003)日本外务省的文件中也说:"西洋人之学汉语,数十年刻苦,仍烦其难,因其土语乡谈,到处各异。故不学京话难为庙堂公用之谈。"① 正是在这种背景下,威妥玛编写了《语言自迩集》。《语言自迩集》的贡献和价值之一在于它不仅为口语教学提供了最早的教材,而且是最早定位于教授北京官话口语的教材,正如日本学者六角恒广描述的:"那时候可以说,不仅在北京,即使在世界上北京官话的教科书,除威妥玛的这本《语言自迩集》以外,再也没有了。"(六角恒广,1992)威妥玛能率先编写这样一本教材不是偶然的。他有作为外交官跟清政府官员和使馆雇员打交道的需要,有在英使馆负责教授海外雇员汉语的经验,更为难得的是他对北京官话口语在汉语中的地位和作用有着为一般人所不及的认识。他在《语言自迩集》初版"序言"中说:"'官话'不仅是官员和文人的口语媒介,而且也是中华帝国近五分之四的人的口语媒介。""北京话的特征正在不同程度上影响着其他各种官话。"他在书名下面堂而皇之地写下了"专供学习通行于首都和直隶衙门的汉语口语的学生使用",表示它既不同于传统的"四书五经"的书面语教材,也不是一本教授其他方言的教材。《语言自迩集》的出版和被广泛采用对形成并确立北京官话口语在对外国人汉语教学中的地位起了积极的推动作用。

2. 以课文为核心,把语言规则的说明、讲解跟课文结合起

---

① 六角恒广《日本中国语教育史研究》,王顺洪译,北京语言学院出版社,1992年。

来。《语言自迩集》的每一单元都编写了课文，所有的中文课文都安排在第一卷；同时又为每篇课文的有关词语做了注音、释义和语法说明，它们都按相同的顺序安排在第二卷，既把课文作为语言学习的材料，又使它成为语言规则的载体。《语言自迩集》的体例有利于把语言规则的教学跟语言应用能力的提高结合起来，协调前进，最终达到提高语言应用能力的目的。这种体例既不同于传统母语教学的《三字经》《千字文》"四书五经"，以至于元末明初最早的外国人学习汉语用的《老乞大》《朴通事》等只有课文、不讲（当然也不可能有）语言规则的模式，也不同于仅仅为了说明语言规则、语言知识的理论著作和辞书，体现了第二语言学习的特点。威妥玛所以采用这种方法，是因为他认为："目前有一些出于理论目的编写的官话语法专著，程度较高的学生细读之后，可以获益；但我不相信在开始阶段，这些著作，或者我批阅过的任何语法，对掌握口语会有帮助。"（鲁健骥译，2002）他把有益于"程度较高的学生""出于理论目的编写的语法专著"跟"在开始阶段""对掌握口语（语言能力）有帮助"的教材区别了开来。威妥玛对汉语研究有着很深的造诣，《语言自迩集》至今被人列为"语言学经典"，认为"有不少超前的研究"，是语言研究的"富矿"。同时，从上面的这段话里，我们也似乎看到在语言教学中，威妥玛已经有了把理论语法跟教学语法相区别的意识。

除以上两点以外，《语言自迩集》还有如下一些优点：课文内容密切结合日常语言交际的需要，可以说大体上包括了一个外国人在中国生活的各个方面，如从初见寒暄、亲朋往来、孩子学话到官场陋习、家庭伦理等等。为了把生活中的某些情节纳入教材,由著名爱情故事《西厢记》改编来的"践约传(秀才求婚)"甚至编进了张生在船上遇见了外洋人并为他们解读汉语字帖、几个外国人在码头围猎打鹿等场景,以至编者不得不在第二版的"序言"中检讨"疏忽",提醒读者。一本第二语言学习用的教材的实用价值,除了取决于它的语言是否采用当代通行的语言以外,还要看它是否真实地和在多大程度上反映了所处时代的社会生活的各个方面。六角恒广在批评有的汉语教材脱离社会实际时说得很对:"其中看不到表现中国现实的活生生的东西。这种情况意味着中国语教育的停滞。"(六角恒广,1992)在学习方法上,《语言自迩集》注意练习和实践,在第三章编进了四十个练习。关于语音学习,强调"学生从一开始就要每天听老师一遍一遍朗读其中的一部分,他大声跟读,这样才能学好"。在第五章"谈论篇"的课文中提醒学习者要多跟各方面的人交谈:"无论他是谁,但凡遇见个会说清话(汉语)的,你就赶着和他说。在有那清话精通的师傅们,也要到他们那儿去学,或是和清话熟悉的朋友们,时常谈论。天天儿看书记话,平常说惯了嘴儿,若照着这么学,至多一两年,自然而然地,就会顺着嘴儿说咯,又愁什么不能呢?""他(指汉语说得好的外国人)也是学会得罢咧,并不是生了来就知道的啊!……咱们只要拿定主意,用心去学,虽然到不了他那个地步儿,料想也就差不多儿咯!"(威妥玛,2002)《语言自迩集》还十分注意由浅入深的原则,如第三章课文为"散语篇"的词语和单句,第四章为"问答篇"的简单会话,第五章为"谈论篇"的成段口语,第六章为"践约传(秀才求婚)"的较长篇幅的阅读,课文由易及难,难度逐步提高。

《语言自迩集》出版后,影响很大。在它的带动下,19 世纪末、20 世纪初,无论是西方人还是日本人,很快编写出了各自需要的汉语教材:今天能看到的在中国出版的原书或书名的就在五十种以上。① 其中,影响最大的莫过于日本:明治维新后在驻华使馆学习官话的日本留学生正在为找不到合适的教材而困惑的时候,发现了《语言自迩集》,他们立即雇人抄录,用作教材。接着又以此为底本,陆续编写、出版了《亚细亚言语集支那官话部》(1879)、《总译亚细亚言语集》(1880)、摘编本《新校语言自迩集散语之部》(1880),通行一时,从而加快了日本的汉语教学从南京官话向北京官话的转变。1881 年,日本正式废除南京官话教学,开始了北京话(日语称"千国语")时期(六角恒广,1992)。我们还注意到,《语言自迩集》似乎还直接影响了日本一些汉语教材的编写体例和内容。如六角恒广在其著作中曾设专节介绍的《急就篇》,它从 1904 年出版到 1945 年共印制一百七十多版,1952 年的时候还在使用。《急就篇》分"单语""问答""散语"等章;除中文本外,另有总译、发音、罗马字等册,这跟《语言自迩集》分"散语""问答""谈论"等章、卷有中、英如出一辙。更巧的是,《急就篇》和《语言自迩集》第一单元都以数词开篇;《语言自迩集》最长的课文是故事"践约传(秀才求婚)",《急就篇》最长的课文也是一个故事,叫"桃郎征鬼"。另外如《燕京妇语》也用了以汉语本文为上册、口语译文为下册的方法。除日本外,俄罗斯著名汉学家波波大(1824—1913)

---

① 史红宇《从教材看历史上来华外国(族)人的汉语教学》,北京语言文化大学硕士学位论文,2002 年。

1902年离华返国，在彼得堡大学任教时，也用过《语言自迩集》（张方，2004）。在俄罗斯，它被认为是迄今（1902年）为止最好的课本。在韩国，近年曾发现它的配套教材《文件自迩集》，证明它也在朝鲜半岛使用过（鲁健骥译，2002）。

更加值得称道的是威妥玛为学习北京官话口语制定了后来被称为"威妥玛式拼音"的汉语拼音法式。这个拼音法式在1958年中国制定汉语拼音方案前，一直在国际上很多领域内被广泛采用。

六

对外国（族）人的汉语教学，从使用《三字经》《千字文》"四书五经"到编写为外国人学习汉语的专用教材，开始突破母语教学的模式，走出现代意义上的汉语作为第二语言教学的第一步，经历了漫长的历史。在这一过程中，虽有时也有中国知识分子参与其间（如王徵参与金尼阁《西儒耳目资》的编写，威妥玛在《语言自迩集》的"序言"中提到过中国文人的协助），但可以说，绝大多数都以西方人为首创和主力。这是为什么呢？我们认为，第一是需要。早期来华的西方人都肩负着传教、政治、外交和商业等迫切的特殊使命，这种使命不允许他们像中国儿童一样接受费时甚多的母语教学。第二是可能。他们都有较高的母语能力和知识，其中不少人都有学习其他外语的经验，对汉语不同于西方语言的特殊性有独特的敏感和认识。需要是科学发展的动力，可能是取得成就的条件。这二者是以汉语为母语、在传统的母语教学的环境中成长起来的当时的中国知识分子所不具备的，而早期来华的西方人恰恰是凭借着这些条件,开始了向汉语作为第二语言教学的过渡。为了说明这一点,我们可以举出日本的汉语教学做一比较。日本人学习汉语要比西方人接触汉语早一千年左右,他们为什么没有走出这"第一步"呢?日本汉学家六角恒广在他的《日本中国语教育史研究》中多处说道:日本的汉语教学,"发音教学没有理论,靠硬记教师的发音……也没有语法教学,对文章没有语法上的说明,只用汉语训读法解释""(教材)既没有发音符号,也没有辞书、语法,完全靠教师""没有立足于音声学或音韵论的发音教育,也没有语法的解释,教师以此为满足,学习者亦未对其发生疑问。在这种情况下,科学地研究和学习中国语的态度,没有产生的基础""中国语的汉字,使他们(早已熟悉汉字的日本汉语学习者)把中国语作为外语看待的意识淡薄了"(六角恒广,1992)。习惯于这种"汉文训读主义"方法的日本汉语教学不可能产生前进的动力和成就的条件,它很难迈上现代第二语言教学的路子也就是可以理解的了。这种情况一直持续到来华留学生发现威妥玛的《语言自迩集》,此后日本的汉语教材和汉语教学才出现了新的气象。

　　世界汉语教学作为第二语言教学的一个学科,它的形成和发展,是在1949年以后的中国,中国的对外汉语老师为此做出了巨大的贡献。不过这已经是另一个话题了。

第二节　汉语作为第二语言教学史的历史分期[①]

一

　　本节要讲一个我们还知之甚少，但很重要又很诱人的题目，这就是，我们应该重视对外汉语教学历史的发掘与研究。说其重要，是因为这是对外汉语教学学科建设中不可缺少的一部分。任何一个学科的建立，都有其历史渊源，都不可能是无源之水、无本之木，都是经过很长时期的积累、发展，到了一定的时候才成熟，成为一门科学。比如，语言学作为一门科学，从建立到现在还不到二百年，但是人们对语言的研究却有两千多年的历史了。如果没有前面两千多年的积累和发展，语言学也不会突然出现。对外汉语教学也如此。对外汉语教学形成学科，那是很晚近的事。但是这不等于此前没有对外汉语教学。事实是，对外汉语教学也已经存在了一两千年了，它也是在不断地发展。正是因为有了长期的积淀，它才在今天的社会条件下趋于成熟，发展成为一门新型的学科。今天社会上仍然有许多人不承认对外汉语教学是一个学科，甚至一些从事对外汉语教学的同志，也没有建立起学科意识。他们认为我们说对外汉语教学是一个学科，是故弄玄虚，是出于某种实用的目的。这种观点，恐怕就是不了解对外汉语教学

[①] 本节摘自鲁健骥《谈对外汉语教学历史的研究——对外汉语教学学科建设的一个重要课题》，《语言文字应用》1998 年第 4 期。

的历史所致。问题是，我们自己对于对外汉语教学的历史，也还是一片混沌，缺乏研究。这不能不说是一个缺憾。我们可以看看现有的各种学科，哪一个没有自己的历史？有史有论，是一个学科存在的必不可少的条件。近二十年来，对外汉语教学的科学研究取得了长足的进步，可以说，在"论"的方面，有了一定的基础。在"史"的方面，显得十分不足。到目前为止，还只有一些很零散的记述。因此，我们应该改变这种状况，尽快地开展起对外汉语教学历史的研究。

研究对外汉语教学的历史，主要的目的还不是为了使别人认可，而是为了弄清楚对外汉语教学在历史上是怎样发生和发展的，这中间有哪些有规律的东西，有哪些经验教训，有什么可以继承的遗产。这是一件非常有意义的工作。现在，无论中外，一说起外语教学，一说起外语教学法，都是西方的，好像东方——中国就没有外语教学，就没有外语教学法。西方人写的外语教学历史，从来不包括东方的，当然也不会讲到中国的。我手头有两本外国人写的外语教学史。一本是加拿大人写的《语言教学2500年》，一本是美国人写的《外语教学简史》。两本书都是从古希腊、罗马写起，却没有一个字是写东方的。这原因是多方面的。有些作者是不了解东方。一些正直的学者很为此而遗憾（如英国社会语言学家R. A. Hudson），我们不能排除有些作者对东方，对中国抱有偏见。可我们自己呢？因为我们对自己的历史也缺乏研究，所以说起外语教学法来，也都是把外国人的东西拿来。那么，是不是我们自己没有值得研究的东西呢？就是从很零散的材料看，并非如此。从这个意义上来说，我们研究对外汉语教学的历史，也是填补西方人写的外语教学史的空白，说得更重一些，可以打破某些西方人对中国，乃至对东方在外语教学上的偏见。我们应该有这个志气。

二

上文讲过，我们对于对外汉语教学历史的了解还很少，掌握的资料还很零散。有的同志曾经对这些资料进行过一定的梳理，但远远没有形成规模，更没有成为体系，研究方面还没有起步。我在这里提出一些思路，期望引起同人的兴趣和重视。

1. 我国的对外汉语教学，从汉代开始，一直没有中断。发展的路子似乎有两条：一是学校教育，一是宗教的传播。

外国人到我国来学习汉语汉文，汉代就已经开始。付克先生在《中国外语教育史》[①]中讲到东汉明帝永平九年（66年）时专为功臣樊氏、郭氏、阴氏、马氏的子弟设立学校，称为"四姓小侯学"。由于这所学校聘请的教师水平有时甚至超过当时的太学，名声很大，传到国外，引起外国人的羡慕，"亦遣子入学"。至于唐代，外国留学生就更多了。据记载，唐代的外国留学生都被安排在国子监的国学馆（国子馆、太学馆、四门馆、书馆、律馆、算馆），既学语言，又学文学及其他专业，学制是6—9年。唐代是我国对外汉语教学的一个高峰时期。这种体制一直延续到以后各朝。再如清康熙二十八年（1689年）开始在北京国子监设俄罗斯学馆，接受四名俄国留学生，学习中文。经过雍正，到乾隆五十九年（1794年），俄罗斯学馆一直有学汉语的俄罗斯留学生，

---

① 付克《中国外语教育史》，上海外语教育出版社，1986年。

这些人后来都成了俄国著名的汉学家。

除了中央政府之外，一些外国人聚居的地方也为外国人办学。如唐代宣宗大中年间四川节度使韦皋就在成都办州学专收外国人子弟，"授以教育"；南宋时广州、泉南办有番学，而且其他学校也向外国人开放。那里甚至也有高丽学生学习。

对外汉语教学的发展跟宗教的传播有很密切的关系。无论是佛教、伊斯兰教，还是后来的基督教在我国的传播，都对对外汉语教学起了很大的推动作用。

佛教是先由印度传入中国，再由中国传入朝鲜、日本。不管是到中国来宣传佛教的印度等国的僧人，还是来中国学习佛法的朝鲜、日本僧人，都要首先学习汉语。对各国僧人的汉语教学，与政府办学教外国人汉语几乎是同步发展的。我们知道，自汉以来各朝各代都非常重视佛经的翻译，而参加译经的有不少是外国的高僧。他们在参加译经之前都要学习汉语，这是可以想见的。如果我们翻看一下《高僧传》，就可以发现许多外国高僧的小传中，多有"不久即通华言""渐习华言""又精汉文""精汉文及梵文"等语。马祖毅先生在所著《中国翻译简史——五四以前部分》[①]中介绍外国在华译经的僧人时也提到他们学习汉语的情形。如东晋时的鸠摩罗什（350—409 年），印度人，前秦皇帝苻坚派吕光去接他来华讲法，不料中途朝廷生变，苻坚被杀，吕光就把他劫持到凉州。吕光称王后鄙弃佛教，鸠摩罗什传教不成，但却学会了汉语。他在凉州居留了十五六年，才被迎到长安去译经。还有

---

① 马祖毅《中国翻译简史——五四以前部分》，中国对外翻译出版公司，1984 年。

一位昙无谶，是西域人。匈奴酋长沮渠蒙逊请他译经，他因不懂汉语，没有立即答应。他学了三年汉语，才开始译经。

如果说那时关于这些外国僧人学习汉语的记载还太简单的话，那么，到了唐代，就要具体得多了。唐代关于朝鲜、日本僧人来华学法的记载是很多的。根据这些记载，我们知道当时把来华学法的外国僧人安排到长安的名刹西明寺学习。他们除了学习佛法以外，也要学习汉语、汉文化，包括书法、绘画等。所以西明寺可算是专门给外国僧人办的学校。

基督教的传入，同样促进了对外汉语教学。传教士们到达中国内地之前都曾刻苦地学习汉语。像著名的罗明坚（Michele Ruggieri）、利玛窦（Matteo Ricci）、汤若望（Johann Adam Schall von Bell）、马若瑟（Joseph de Prémare）等人的传记里，都详细地记载了他们学习汉语的情况。当时澳门是传教士到中国内地之前的集中点，在那里集中学习汉语。上海、杭州、广州、泉州等沿海城市也都曾经是外国传教士入京前学习汉语的地方。

2. 有对外汉语教学，就有对外汉语教师。历史上对此到底有多少记载，我们现在没底。我们可以沿着上面说的学校教育和宗教的传播两条线索去发掘。在学校教育方面，前述"四姓小侯学""俄罗斯学馆"都有关于教师的记载，只是多未见姓名（雍正年间俄罗斯学馆有一位助教叫陈宪祖）。我们现在见到的最早的有记载的有名有姓的对外汉语教师是唐代的赵玄默。《新唐书·东夷传》（中华书局，1975：6208—6209）说："长安元年（701 年）……遣朝臣真人粟田贡方物……开元（713—741 年）初，粟田复朝，请从诸儒授经，诏四门助教赵玄默即鸿胪寺为师。献大幅布为贽。悉赏物贸书以归。"

第二节 汉语作为第二语言教学史的历史分期

在宗教传播方面,我以为,那些教授外国僧人学法的中国僧人,那些与外国僧人合作译经的僧人,或者在基督教的传教中与传教士合作的中国人,许多应该同时也是那些外国僧人或传教士的汉语教师。有的传教士也延请中文教师。这样说,并非臆测。如利玛窦在一些书信中都提到过他聘请中国教师的事:

> 罗明坚神父给我留下了二三人帮我学习中国话。(1583年2月13日)

> 视察员神父训令我在今年内,加功读中文,今年我便请了一位中国先生。(1593年12月10日)

> 今年摒挡一切,请一位中文先生,试作中国文章,结果颇称顺利。每天听先生讲两课,又练习作一短文。(1594年)①

> 徐光启是被人们所称之为汤若望的汉文教习的。

> 据我们所知,实际上,他(汤若望)编辑他的一切作品时,都曾利用了中国职业学者的襄助的。②

这里提到的徐光启是我们大家都熟悉的。他是我国明末的科学家。他中举之后做过礼部尚书、翰林院学士、东阁学士、文渊阁学士等职。他与传教士有交往,他跟利玛窦合作著书译书不难想象,他同时也是利氏的汉语老师。

清康熙年间在华的马若瑟,是当时传教士中学中文最用力、水平较高的一个。马若瑟写过一部《经传议论》,方豪著《中西

---

① 罗光《利玛窦传》,光启出版社,1960年。
② 魏特《汤若望传》,杨丙辰译,台湾商务印书馆,1949年。

交通史》[①]说马若瑟"得力最大者,则为刘二至先生","二至为马氏之小学师"。

现在我们有许多对外汉语教师出国任教。其实历史上出国任教的教师也是各朝都有。而且出了不少著名人物。当然,这些人中不都是"专职的"对外汉语教师,有些人是在传播别的知识的同时教汉语的。这里举几个例子。

唐代高僧鉴真和尚其实也是一位对外汉语教师。这不是牵强附会。据《鉴真和尚东渡记》说,鉴真到了日本之后,当时的天皇下令以鉴真的读音作为汉字的标准音。这就是说,鉴真在传播佛教的同时,又在教汉语,起码是在教语音。

像鉴真这样一边弘扬佛法一边传播汉语的僧人,还有佛教黄檗宗的中国高僧真圆、超然、隐元、大成等。王立达编译的《汉语研究小史》[②]说,当时(1620—1784年)这些僧人形成了一个大规模的汉语研究集团。还有一位在1681年移住江户的僧人心越,也教了许多日本僧人学习汉语,并形成了一个研究汉语的中心。

《汉语研究小史》还记载了明末清初的学者朱舜水(之瑜)1659年为逃避清朝前往日本,应邀在日本讲学的事。朱舜水在讲学的同时,也教他的日本学生汉语,而且他的许多学生汉语都说得很流利,可见他的教学成绩斐然。

再看西方。自从传教士到了中国以后,西方各国纷纷兴起了解和研究中国的风气,于是就通过教会从中国聘请汉语教师。

[①] 方豪《中西交通史》,中华大典编印会,1956年。
[②] 王立达编译《汉语研究小史》,商务印书馆,1959年。

1688年时,英国牛津大学就有中国教师教汉语(可惜我们不知道他的姓名)。18世纪初法国傅尔蒙(Étienne Fourmont)、毕纽(Bignon)、尼古拉·弗雷烈(Nicolas Fréret)等一批著名学者曾跟当时在巴黎的一位中国修士学习中文。这位修士姓黄,是福建兴化人(可惜我们不知道他的中文名字)。武柏索先生在介绍意大利那不勒斯东方大学的文章[①]中比较详细地介绍了19世纪下半叶在该校任教的两位中国教师。一位姓王,另一位是湖北潜江人郭栋臣。他们都编写了许多对外汉语教材,其中以郭栋臣在同治八年(1869年)编的一套五册《华学进境》最为著名。

《世界汉语教学》1994年第3期曾经介绍过正式受聘从1879年到1882年在美国哈佛大学教中文的戈鲲化。[②]据作者考证,这是去美国教中文的第一位中国教师。由于他教学成绩卓著,在美国影响很大。

3. 谈对外汉语教学的历史,就不能不涉及教材。目前我们对此所知最少,但也不完全是空白。从几方面的情况推测,大概在教学的初期多采用我国的童蒙读物作为教材。比如百济(朝鲜古国名)的王仁在公元285年东渡日本,教皇子稚郎子学汉语,带去的书中就有《千字文》。《罗明坚传》也提到罗明坚在1581年9—10月间曾把一本中国儿童所用的"研究道德"的小册子送人。虽然到底是哪一本"小册子"我们不得而知,但这里指的显然是童蒙读物。另外,像《论语》《孟子》等也是经常做教材的。

---

① 武柏索《欧洲第一个汉语研究中心——古老而年轻的那不勒斯东方大学》,《语言教学与研究》1988年第4期。
② 崔颂人《美国汉语教学的先驱——戈鲲化》,《世界汉语教学》1994年第3期。

但不能说古代就完全没有针对外国人特点的教材。较远的教材目前还没有看到，我们通过对某些书的观察，是可以得到佐证的。例如，日本留唐高僧空海和尚撰写的《文镜秘府论》①，是一本教写诗作文的书。钱锺书先生认为这本书"粗足供塾师之启童蒙"，郭沫若认为这本书反映了当时教外国人的方法。我们沿着二位学人的思路去考察这本书，姑且把它定位在教外国成年人的写作（诗、文）教材。书中大量地引用了唐和唐以前许多著名的诗论、文论，内容深奥，就是在当时也不是小孩子能够理解的。但却又做到了简单、明了、举例丰富，语言比较通俗（除序言外），这些都符合成年外国人的特点。这恐怕也是郭沫若所做的推断的依据吧。也就是说，空海在长安留学的时候，他的中国师傅就是这么教他的。

如果说把《文镜秘府论》看作是唐朝时对外汉语教材的影子还是一种推断（当然不是毫无根据的推断）的话，那么元末明初时的《老乞大》和《朴通事》可就是实实在在的对外汉语教材了。这两本书是公认的教朝鲜人学汉语的口语教材。作者不可考。吴葆棠教授最近在一篇文章中指出，这两本书最早流行于我国辽东，后来才传到朝鲜，由朝鲜的学者做成"读解"。这就是说，这两本书是中国人所编无疑。我们从对外汉语教学的角度审视《老·朴》②，感到这两本书编得简直精彩极了，不管从实用上说，还是从语言功能、文化上说，都达到了相当高的水平。我们过去

---

① 弘法大师原撰《文镜秘府论校注》，王利器校注，中国社会科学出版社，1983年。
② 《老乞大谚解（影印本）》《朴通事谚解（影印本）》，奎章阁丛书，1978年。

对《老·朴》的研究，是从语言学和文学的角度。从对外汉语教学的角度研究的，只见到南京大学吴淮南先生一篇关于《朴通事》的文章。显然是很不够的。《老·朴》作为历史上的对外汉语教材，是值得大书特书的。在五百多年前，就能编出这样高水平的教材，是很了不起的。这比西方外语教材从方法上，要先进多了。从这本教材看，我们也不应妄自菲薄。

4. 我们还应该加强对现代对外汉语教学的历史的研究，包括1949年以后对外汉语教学大发展的历史的研究。因为这个时期是对外汉语教学形成学科的最重要的时期，不管从哪个方面看，这短短几十年都超过了历史上任何时期。20年代到40年代，就有老舍[①]、萧乾、曹靖华这样一些著名的作家学者从事过对外汉语教学，而且取得了很大成就。1949年以后，几乎所有的老一辈语言学家都直接从事过或指导过对外汉语教学。朱德熙在保加利亚教汉语时的讲义的亲笔手稿，至今还珍藏在北京语言文化大学（现北京语言大学）；吕叔湘曾经做过《基础汉语》《汉语课本》两套对外汉语教材的顾问和审稿人；1984年王力大声疾呼：对外汉语教学是一门科学，给了对外汉语教学以强有力的支持；胡明扬更是身体力行，对对外汉语教学给予多方的关切和指导。在对外汉语教学界也出现了像王还、邓懿、吕必松等一批杰出的代表人物。在教材建设上，学科理论建设上，课程体系上，也取得了前所未有的进步。这些都说明，对外汉语教学已经成熟了，它可以毫无愧色地立足于学术之林了。

---

① 刘小湘《我国对外汉语教学的珍贵遗产——试论老舍在伦敦期间的对外汉语教学》，《世界汉语教学》1992年第3期。

从上面提供的一些线索,我们可以看出:

1. 对外汉语教学的发展跟国力和社会开放的程度有着密切的关系。唐代是我国封建社会的一个高峰,国力强盛,对外开放,因而对外汉语教学也快速发展。康乾是清代的鼎盛时期,对外汉语教学也得到了比较大的发展。也只有在1949年以后,特别是改革开放以来,我国的国际地位空前提高,给对外汉语教学得到空前的发展创造了条件,对外汉语教学才有了发展成为学科的可能。

2. 在对外汉语教学的历史上,有许多杰出的人物参与,它本身也造就了许多杰出的人物。这一点或许是对外汉语教学的好的传统。张清常在总结我国上古编写语文教学的经验时说过,"我国历史上许多重要人物很重视编写语文教育初级读物,而且亲自动笔。这不但是我国教育史上的优良传统,在世界教育史上也够得上是值得注意的事"①。这段话也符合对外汉语教学的情况。所有对对外汉语教学做出了重大贡献的人,都应该载入对外汉语教学的史册。

3. 对外汉语教学常被人讥笑为小儿科,对外汉语教材更为一些人认为不屑一顾。历史证明,这是一种误解或者偏见。拿上面说过的《老·朴》来说,其影响早已超出了国界,超出了对外汉语教学的范围。这两本书传到朝鲜之后,后来成了"钦定"的教材,成了朝鲜人参加科举考试的必读书。更加令人深思的是,首先重视这两本书的不是从事对外汉语教学的人,而是语言学界和文学史家。他们把《老·朴》作为研究元末明初北京话和某些文学作

---

① 张清常《〈说文解字·叙〉书后》,《语言学论文集》,商务印书馆,1993年。

品形成过程的重要材料。在我国,在朝鲜、日本、美国,都有不少论文发表。近些年来,对外汉语教材越来越受到学术界的重视,比如邵敬敏、方经民合著的《中国理论语言学史》[①]、龚千炎著的《中国语法学史(修订本)》[②]都专门评介了对外汉语教材。这不能不说是令人振奋的事。

三

对外汉语教学史的研究,大有可为。这里对如何开展研究提出几点意见:

1. 当前,最重要的是发掘史实。我上面提到的一些,都是浮在表面的,很零散,还有很多不清楚的地方,这需要多方面发掘。

2. 注意现存史料的整理和研究。就我所知,从 20 世纪 50 年代开始的资料保存得比较完整,但很缺乏整理,而且比较分散。我认为这方面应该投入必要的人力、财力,打破壁垒,把分散的资料集中起来加以整理,妥善保管,并组织研究。不然,有些宝贵的资料很有丢失、损坏的危险。前边介绍过的朱德熙先生的讲义手稿纸张早已发黄,笔迹也已开始褪色。该是抢救史料的时候了。

3. 注意当前资料的积累。现在,对外汉语教学发展迅速,规模也越来越大,光是高校就有三百多所有对外汉语教学。现在就应该着手积累资料。为此,我建议由有关方面组织编写对外汉语教学年鉴。

[①] 邵敬敏、方经民《中国理论语言学史》,华东师范大学出版社,1991年。
[②] 龚千炎《中国语法学史(修订本)》,语文出版社,1997年。

4. 我们研究历史，还是为了促进今天和明天的发展，因此我以为在发掘、整理、积累史料和资料的同时，可以开展一些断代的研究，个别方面的研究和个案的研究，从中发现值得继承的经验。特别是教学方法方面，我们一些传统的教学方法，都是跟汉语的特点有密切关系的，很值得研究，应该利用其积极的因素，或加以改造、发展，使之为今天所用。

5. 对外汉语教学历史的研究，涉及的时间跨度大，地域广，需要查阅的资料浩繁，因此要靠群体的努力才能完成。经过一定的积累和研究，一定能写出我国的对外汉语教学史，从而使对外汉语教学学科走上更加健全、更加完善、更加成熟的轨道。

第三节　汉语作为第二语言教学史的研究对象与方法 ①

王力先生在《汉语史稿》中说："汉语史是关于汉语发展的内部规律的科学。"② 他认为，为了研究汉语史应该注意对汉语的亲属语言的研究，例如，对闽南语语群的研究，对汉藏语系中的藏缅语群的研究。为研究汉语古代语音，还应对日语、朝鲜语、越南语中的汉语借词展开研究。但从根本上讲，汉语史首先是和中国史、汉族人的历史密不可分的，因而，汉语史的研究基本上

---

① 本节摘自张西平《世界汉语教育史的研究对象与研究方法》，《世界汉语教学》2008 年第 1 期。

② 王力《汉语史稿》，中华书局，1980 年。

是以中国史为背景、以汉族人的语言认知活动为内容展开的。到目前为止，所有已出版的汉语史研究著作基本上都是以此为基点展开的。这样做无疑是正确的，但汉语的历史还有另一个重要的方面，即汉语作为外语研究的历史，或者说汉语作为外语学习的历史。这样的历史不仅在中国发生，也在世界各地发生。对于汉语这样的历史也应给予研究和重视，本节对如何研究汉语作为外语教学和学习、研究的历史做一简要的探讨，以求教于各位方家。①

一 世界汉语教育史的研究对象

世界汉语教育史就是汉语作为第二语言教育在世界范围内所发生的历史过程。这一定义已经大略地确定了世界汉语教育史的研究对象的基本内容。

把汉语作为目的语进行学习和教育有着悠久的历史，鲁健骥先生最早明确提出这个问题，他说："有史有论，是一个学科存在的必不可少的条件。近二十年来，对外汉语教学的科学研究取

---

① 世界汉语教育史研究兴起的标志是董明《古代汉语汉字对外传播史》（中国大百科全书出版社，2002 年）和张西平等编著《西方人早期汉语学习史调查》（中国大百科全书出版社，2003 年）的相继出版。2005 年首届世界汉语教育史国际研讨会在澳门召开，会议期间在澳门注册成立了世界汉语教育史研究学会，并在澳门出版了首届会议的论文集《世界汉语教育史研究》，这标志着这个学科的正式确立。2007 年在日本大阪的关西大学召开了世界汉语教育史研究学会第二届年会，会议主题为"16—19 世纪西方人的汉语学习"，并将在澳门注册的"世界汉语教育史研究学会"转移到日本大阪正式注册，选举产生了新的学会领导，北京外国语大学的张西平教授当选为会长，学会决定 2010 年在罗马召开世界汉语教育史研究学会第三届年会。这些标志着这一领域研究的深入和成熟。

得了长足的进步,可以说,在'论'的方面,有了一定的基础,在'史'的方面,显得十分不足。到目前为止,还只有一些很零散的记述。因此,我们应该改变这种状况,尽快地开展起对外汉语教学历史的研究。"[1] 毫无疑问,对外汉语教育史是世界汉语教育史的最主要内容,但并不是唯一的内容,世界汉语教育史的研究应该有以下五个方面的内容:

第一,对外汉语教育史。汉语在中国周边国家和地区的传播有着悠久的历史,汉语的对外教育始终是中国历代王朝的国家政策,作为语言教学,这个漫长的历史过程给我们研究对外汉语教学留下了极其丰富的经验。如董明所说:"闹清中外古人汉语教学的内容、特点及方式、方法,寻求其中有规律的东西,总结其经验教训,继承其优秀传统,做到'古为今用''洋为中用',以便探索出一条真正具有中国特色和中国文化底蕴、符合汉语汉字特点的对外汉语教学之路,搞好今天的对外汉语教学,促进学科的发展、建设,使之日臻完善、成熟。"[2] 这点出了展开对外汉语教育史研究的重要理论意义。只有做好学科的历史研究,才能真正走出完全盲从于西方的二语习得理论,用其裁剪中文作为外语教育的特点,从而完全忽略了汉语汉字特点的研究路向。历史研究会给予我们新的智慧,汉语作为外语的教育有着比西方更为悠久的历史。我们必须承认对于中国古代的对外汉语教育史的研究才刚刚开始,这是一个亟待开拓的学术研究领域。学术界已

---

[1] 鲁健骥《对外汉语教学学科建设的一个重要课题——谈对外汉语教学历史的研究》,中国对外汉语教学学会编《中国对外汉语教学学会第六次学术讨论会论文选》,华语教学出版社,1999年。

[2] 董明《古代汉语汉字对外传播史》,中国大百科全书出版社,2002年。

经意识到这个问题的重要性,施光亨的长文《历史上的汉语教学:向着第二语言教学走出的第一步》[①]对对外汉语教育史做了一个系统论述,给我们展示了对外汉语教育史的丰富内容。

目前急需对中国古代到当代各个时期的对外汉语教育史展开断代史的研究,对中国历史上的对外汉语教育史的重要人物和文本展开深入的个案研究,只有将断代史研究和重要的个案研究做好了,我们才能真正写出一部较为完备的对外汉语教育史。近年来学术研究已经开始向这样的方向发展。例如,张宏生编著的《戈鲲化集》[②]就是一个很好的对外汉语教育史的文献整理个案。在澳门召开的首届世界汉语教育史国际研讨会上,鲁健骥先生的《〈践约传〉——19世纪中叶中国人编写的汉语简易读物》、鲁宝元先生的《人在海邦为俊杰,学从中华问渊源:乾隆二十三年琉球王国第四批派遣留学生北京学习生活调查》、刘丽川的《清末的韩、中〈外国教师合同〉比较研究》、张美兰的《掌握汉语的金钥匙:论明清时期国外汉语教材的特点》、施正宇的《汉语教师戈鲲化出使哈佛初探》等论文,从不同的方面展示了对外汉语教育史的研究内容。程裕祯主编的《新中国对外汉语教学发展史》(北京大学出版社,2005年)则对当代中国对外汉语教育史做了系统的梳理,从而开启了对外汉语教育史断代史研究的先河。

第二,少数民族汉语教育史。中华文化的历史就是一个汉民族同其他少数民族文化不断融合的历史,在这个过程中不仅汉字

---

① 施光亨《历史上的汉语教学:向着第二语言教学走出的第一步》,《海外华文教育》2004年第4期。

② 张宏生编著《戈鲲化集》,江苏古籍出版社,2000年。

的传播直接影响了中国境内少数民族文字的形成和发展,[①] 而且无论在历史上还是在今天,都存在着中国境内的少数民族学习汉语、接受汉语教育的历史事实。戴庆厦、董艳(1996、1997)[②] 认为,中国少数民族的双语教育经历了一个漫长的历史过程,分别经历了从秦汉到明清、从清末到民国和1949年以后的双语教育。一个典型的例子就是满族入关后的汉语学习,他们留下了一系列的汉语学习的历史文献,这对我们研究汉语教育史都是很珍贵的。从现实来看,目前正在进行的少数民族的汉语教育给我们提供了现实的材料。虽然,这不是对外汉语,但仍是将汉语作为目的语的教育,也同样是一种第二语言教学。[③] 因此,对中国国内少数民族的双语教育的历史、学习汉语的历史的研究同样是世界汉语教育史研究的基本内容。

第三,国外华文教育史。这是指对在国外生活的华人的汉语教育。"有水井之处就有华人,有华人之处就有华教。"这说明华文教育历史的久远。华侨的汉语教育一般都是在双语背景下进行的,汉语也是作为目的语来学习的,因此也应作为汉语教育史的研究范围。郑良树先生三卷本《马来西亚华文教育发展简史》(外语教学与研究出版社,2007年)给华文教育史的研究提供了典型

---

① 陆锡兴《汉字传播史》,语文出版社,2002年。
② 戴庆厦、董艳《中国少数民族双语教育的历史沿革(上、下)》,《民族教育研究》1996年第4期、1997年第1期。
③ 木哈白提·哈斯木《少数民族汉语教学中引进对外汉语教学成果的必要性和可能性》,吕必松主编《语言教育问题研究论文集》,华语教学出版社,2000年。木哈白提·哈斯木(2000)指出:"对少数民族来说,汉语虽然不是外国语,但它毕竟是一种非母语的外族语,少数民族使用自己的母语的习惯,同样也会对汉语的学习产生干扰甚至抗拒作用。"

的范例。近期出版的黄昆章先生的《印度尼西亚华文教育发展史》（外语教学与研究出版社，2007 年）也给我们提供了一个国别华文教育史研究的范例。这方面的研究也亟待展开，需要我们从不同国家的华人历史情况出发，研究在不同国家和地区的华文教育的重要人物、著作和教材，研究在不同语言背景下展开中文教育的方法和特点。

第四，国别汉语教育史。由中国政府主动派出教师进行汉语教学的历史并不长，但汉语作为目的语学习的历史却很长，凡国外自主进行的汉语教育，并不能归为对外汉语教育。

对各国汉语教育的历史、人物、教材和研究著作做系统的研究是世界汉语教育史的重要和基本的研究内容。在这方面已经有了初步的研究成果，六角恒广的《日本中国语教育史研究》[1] 和牛岛德次的《日本汉语语法研究史》[2] 就是这种研究的典范；白乐桑的《法国汉语教学史浅论》[3]、金基石的《韩国汉语教育史论纲》[4] 都是最早进行这一研究的论文。在首届世界汉语教育史国际研讨会上丁超的《罗马尼亚汉语教育的发展》、李明的《20 世纪的瑞典汉语教育》、梁志桦的《新西兰的中文教育历史及其教学模式》、董淑慧的《保加利亚汉语教学史概论》等论文都是近年来国别汉语教育史的最新研究成果。

文献的收集和整理是做好国别汉语教育史研究的基础性工

---

[1] 六角恒广《日本中国语教育史研究》，王顺洪译，北京语言学院出版社，1992 年。
[2] 牛岛德次《日本汉语语法研究史》，甄岳刚编译，北京语言学院出版社，1993 年。
[3] 白乐桑《法国汉语教学史浅论》，《中国文化研究》1993 年总第 2 期。
[4] 金基石《韩国汉语教育史论纲》，《东疆学刊》2004 年第 1 期。

作，历史学的所有研究都是建立在材料和文献的基础上的，这是它和理论研究的重要区别。近来这方面也有可喜的进展，汪维辉教授整理的《朝鲜时代汉语教科书丛刊》[①]开启了国内国别汉语教育史文献整理工作，在国外做得较好的是日本，日本学者六角恒广《中国语教本类集成》[②]系统整理了日本各个时期的汉语学习教材，具有极高的学术价值。这些学术进展说明，如果推进国别汉语教育史的研究，首要的问题就是要系统地收集和整理世界各国的汉语学习历史文献，对这些基础性的文献加以整理和翻译是展开研究的第一步。除文献的收集与整理外，对各国重要的汉语研究者的著作和各个时期的汉语教材做个案的深入研究也是一项重要的工作。

在理论上，国别汉语教育史研究中有两点较为重要：一是注意在历史研究中展开对比语言学的研究，研究汉语与其他外国语言接触中的特点，注意吸收对比语言学的成果，[③]这样我们就可以从各国的汉语教育的历史著作中总结汉语作为外语学习的基本经验和规律。二是注意各国汉语政策和语言政策历史的研究，发生在国外的汉语教学不仅可以从对比语言的角度展开，也应注意语言外的影响，即别国的语言政策和汉语政策对汉语教学的影响。

语言政策是应用语言学的重要内容，但在以往的汉语教学研究中较为忽视，但一旦我们将汉语教育的历史研究扩展到国外，语言政策问题就成为一个事关各国汉语教育成败的大事。

---

① 汪维辉编《朝鲜时代汉语教科书丛刊》，中华书局，2005年。
② 六角恒广《中国语教本类集成》，日本不二出版，1991—1998年。
③ 对比语言学研究成果可参见潘文国、谭慧敏《对比语言学：历史与哲学的思考》，上海教育出版社，2006年。

第五，国外汉学史。一方面，各国的汉学家在他们进入中国各个具体学科研究之前，第一步就要学习汉语，因此，各国的汉学史为世界汉语教育史的研究提供了大量丰富的文献。关注海外汉学史的研究，从中提取有关汉语教学历史的材料是展开世界汉语教育史研究的重要途径。另一方面，在历史上，不少汉学家本身就是汉语教学的实践者或领导者，他们留下了一些重要的汉语教学的著作和文献，如法国的雷慕沙（Abel-Rémusat，1788—1832）的《汉语启蒙》既是他从事汉语教学的教材，又是西方汉学史的重要著作。实际上，如果做海外汉学史研究，忽略了这一部分，那也将是不完整的。这样，我们看到，世界汉语教育史研究对象是包括对外汉语教育史和国内少数民族双语教育史在内的世界各国汉语学习和展开汉语教育的历史。我们倡导世界汉语教育史的研究就在于，试图通过对各国汉语教育史的研究，探讨汉语在与世界各种语言接触中各国汉学家和语言学家对汉语的认识和研究，总结汉语作为目的语进行教育的特点、规律和方法，以为今天世界范围内的汉语教学研究提供学术和历史的支撑。

二 世界汉语教育史的研究方法

通过以上我们对世界汉语教育史的研究对象的描述，我们可以看到世界汉语教育史的研究实际上是一个跨学科的研究领域，它的研究范围已经大大超越了单纯的应用语言学的研究范围。研究范围的扩大必然导致研究方法的多样化，因此，在展开世界汉语教育史的研究时，所采取的方法是多样的，我认为在多样的研究方法中以下四点较为重要：

第一，语言习得理论的研究方法。

对外汉语教育史的研究只是对外汉语教育研究的一种历史延伸，对外汉语教学作为一种外语教学，其方法的特点和独特性同样适用于对外汉语教育史的研究。对外汉语教育史是世界汉语教育史的重要部分，因而，在展开世界汉语教育史研究时，对外汉语的语言习得理论自然成为它的研究方法。关于语言习得理论的研究方法，刘珣讲得很清楚，他说："语言学的任务是研究语言，把语言的规律弄清楚，它的任务就完成了。语言教育学科则不能到此为止，它不是为研究语言而研究语言。因此，除了对汉语这一客体的研究外，本学科还需要研究教学活动的主体即学习者，研究学习者汉语习得的过程和规律，以及学习者的生理、认知、感情等个体因素——这是第二语言习得的研究。"[1] 这就是说，在对外汉语教育史的研究中要特别注意总结历史上的汉语习得的历史过程和规律，学习者的各种因素对汉语学习的影响。

这里需要注意的是目前在西方出版的第二语言习得的理论研究，基本上是建立在西方语言作为第二语言教学的实践基础上的，这些西方语言学家大多对汉语没有研究，因此，这样一种第二语言教学研究的理论是有局限性的，这点西方的语言学家也是承认的。[2] 这个事实告诉我们，在我们把第二语言习得的理论应用于

---

[1] 刘珣《谈加强对外汉语教学的教育学研究》，中国对外汉语教学学会秘书处、《语言文字应用》编辑部编《语言教育问题研究论文集》，华语教学出版社，2000年。

[2] 英国社会语言学家 R. A. Hudson 在《社会语言学》的中文序中说："一件令人尴尬的事实是，（书中）一次也没提到中国，这一方面反映出我本人的无知，但同时也反映了中国没出现在我所读过的著作和论文之中这一事实。"转引自《中国对外汉语教学学会第六次学术讨论会论文选》（华语教学出版社，1999年）。

汉语教育史研究时，要考虑到它的局限性。在这方面，对外汉语教育界已经认识到这个问题，字本位的提出就是一个证明。正是在这个意义上，研究世界汉语教育史对于建立基于汉语本身的第二语言习得理论具有重要意义。正是几千年中国本土的对外汉语教学的历史给我们提供了丰富的汉语作为第二语言教学的经验和教训，正是在研究世界各国汉语教育的历史中，我们可以总结出真正的汉语作为第二语言教学的普遍性规律，并从这种历史的研究中提升出更普遍的规律和理论，丰富一般的第二语言习得理论和外语教学理论。

这就是说，在世界汉语教育史的研究中，一方面，要善于使用当下语言习得的理论和方法来指导我们的历史研究，另一方面，又不要局限于当下的那种以印欧语的语言习得为经验所总结出的一般的原理，而是创造性地从世界汉语教育史的历史经验中丰富、发展出真正从中国语言文字特点出发的语言习得理论。

第二，中国语言学史的研究方法。

任何语言的发展都是在与其他语言的相互接触中变化与发展的。王力先生早年明确做过论述，这已经被中国语言发展的历史所证明。佛教传入中国后，不仅对中国的宗教和思想产生了影响，对中国的语言也产生了不可低估的影响（王力，1980）。基督教自明末传入中国以后，对中国社会和思想产生了较大的影响，同时对语言的影响也是很大的。近代以来，中国语言在语音、语法、词汇三个方面的变化都和基督教的传入有极大的关系。从语音来说，现在我们的汉语拼音系统的基础就是传教士所确立的。罗常培先生早年的论文至今仍有很高的学术价值。① 近年来杨福绵（1995）② 对利玛窦、罗明坚《葡汉词典》的研究，张卫东（1998）③ 对《语言自迩集》语音的研究都有突破性的进展。语法方面，姚小平（1999）④ 最早对将《马氏文通》作为中国近代第一部语法书的观点提出批评，2003 年在北京召开了西洋汉语研究国际研讨会，并出版了万济国的《华语官话语法》一书。⑤ 实际上万济国也并不是第一个写出中国语法的传教士。对法国入华传教士马若瑟《汉语札记》的研究已经开始。⑥ 词汇方面，最有影响的是意大利汉学家马西尼所写的《现代汉语词汇的形成：十九世纪汉语外来词研究》（汉语大词典出版社，1997 年）一书，此书使我们对近代以来中国语言的形成历史有了一个新的看法。这方面日本关西大学的沈国威⑦ 等有一系列的研究成果。这些都说明，在我们研究世界汉语教育史时，其实已经进入了中国语言学史的研究领域。

　　这样一个事实有两个方面的意义：一方面，无论是佛教的传

---

　　① 国内学者在这方面大多局限在对《西儒耳目资》的研究上，实际上传教士所留下的大量语音文献至今尚未被系统研究。
　　② 杨福绵《罗明坚、利玛窦〈葡华辞典〉所记录的明代官话》，《中国语言学报》1995 年第 5 期。
　　③ 张卫东《威妥玛氏〈语言自迩集〉所记的北京音系》，《北京大学学报（哲学社会科学版）》1998 年第 4 期。
　　④ 姚小平《〈汉文经纬〉与〈马氏文通〉——〈马氏文通〉历史功绩重议》，《当代语言学》1999 年第 2 期。
　　⑤ 国外已经开始注意这一研究领域，参见 Breitenbach, S. *Leitfäden in der Missionarslinguistik*. Frankfurt am Main, 2004.
　　⑥ 李真《马若瑟对中国语言学史的贡献》，西洋汉语研究国际研讨会论文，北京，2003 年。
　　⑦ 沈国威《近代日本语汇交流史》，笠间书院，1994 年。

第三节 汉语作为第二语言教学史的研究对象与方法 41

入还是基督教的传入，这些外来者最初只是汉语的学习者，他们汉语学习的历史材料显然是世界汉语教育史研究的基本内容；另一方面，他们的汉语学习反过来影响了汉语本身的发展。研究这种语言接触对汉语的影响，就使我们进入中国语言学史的研究范围。对做中国语言学史的人来说，汉语教育史是其不可忽略的一个重要的方面，特别是传教士汉语的研究，将会对中国语言学史的书写产生重大的影响。同样，对于世界汉语教育史研究者来说，如果仅仅局限于第二语言教学的方法，仅仅将这一领域的研究放在对汉语教育史的研究中，已经不能更好地推进其研究。我们应该从更大的学术视野，从整个中国语言学史的角度来看这个问题，运用中国语言学史的研究方法来进行研究，才能将其学术价值更好地显现出来。

第三，汉学史的研究方法。

当中国语言从传统走向现代之时，在西方也正经历着一场"普遍语言学运动"[1]，从大的历史背景来说，这是和地理大发现紧密相连的；从具体背景来说，西方各国的汉语学习是和当时西方各国汉学的兴起和发展密不可分的，或者说，西方各国的汉语教育本身就是西方汉学史的一个重要组成部分。

欧洲文化界对中国语言的认识最早都是从入华传教士写的有关中国的书籍上看到的。据说中国方块字第一次出现在欧洲书籍中是在西班牙传教士门多萨的《中华大帝国史》中，影响较大的是基歇尔（Kircher）的《中国图说》[2]，他在这本书中首次公布

---

[1] Mungello, D. E. Curious Land: Jesuit Accommodation and the Origins of Sinology. Franz Steiner Verlag Wiesbaden GmbH, 1985.

[2] Kircher, A. *China Illustrata*. Kathmandu, Nepal, 1979.

了中国的一些象形的古文字，引起了人们广泛的兴趣。特别是他首次将《大秦景教流行中国碑》的碑文编成了拉汉对照词典，使汉字在欧洲第一次可以根据罗马拼音读出，可以根据拉丁文释义来理解，这在当时的欧洲是破天荒的大事。这恐怕也是在欧洲最早出版的欧洲人学习汉语时的拉汉词典。第一次把中国语言放入世界语言研究范围内的著作是英国人韦伯（John Webb，1611—1672）的《关于证明中华帝国之语言很可能为人类最初语言的历史评说》（1669）。这本书在西方影响很大。虽然韦伯本人从未来过中国，但他通过阅读传教士的著作提出了这种惊人的观点。从中国语言学的角度来看这本书价值不大，但从西欧思想文化史的演变而言倒有一定的地位，所以对西方人学习汉语、研究汉语具有重要意义。汉语教学史的研究不能仅仅从语言学的角度出发，还应从比较文化和比较语言学的角度考虑，关于这一点下面在讲方法论时还会提到。

德国早期的汉学家米勒（Andreas Müller）是欧洲本土最早研究汉语的人之一，他在自己著名的 *Clavis Sinica* 一书中称他已找到了学习汉语的钥匙，可以很快地读懂汉语。这个消息曾一度使莱布尼茨十分动心，多次给他写信（Mungello，1985）。在俄国的德国早期汉学家巴耶（T. S. Bayeri，1694—1738）也是最早学习汉语和研究汉语的人，他既研究中国文学也研究中文文法。[①]

1814年12月11日法国法兰西学院开设了汉学讲座，从此"传教士汉学"与"专业汉学"并存的时代开始了。"这个日子不仅对于法国汉学界，而且对于整个欧洲汉学界，都是有决定意

---

① Lundbæk, K. *T. S. Bayeri (1694-1738) Pioneer Sinologist*. Curzon Press, 1986.

义的。"[1] 从此，汉语、汉语语法及《大学》等都成为法兰西学院的正式课程。第一任汉学教授雷慕沙第一次讲中文文法时借助的是马若瑟的手稿，几年后他出版了自己的第一部汉语教学著作《中华帝国通用的共同语言官话》，奠定了他在汉语教学中的地位，而《汉文启蒙》（*Élémens de la Grammaire Chinoise*）很长一段时间内也为法兰西学院的汉语教材。

德国汉学和汉语教学的奠基人是威廉·硕特（Wilhelm Schott，1802—1889）。他于1833年在柏林开设中国语言文学课程，拉开了德国专业汉学的序幕。他于1826年完成的博士学位论文是《中国语言的特点》（*De Indole Linguae Sinicae*）。[2] 他1857年在柏林出版的《可用于讲课、自学的汉语课本》（*Chinesische Sprachlehre, zum Gebrauche bei Vorlesungen und zur Selbseunterweisung*）很长时间内是德国人学习汉语的教材。

俄国汉学和汉语教学的奠基人是雅金夫·比丘林，他在北京待了十四年之久，其间他努力学习汉语，并最早开始编纂辞典。1831年比丘林在哈克图开办了俄罗斯的第一所汉语学校，并亲任教师，1838年返回彼得堡后，又从事汉语教学和汉学研究三十多年。"他的办学为俄国开办汉语学校提供了经验，所编《汉语语法》（1835）长期被沿用，直到20世纪初仍是喀山大学和彼得堡大学东方系的教材。"[3]

---

[1] 戴仁主编《法国当代中国学》，耿昇译，中国社会科学出版社，1998年。
[2] 张国刚《德国的汉学研究》，中华书局，1994年。简涛《柏林汉学的历史和现状》，《国际汉学》2000年第5期。
[3] 李明滨《俄国汉学史提纲》，阎纯德主编《汉学研究》第四集，中华书局，2000年。

英国的汉学和汉语教学则落后于法国和德国,基督教新教传教士入华以后,英国的汉学和汉语教学有了长足的进步。理雅各(James Legge,1815—1897)的英译中国典籍奠定了他在19世纪西方汉学史上的地位。而翟理斯(Herbert Allen Giles,1845—1935)在继承威妥玛汉字罗马拼音法的基础上所创立的"威—翟式"拼音也使他在汉语研究上确立了自己的地位。

美国传统汉学的兴起是和基督教新教入华传教联系在一起的。按费正清(1997)[①]的说法,它是"西方入侵的一部分",美国大学的第一个汉学系是由卫三畏(Samuel Wells Williams,1812—1884)1876年从中国返回耶鲁大学后所创立的。"在卫三畏的主持下,建立了美国第一个汉语教学研究和东方学图书馆。翌年,哈佛大学也设置汉语课程,并设立东方图书馆。"[②]

我在这里罗列这些历史事实是想说明:如果我们做国别的汉语教育史,那实际也就进入了汉学研究的领域,不从这个角度把握,我们很难摸清各国汉语教育史的线索。

第四,对比语言的研究方法。

研究汉语在世界各国的教学与研究就必然涉及不同语言之间的比较,就必然涉及不同语言之间的接触。任何一个外国人在他从事汉语教学和研究时很自然要受到其母语的影响,原有的母语对其学习汉语和研究汉语都有着内在的影响。因此,从语言对比的角度分析不同国家的汉语研究者的汉语观是我们研究世界汉语

---

① 费正清《新教传教士著作在中国文化史上的地位》,《费正清集》,天津人民出版社,1997年。
② 侯且岸《当代的美国"显学"——美国现代中国学研究》,人民出版社,1995年。

教育史时所必须掌握的方法。对比语言学最早是由美国人类语言学家沃尔夫（Benjamin Lee Whorf）提出来的，在西方语言学史上最早将西方语言和中文进行对比研究的是德国的语言学家洪堡特（Wilhelm Von Humboldt），他所提出的汉语与印欧语系之间的比较的观点至今启发着所有从事汉外语言比较的学者。近年来中国学者在比较语言领域取得了长足的进步，他们所提出的比较语言学的原则和方法成为我们研究世界各国汉语教育史时所必须遵循的方法。我们应清醒地认识到只有掌握了比较语言学的方法，才能更有效地进行世界各国汉语教育史的研究。

三 世界汉语教育史研究的意义

在汉语国际教育专业开设世界汉语教育史的课程是对外汉学专业一个重要的进步，任何学科都有理论与历史两个方面，学科史是学科理论展开的历史支撑，一个没有学科史的学科是不成熟的学科。我们可以从以下三个方面来认识学习世界汉语教育史的重要意义：

第一，世界汉语教育史的研究将进一步丰富对外汉语理论的研究。

第二语言习得理论的提出不过几十年的时间，而世界各国的汉语教育和汉语研究的历史已经有二百多年，中国自身的对外汉语教学和双语教学的历史则更长。世界汉语教育史为对外汉语教学理论提供了丰富的历史经验和范例，通过认真研究世界汉语教育史的重要著作和人物，我们可以为汉语教学的理论找到历史的根据，进一步丰富当前的第二语言习得理论。例如，鲁健骥

(2005)[1] 通过研究《语言自迩集》中由中国文人所编写的教材《践约传》，认为《践约传》作为汉语学习的泛读材料有着启发意义，因为"泛读在我国的对外汉语教学中还不落实，由《践约传》开创的精泛互相配合的教学方法，没有继承下来"。他通过对《践约传》这个世界汉语教育史上的历史泛读教材的研究，进一步认识到加强泛读和精读的结合的必要性。所以，他呼吁"应该重视汉语作为外语教学的历史，包括我国的对外汉语教学史的研究，推动对外汉语教学学科的发展。当时从事汉语教学的外国人和我国的对外汉语教师思考的问题，也会对我们今天的教学有所启发，大有裨益的"。

第二，世界汉语教育史的研究将直接推进对汉语本体的研究。

文化间的交往必然带来语言间的交往，当汉语作为外语在世界各地被学习时，学习者会不自觉地受到母语的影响，从第二语言习得的角度来看，母语的作用会直接影响学习者的汉语学习。但很少注意到，学习者的这种习惯力量也同时推动着语言间的融合。

王力先生说："中国语言学曾经受过两次外来的影响：第一次是印度的影响，第二次是西洋的影响。前者是局部的，只影响到音韵学方面；后者是全面的，影响到语言学的各个方面。"[2]这两次影响的启端都是从汉语作为外语学习开始的。佛教的传入，印度的僧侣们要学习汉语，要通过学习汉语来翻译佛经，结果，直接产生了反切。王力先生说，反切的产生是中国语言学史

---

[1] 鲁健骥《〈践约传〉——19世纪中叶中国人编写的汉语简易读物》，李向玉、张西平、赵永新主编《世界汉语教学史研究》，澳门理工学院出版社，2005年。

[2] 王力《中国语言学史》，复旦大学出版社，2006年。

上值得大书特书的一件大事,是汉族人民善于吸收外来文化的表现。西方语言学对中国的影响表现得更为突出,来华的传教士正是为了学习汉语编写了汉语语法书,如卫匡国(Martin Martini, 1614—1661)为了读中国的书,写下了《中国文法》;传教士们为了阅读中国典籍,发明了用罗马字母拼写汉字的方法;为了以中国人听懂的语言来布道以及翻译圣经等宗教书籍,创造了一系列的新词汇,包括至今我们仍在使用的大量词汇。这说明,当一种语言作为外语来被学习时,它并不是凝固的,它也会随着学习的需求而不断发生变化;反之,学习者虽然是将汉语作为第二语言来学习的,但学习者并不是完全被动的,学习者也会对自己的目的语产生影响。语言间的融合与变迁就是这样发生的。直到今天,现代汉语形成的历史并未完全说清,而世界汉语教育史的研究则可以直接推动汉语本体的研究,可以直接推动近代汉语史的研究。一个最明显的例子就是,关于明清之际中国官话问题的讨论,长期以来一直认为明清之际的官话是北京话,但最近在传教士的很多汉语学习文献中发现,他们的注音系统是南京话,这些传教士在文献和他们的著作中也明确地说他们学习的官话是南京话。不仅西方传教士的汉语学习材料证明了这一点,同时在日本的汉语学习材料也证明了这一点。如日本江户时期冈岛冠山所编写的《唐话纂要》《唐译便览》《唐话便用》《唐音雅俗语类》《经学字海便览》等书,六角恒广研究了冈岛冠山的片假名发音后,明确地说:"这里所谓的官音是指官话的南京话。"(六角恒广,1992)这说明汉语学习的文献直接动摇了长期以来中国语言学史研究的结论。

至于语法和词汇两个方面,有更多的文献和材料说明只有在搞清世界汉语教育史的情况下,才能更清楚地研究好近代中国语言学史,甚至可以说,随着世界汉语教育史研究的深入,原有的前辈学者研究中国语言学史的结论将被改写。

第三,世界汉语教育史的研究将加深海外汉学史和中外文化交流史的研究。

以往在海外汉学史的研究中,绝大多数研究者是不把汉学家们的汉语学习历史和文献作为研究内容的,认为这样的著作和文献是很肤浅的,海外汉学史研究的是汉学家们专题性的研究著作。世界汉语教育史研究的展开使我们对以往海外汉学史研究重新反思,汉学家们的汉语学习文献和著作同样是海外汉学史研究的重要内容。例如,张西平对罗明坚(Michele Ruggieri, 1543—1607)汉语学习史的研究,给我们提供了天主教早期最早的汉文写本,揭示了罗明坚汉诗的学术意义和价值,这些都是在罗明坚的正式著作中所不可能发现的。

同样,正是在从事世界汉语教育史的研究中,我们才能掌握中华文化外传的轨迹,看到中国典籍向外传播和翻译的具体历史过程,这种研究将大大推动中外文化交流史的研究。

四 结论

世界汉语教育史是一个全新的研究领域。这一领域的开拓必将极大地拓宽汉语作为第二语言教学的研究范围,使学科有更深厚的历史根基,从而使我们在总结和提升汉语作为第二语言教学的基本原理和规律时,不再盲目地追随西方第二语言教学的理论,而是从汉语作为第二语言教学的悠久历史中总结、提升出真正属于汉语本身的规律。实际上，我们还可以在这一研究中为第二语言教学的理论和方法做出我们的贡献，将我们的历史经验提升为更为一般的理论，使其具有更大的普遍性。尽管这还是一个遥远的目标，但在学术上则是必须要确立的一种文化自觉的理念。先后两届世界汉语教育史国际研讨会的召开，是我们向这个目标迈出的第一步，世界汉语教育史研究学会的成立，则表明了中国学者为实现这一目标的决心。

世界汉语教育史是一个跨学科的研究领域，涉及多学科，必须有多种方法的结合。我们在运用第二语言习得研究的方法时，一定要注意和中国语言学史的方法相结合。在一定意义上，中国语言学历史的研究和汉语作为第二语言学习和教育历史的研究是密不可分的。那种将汉语国际教育仅仅局限在课堂教学经验研究的方法是其学识不足的表现；反之，那种无视甚至轻视汉语作为第二语言学习和教育历史的观点同样是一种学术上的短视。如果忽视了世界汉语教育史的研究，将无法揭示出中国近代以来语言变迁的真正原因。

同时，我们在这一研究中将会强烈地感到，中国语言学史的研究已经不再局限于中国本土，中国语言对国外语言发展的影响正是在汉语作为第二语言学习的历史中产生的，这不仅表现在东亚一些国家的语言形成和发展之中，也表现在西方近代以来的语言变迁中。将世界汉语教育史的研究纳入学术视野，将使我们对中国语言的思考，对汉语国际教育的研究扩展到一个更为宽阔的学术空间。

第二章

汉语作为第二语言教学的历史发展

第一节 唐元时期的汉语教学 ①

民国之前,在中西文化交流史上,曾先后出现两次来华西方人汉语学习高潮。第一次高潮起源于明清之际天主教来华传教,第二次高潮发轫于晚清基督教新教在华传播。在这两次汉语学习高潮中,来华传教士均充当起汉语学习和研究的开拓者和主力军。对此,国内学术界已有大量相关研究、论著问世。②值得注意的是,基督教在明清之前亦曾有过两次在华传播的历史,即唐朝的景教和元朝的也里可温。由于种种原因,对这一时期来华传教士的汉语学习和研究鲜有人提及,这也使得来华西方人早期汉语学习史

---

① 本节摘自卞浩宇《唐元时期来华传教士汉语学习和研究》,《宗教学研究》2011年第3期。

② 这些专著一方面从不同角度阐述西方早期汉学的发展历程,另一方面也对西方人早期汉语学习情况进行较为细致的分析和论述。主要包括:吴孟雪、曾丽雅《明代欧洲汉学史》,东方出版社,2000年;张国刚等《明清传教士与欧洲汉学》,中国社会科学出版社,2001年;何寅、许光华主编《国外汉学史》,上海外语教育出版社,2002年;计翔翔《十七世纪中期汉学著作研究——以曾德昭〈大中国志〉和安思文〈中国新志〉为中心》,上海古籍出版社,2002年;张西平编著《西方人早期汉语学习史调查》,中国大百科全书出版社,2003年;张西平《传教士汉学研究》,大象出版社,2005年;董海樱《西人汉语研究述论——16—19世纪初期》,浙江大学博士学位论文,2005年;等等。另外,亦有多篇论文相继发表在《国际汉学》《汉学研究》等杂志上。

研究成为一个长期未受关注的领域。然而，正如明末耶稣会士范礼安（Alexandre Valignani）所言，要想在中国传教，"最要之条件，首重熟悉华语"①。传教士来华后首先需要克服的便是语言障碍，这就要求他们必须学习当地语言，并将此看作未来传教事业顺利开展的重要保障。尽管唐元时期来华传教士的人数、传教规模及影响等方面均无法同明清时期相提并论，但来华传教士对当地语言的学习和研究则是一个无可否认的历史事实。本节通过对现有史料的梳理和分析，试图勾勒出唐元时期来华传教士汉语学习和研究的整体概况，进而揭示来华传教士所采取的"文字传教"方式的历史意义。

一 唐朝景教徒的汉语研究

（一）景教在华传播概况

景教，又称波斯教或波斯经教，教外人亦称之为弥施诃教或迷失诃教，"即《旧约》中之救世主 Meshiha 或 Messiah 之译音"②。景教之传入中国，始于唐贞观九年（635 年）。据《大秦景教流行中国碑》碑文（《大秦景教流行中国碑颂并序》）记载，"大秦国有上德曰阿罗本，占青云而载真经，望风律以驰艰险，贞观九祀，至于长安"，唐太宗令宰相房玄龄"总仗西郊，宾迎入内"，三年后，唐太宗下诏曰："道无常名，圣无长体，随方设教，密济群生。大秦国大德阿罗本，远将经像，来献上京。详其教旨，

---

① 费赖之《在华耶稣会士列传及书目（上册）》，冯承钧译，中华书局，1995 年。
② 朱谦之《中国景教》，东方出版社，1993 年。

玄妙无为，观其元宗，生成立要，词无繁说，理有忘筌，利物济人，宜行天下。"（朱谦之，1993）景教由此得到唐朝官方正式承认和支持，奉旨公开推展教务。太宗之后，景教又受到唐朝历代皇帝优容。至建中二年（718年），景教更是获准建立景教碑，并由景教高僧景净撰写碑文，记述景教在华传经历，此亦为景教在华传教之高峰。"景教碑建立后，历经顺宗、宪宗、穆宗、敬宗、文宗诸朝，景教大概处于衰落时期"①，期间还受到佛教和道教攻击。会昌五年（845年），因唐武宗崇奉道教，加之"恶僧尼耗蠹天下"，武宗下令灭佛，景教亦受牵连。经此一劫，景教一蹶不振，在中原绝迹长达两百多年。至此，基督教首次入华传教以失败告终。

（二）景教徒的译经活动及其汉语水平

关于景教的传教方法，王治心先生曾指出共有两种："一为翻译经典，一为医治疾病。"② 医治疾病或许较少涉及语言问题，但若要翻译经典，景教徒们则不可避免地要面对语言障碍。因此，学习、研究汉语进而借助汉语向异国民众宣扬上帝福音，成为景教徒来华前后的必要准备工作。但可惜这方面现有的史料和研究太少，至今无法了解景教徒汉语学习的方法和过程。唯有通过对景教翻译活动的考察以及现存景教汉文文献③ 的比较，我们才能对当时景教徒的汉语水平窥见一二。

---

① 周燮藩《中国的基督教》，商务印书馆，1997年。
② 王治心《中国基督教史纲》，上海古籍出版社，2004年。
③ 除《大秦景教流行中国碑》外，现存景教汉语文献还有以下八部：《序听迷诗所经》《一神论》《三威蒙度赞》《尊经》《志玄安乐经》《宣元思本经》《景教大圣通真归法赞》和《宣元至本经》。详情参见朱谦之（1993）。

有关景教徒翻译活动的记载,最早见于景教碑碑文。阿罗本曾获唐太宗特许"翻经书殿,问道禁闱",唐太宗正是通过其翻译的经文才"深知正真,特令传授"。据此不难推断,阿罗本应该是懂汉语的。正如韩国基督教学者李宽淑所言:"可见阿罗本当时不但具有深厚的宗教体验和学术修养,而且一定精通汉语,不然就不可能在没有任何参考资料,'孤军作战'的情况下,翻译内涵深奥的经典,阐述神学教义,并能使雄才大略的唐太宗倾服。"[1]

另据景教汉文文献《尊经》所述,当时共有汉译景教经典三十五种,这是中国第一批汉译《圣经》经卷。并且该书在附记中还记载自阿罗本来华后的译经历史:"谨案诸经目录,大秦本教经都五百三十部,并是贝叶梵音。唐太宗贞观九年西域大德僧阿罗本,届于中夏,并奏上本音,房玄龄、魏征宣译奏言,后召本教大德僧景净,译得以上三十部,余卷大数具在贝皮夹,犹未翻译。"(朱谦之,1993)由此可见,景净亦是景教的译经专家。据方豪先生考证,"现存景教经典中,可能大部分都出于景净之手"[2]。另外,景净本人还曾协助翻译过佛经。长安西明寺僧圆照所撰《贞元新定释教目录》中对此事亦有记载:"法师梵名般刺若⋯⋯请译佛经,乃与大秦寺波斯僧景净,依胡本《六波罗蜜经》译成七卷。时为般(刺)若不娴胡语,复未解唐言;景净不识梵文,复未明释教;虽称传译,未获半珠,图窃虚名,非为福利⋯⋯圣上浚哲文明,允恭释典,查其所译,理昧词疏。"[3]文中所提

---

[1] 李宽淑《中国基督教史略》,社会科学文献出版社,1998年。
[2] 方豪《中国天主教史人物传(上)》,中华书局,1988年。
[3] 杨森富编《中国基督教史》,台湾商务印书馆,1968年。

到的"唐言"指的应该就是汉语。尽管"景净不识梵文,复未明释教",但般若仍然邀请他共同翻译佛经,这大概一方面是由于般若自身"未解唐言",另一方面也足可证明景净精通汉语,"当时必是一翻译权威"(方豪,1988),否则他们的翻译就不会引起极大骚动,甚至需要皇帝出面干涉。而且,就景教碑碑文来看,全文文笔简练,对仗颇为工整,反映出作者景净深厚的汉语文字功底。当然,有学者认为景净"生长在中国"故"中文亦佳"[①];亦有学者怀疑"碑文必为当时华人代笔,非大秦僧景净自撰"(杨森富编,1968),但这些看法目前似乎都缺乏力证。

除阿罗本和景净之外,在现有史料中很难再发现有关其他景教徒翻译活动的明确记载。但事实上,通过对景教汉文文献的比较,可以发现,在译文中出现了很多前后不一致的地方。例如,一些重要的基督教术语在各篇经文中并没有形成统一译法。有称上帝为"天尊"者(见《序听迷诗所经》),有称"阿罗诃"者(见《一神论》)。这说明,当时一定还有其他景教徒参与经文的翻译活动。对此,法国著名汉学家沙百里在其著作《中国基督徒史》一书中也有论述。沙百里指出,在早期景教汉文经典中,"许多外来词仅简单地以中文对音而仿造,为了翻译叙利亚文或梵文的发音,对于汉文方块字的选择有时则非常蹩脚。甚至连弥塞亚(Messie,救世主)的名字本身也被写作'迷失所'(应为'迷诗诃'),所使用的汉文方块字本意,却为'诗被迷失的地方'。在晚期的经文中,Messie 一字被译作'迷诗诃',其意为'功德圆满的大师'。……用于翻译'耶稣'(Jesus)名称的汉文方块

---

① 顾卫民《基督教与近代中国社会》,上海人民出版社,1996年。

字的选择特别令人恼火：'移鼠'，其本意为'被移动的老鼠'。后期的经文都已使用比较讲究的字眼而避免了类似的谬误"[①]。因此，一方面正如方豪先生所言，"由于译名和文体的歧异，也可以肯定地说，至少现存景教汉文经典，不可能全部出于一人之手"（方豪，1988）；而另一方面，译名的前后变更在很大程度上正好体现出景教徒汉语水平在不断提高。

另外，这些景教汉文经典在某种程度上还呈现出基督教语言早期"本土化"趋势，即大量使用佛教、道教词汇。如"寺"（教堂）、"僧"（修士）、"大德"（主教）、"三身"（三位一体）、"诸佛"（诸灵、众天使）、"元风"（圣灵）、"造化"（创造）、"真主"（造物主、真神）、"天尊"（天父、真神）、"无为"（默默地行道）、"修功德"（献祭）等等。[②] 有学者指出，"这些借用而来的他教用语，对景教来说，虽另滋生新义，但却足以弥盖景教本色，使后人有：'不耶不佛'、'非耶非道'之议"（杨森富，1977）。究其原因，景教入华之初，尚未在宗教术语上形成自己独立体系；而与之相比，佛教、道教却在中国扎根已久，在民众中早已形成一套广为流传的术语和词汇，因此为使文字通俗易懂，让民众易于接受，景教翻译家们广泛借用佛教、道教语言来阐述基督教理念，推广基督教义，这是可以理解的。并且，单从语言角度而言，正是这些广泛借用的佛教和道教词汇、术语，才使得译文在文字上避免出现早期经文中的"硬译"或"死译"现象，译文可接受程度更高。因此，语言"本土化"趋势的

---

① 沙百里《中国基督徒史》，耿昇、郑德弟译，中国社会科学出版社，1998年。
② 杨森富《唐元两代基督教兴衰原因之研究》，林治平主编《基督教入华百七十年纪念集》，台湾宇宙光出版社，1977年。

出现和流行，亦反映出景教徒随着自身汉语水平的不断提高，开始从更深层次对语言及其翻译理念进行再思考。

二 元代天主教徒的汉语研究

（一）天主教在华传播概况

13世纪初，蒙古民族在中国北方崛起，并最终建立起横跨欧亚大陆的蒙古帝国。"他们从亚洲的一端到另一端开辟了一条宽阔的道路，在他们的军队过去以后，他们把这条大道给商人和传教士，使东方和西方在经济上和精神上进行交流成为可能。"[①]尽管元朝统治时间很短，但中西交流却呈现出前所未有的盛世。正是在这样的背景下，天主教再次传入中国。从传教意义而言，第一个获准在中国传教的是天主教传教士孟高维诺（Giovanni da Montecorvino），虽然此前教廷曾派遣柏朗嘉宾（Giovanni de Piano Carpini）、鲁布鲁克（Guillaume de Rubruck）等人以传教士身份来华，但由于种种原因，他们并没有能够在中国展开传教。1289年，教皇尼古拉四世（Nicolas IV）任命孟高维诺为教廷使节出使蒙古。孟高维诺于"元世祖至元三十一年（一二九四年）抵大都，即北平，觐见元帝，元帝加以礼待，准在大都传教"（方豪，1988）。经不懈努力，孟高维诺在大都先后共建立三座教堂，并展开一系列传教活动，如收养幼童、组织圣诗队、翻译经文等等。1328年，孟高维诺去世，天主教在中国便失去了精神领

[①] 道森编《出使蒙古记》，吕浦译，周良霄注，中国社会科学出版社，1983年。

袖。至 1345 年，整个中国天主教的教务渐趋废弛。1362 年，汉军攻入泉州，元代最后一位天主教主教、佛罗伦萨人詹姆斯被杀。1369 年，元顺帝从北京逃亡漠北。至此，在元朝一度兴盛的天主教在中原也随之销声匿迹，基督教的第二次来华传教宣告失败。

（二）天主教徒对汉语的认识

在来华天主教徒中，许多人将自己所见所闻以游记或报告的形式记录下来，从各个方面向西方全面介绍中国，这其中也涉及一些对汉语的记载和评述。

1. 《柏朗嘉宾蒙古行纪》（*Hisroria Mogolorum*）

1247 年，柏朗嘉宾在归国后为教廷写出一份出使报告，即《柏朗嘉宾蒙古行纪》。这是当时西方世界第一部有关蒙古的著作，它向西方人展示了一幅真实的东方画卷。报告主要以柏朗嘉宾的亲眼所见和实地考察为基础，并广泛利用他在旅途中搜集的大量资料，以较为客观公允的态度，详细介绍了蒙古帝国的地理、居民、风俗习惯、宗教信仰、政治结构和军事组织等情况。因此，这份报告的"可靠性和明确程度方面，在一段相当长的时间内一直是首屈一指和无可媲美的"[①]。英国学者道森（Christopher Dawson）也认为，柏朗嘉宾"写下了西方基督教世界和远东之间第一次接触的第一手绝对可信的记载"（道森编，1983）。

除介绍蒙古情况之外，柏朗嘉宾在报告中还提到了"契丹"和"契丹人"。张西平先生认为，"在柏朗嘉宾时代，欧洲人还没有'中国'这一概念，那时他们所知道的'契丹'实际上就是

[①] 《柏朗嘉宾蒙古行纪·鲁布鲁克东行纪》，耿昇、何高济译，中华书局，1985 年。

今天的中国"①。这一点在报告中也可以得到证实。在描写"契丹人"时,柏朗嘉宾特别提到:"我们上文所提到的契丹人都是异教徒,他们拥有自己特殊的字母,似乎也有《新约》和《旧约》……他们所操的语言也甚为独特。"(耿昇、何高济译,1985)虽然只是简短的一两句话,但却是目前为止,我们在西文文献中所能够找到的、最早的有关中国汉字的描述,意义非同一般。正如法国著名汉学家韩百诗(Louis Hambis)所说:"柏朗嘉宾对契丹人所做出的描述在欧洲人中是破天荒的第一次;同样,他也是第一位介绍中国语言和文献的人,但由于其中所涉及的都是寺庙和僧侣,所以他所指的很可能是汉文佛经。对于其他情况则相当含糊不清,唯有对汉人的性格和体形描述除外。"(耿昇、何高济译,1985)尽管柏朗嘉宾自身不懂中文,但他对汉字的首次记录(也许是无意识地)却使得他成为整个西方汉学史上一个不可或缺的重要人物。

2.《鲁布鲁克东行纪》(*The Journey of William of Rubruk to the Eastern Parts*)

据说出使前,鲁布鲁克"曾在巴黎见过柏朗嘉宾,听他介绍出使蒙古的经历和见闻。他还从其他奉使回来的使节以及别的渠道获得许多有价值的情报"②;而他本人又"是一个罕见的观察力敏锐的人,具有一位艺术家的气质和眼睛",再加上他在蒙哥大汗身边生活了近一年,因此,他的游记对蒙古帝国内部情况的介绍不但细致、深入,而且在某些方面比其他同时代的游记要"更

---

① 张西平《西方游记汉学简述》,张西平编《欧美汉学研究的历史与现状》,大象出版社,2006年。
② 武斌《中华文化海外传播史(第二卷)》,陕西人民出版社,1998年。

为直接和令人信服"(道森编,1983)。首先,他明确指出"契丹"就是西方古代所讲的丝国,即中国。他写道:"还有大契丹,我认为其民族就是古代的丝人。他们生产最好的丝绸(该民族把它称为丝),而他们是从他们的一座城市得到丝人之名。"(耿昇、何高济译,1985)这一发现对于西方文化历史记忆来说,是相当重要的,"他把西方一度中断的中国形象的传统又继承上了"[①]。

其次,在对"契丹人"语言认识方面,鲁布鲁克描述要比柏朗嘉宾更加形象、深刻。他写道:"他们使用毛刷写字,像画师用毛刷绘画,他们把几个字母写成一个字形,构成一个完整的词。"(耿昇、何高济译,1985)这是因为鲁布鲁克本人就是一位语言大师,"精通法、拉、匈、波、俄、斯拉夫和其他方言,不下十种"(方豪,1988),因此,尽管目前没有任何记载可以表明他精通汉语,但凭其敏锐的观察力和对语言特有的敏感度,鲁布鲁克从整体上对汉字有了较为具体、准确的理解和把握。不但注意到汉字的书写工具及书写方式的特殊性(使用毛刷写字,像画师用毛刷绘画),还总结出汉语不同于西方文字的构词法(几个字母写成一个字形,构成一个完整的词),这在当时西方人的记录中无疑是领先的,在很大程度上推动了西方对汉语研究的进程。另外,鲁布鲁克还注意到在蒙古帝国中还存在着其他几种语言,对此他也进行了一番比较:"土番人的写法和我们相同,字体也颇像我们的。唐兀人的文字像阿拉伯人的一样是从左往右写,但那是由下往上排列。畏吾儿人的文字,如前所说,是从上往下。"(耿昇、何高济译,1985)就目前看来,这大概也是西方人对中

---

① 周宁编著《2000年西方看中国(上)》,团结出版社,1999年。

国国内存在多种语言现象最早的记载，亦是一次中西语言比较的有益尝试。

3. 孟高维诺等传教士的中国书简

在漫长的传教岁月中，孟高维诺共向欧洲寄回三封信。在信中，孟高维诺向教廷详细汇报了他在中国的种种遭遇以及他为传教所做的种种努力。从他的叙述中可以看出，孟高维诺非常注重传统的文字布道方式，并对此倾注大量心血。一方面他向幼童传授拉丁文，以便于他们更好地了解教义；另一方面，经过不懈努力，他将《圣经》中的《新约》以及《旧约》中的《诗篇》等内容翻译出来，借以扩大传教对象和影响。既然能够翻译经文，孟高维诺必定对当地语言有很深的了解和认识，诚如他在信中所言："我已通晓鞑靼语言文字，这是鞑靼人通用的语言。现在我已将《新约全书》和《诗篇集》全部译成那种语文，并已叫人用美丽的字体缮写出来。"（道森编，1983）可惜的是，这个译本如今已经佚失，无从判断"鞑靼语言文字"是蒙古语还是其他文字。对此，方豪先生也曾提出疑问，"是蒙古文？抑或畏兀儿文？则不可考"（方豪，1988）。但是，考虑到元代天主教的传播对象往往局限于蒙古人、色目人和边缘地区的其他少数民族，很少有汉人信奉天主教的记载；同时又据王治心等人考证，经孟高维诺付洗入教的三万多人"都是中亚细亚民族的人民，而不是真正的汉人"（王治心，2004），据此，不难推断，他信中所说的"鞑靼语言文字"应该不是指汉语。另外，孟高维诺在信中还提到，已皈依天主教的蒙古贵族阔里思王生前曾"在他的教堂里经常按照拉丁仪式用他们自己的语文（弥撒的序祷和中心部分都用他们自己的语文）举行弥撒"（道森编，1983）。而据相关记载，"到了 17 世纪，大批的论著却无法说服罗马当局允许用中文举行礼拜仪式的必要性"（沙百里，1998），一直到"1615 年 1 月 25 日才准许耶稣会用汉语举行弥撒"[①]，这也从另一个方面证明了"鞑靼语言文字"不是汉语。近来更有学者明确指出，孟高维诺翻译的《新约》和《诗篇》应当是蒙古语，并断定这是中国第一部蒙古文《圣经》译本。尽管孟高维诺是天主教在华事业的开创者，并且在翻译《圣经》方面做出过巨大贡献，尽管孟高维诺被后来许多学者誉为"一个中国通，或许可以称为最早的中国通"[②]，但无论是从他的信札还是其他史料，都无法证明孟高维诺曾经学习过汉语，抑或精通汉语。目前看来，孟高维诺很有可能并不懂中文。

除孟高维诺外，教廷亦先后派遣多名传教士来华协助其传教。此外，方济各会士鄂多立克（Odoricus de Portu Naonis）和马黎诺里（Johannes Marignolla）也都曾在中国留居、传教数年，对中国了解颇深，离华后分别著有《鄂多立克东游记》（*The Eastern Parts of the World*）和《马黎诺里游记》（*Der Reisbericht des Johannes Marignolla*），介绍他们的东方之旅。但在这些信件或著作中几乎都没有涉及汉语语言。究其原因，他们应该也和孟高维诺一样，对汉语知之甚少。

[①] 阿·克·穆尔《一五五〇年前的中国基督教史》，郝镇华译，中华书局，1984 年。

[②] 忻剑飞《世界的中国观——近两千年来世界对中国的认识史纲》，学林出版社，1991 年。

三 意义及影响

就传教事业而言，唐元时期基督教在华传播无疑是失败的。正如美国教会史学家赖德烈（Kenneth Scott Latourette）在其《基督教在华传教史》（*A History of Christian Missions in China*）一书中所言："据我们所知，中国如果过去未曾传入过景教，或孟高维诺等方济各会传教士也从未被罗马教会派遣，从欧洲经历那么漫长而艰难的旅程来中国，那么，中国人与中国文化也不会和今天有什么不同。"[①]

但是，唐元时期来华传教士对当地语言的学习和研究，却继承发扬了基督教传统的"文字传教"方式，并使之成为基督教在华传播的重要手段和策略之一。所谓"文字传教"，原指"传教士藉派发书刊单张，使人从阅读接受信仰之传播，此种文字工作有谓为'无声传教'（Silent Evangelism）"[②]；而就基督教在华传播而言，"文字传教"主要是指利用中国语言文字向异教徒宣扬、传播上帝福音。正是因为唐朝景教徒大规模的翻译活动，以及在翻译过程中衍生出的"语言本土化"趋势扩大了基督教教义的传播范围和影响，才会使景教在华传播一度出现"法流十道，寺满百家"之盛况。而元朝由于特殊历史环境，来华传教士接触更多的是当时官方语言，即"鞑靼语言文字"，而非汉语，但他们在传教过程中对学习、研究当地语言文字，并对语言学习研究成果如何转化为有效的传教手段等问题有较为清晰、深刻的认识。如

[①] Kenneth Scott Latourette. *A History of Christian Missions in China*. London, 1929.

[②] 李志刚《基督教早期在华传教史》，台湾商务印书馆，1985年。

1313年抵华的裴莱格林（Peregrine of Castello）曾于1318年致信欧洲，除汇报教务进展状况外，还谈到其个人传教体验："同样的，我们也通过两位译员，向居住在他们的各大城市中的偶像教徒们讲道。……确实的，我们相信，只要我们掌握了他们的语言，上帝就将显示他的奇迹。确实，收获物是巨大的，但从事收割的劳工是很少的，而且他们没有镰刀。"（道森编，1983）遗憾的是，裴莱格林本人却由于"教友人数很少，而且年龄相当大了，不善于学习当地语言"（道森编，1983），并没有就语言学习研究问题再展开详细论述；而其传教业绩也确实远远不如精通蒙古语的孟高维诺，"不善于学习当地语言"应该是其中的重要原因之一。在上述这段话中，裴莱格林将来华传教士比作"从事收割的劳工"，而将当地语言文字喻为"镰刀"，形象地说明了两者之间休戚相关的联系，一语道破传教士学习当地语言文字的必要性和重要性。姑且不论"他们的语言"是指汉语还是其他语言，裴莱格林的这段言论颇具代表性和跨时代意义，既是对以往传教经验的总结，又为未来传教士指明了努力方向，为后世基督教的在华传播提供了有益的历史借鉴。正是在历史经验的指导和激励下，之后来华的传教士均对"文字传教"的理论和实践予以高度重视，投入大量时间与精力学习研究汉语，甚至其中许多人还就汉语学习研究问题著书立说、自行编纂汉语学习词典，这对于促进基督教在华传播，推动西方人汉语学习研究的整体进程都起到了十分显著的作用，影响广泛，意义深远。

第二节　明清时期的汉语教学 ①

任何一个成熟的学科都由理论和历史两部分构成，前者确定学科的基本范畴、逻辑体系，后者梳理学科形成的过程、范畴演化的历史。一个没有自己学术史的学科肯定不是一个成熟的学科。目前，汉语教学史和对外汉语教学史是一个亟待开拓的研究方向，它必将极大提升对外汉语教学的学术内涵。本节主要从汉语教学的角度梳理明清时期的汉语教师、汉语教材情况，以使我们对这一时期的汉语教学有一个初步的认识。总的说来，这一时期从事汉语教学的既有中国文人，也有传教士，既有在中国的传教士，也有在欧洲本土的汉学家，因而不能一概称为"对外汉语教学"，而以"汉语教学"概括较为准确。

一　1800年以前在中国本土的对外汉语教师

葡萄牙人东来后同中国官府打交道时都是通过翻译，由于语言不通使他们吃了不少苦头，中国官员明确地告诉传教士，你们最好"先去做学生，学习我们中国话，以后你再做我们的老师，给我们讲解你的教理"②。这样，耶稣会到澳门后把学习中国官话作为头等大事。罗明坚初到澳门时学习中文最大的困难就是"缺乏师资"（裴化行，1936）。1583年，他在给耶稣会总会长的信

---

① 本节摘自张西平《明清时期的汉语教学概况——兼论汉语教学史的研究》，《世界汉语教学》2002年第1期。
② 裴化行《天主教十六世纪在华传教志》，萧濬华译，商务印书馆，1936年。

中说:"起初为找一位能教我中国官话的老师非常困难,但我为传教非学官话不可,可是老师如只会中国官话,而不会讲葡萄牙话也是枉然,因为我听不懂啊!因此后来我找到一位老师,只能借图画学习中文语言,如画一匹马,告诉我这个动物的中国话叫'马',其他类推……"① 这也就是后来人们传说的罗明坚找了一个中国画家当老师,② 这位中国老师无姓名可查,但可能是明代第一位从事对外汉语教学的老师。以后利玛窦入华并成为基督教在华传播的掌门人,他讲到自己学习汉语时也谈到了聘请汉语老师之事,他说:"神父们并不满足于欧洲的知识,正在日以继夜地钻研中国的学术典籍。事实上,他们以高薪聘请了一位有声望的中国学者,住在他们家里当老师,而他们的书库有着丰富的中国书籍的收藏。"③ 这位"有声望的中国学者"是何人不得而知,但说明他们在聘请汉语老师上是很下功夫的。这位中国文人不仅教口语,也教写作,利玛窦"每天听先生讲两课,又练习作短文"④。这个事实说明了那时的对外汉语教学的两个基本特点:

第一,在教与学的关系上,"学"方是主动的,"教"方是被动的,也就是说并不是中国人主动地开展对外汉语教学,而是入华的传教士们主动学习汉语,中国人才被动地开始了这项工作。这种"教"与"学"上的特殊关系是与当时明代的整个政策联系在一起的,对于长期持有"夷夏之分"观念的中国人来说,根本

---

① 《利玛窦书信集》,罗渔译,光启文化事业,1986年。
② 龙思泰《早期澳门史》,东方出版社,1997年。
③ 《利玛窦中国札记》,何高济、王遵仲、李申译,何兆武校,中华书局,1983年。
④ 罗光《利玛窦传》,台湾辅仁大学出版社,1982年。

未认识到这项工作的意义。

第二,对外汉语老师的工作具有很大的私人性。因为"教"是被动的,这样从中国一方来说很难有有组织的教学,因而老师的汉语教学完全是私人性的。传教士们聘用小书童当语言老师就是一个典型的例子。利玛窦在《利玛窦中国札记》中曾记载了他们第二次进北京时,太监们为了让他们学好官话,"在南京买了一个男孩作为礼物留给了神父们。他说他送给他们这个男孩是因为他口齿清楚,可以教我纯粹的南京话"(何高济等译,1983)。这说明他们不仅聘请有声望的学者当老师,也买小书童留在身边当口语老师,无论聘谁当老师完全是传教士个人的事情。

入华耶稣会士的汉语口语老师从目前我们所掌握的材料来看,始终未见到具体的姓名。但语言的学习从来就不仅仅是技能的学习,语言是文化的载体,尤其是汉语"文字构成的理据、名物典章制度的训释等,都直接或间接地牵涉到文化问题,甚至是为文化服务的"[1]。这样传教士在汉语学习深入到一定程度时,尤其是到达汉语写作的阶段时就遇到困难,而这些困难又非一般乡间或低层文人所能解决,因为他们用中文所表述的并非像一般中国学生所要表述的东西,而是要通过中文写作表述西方的宗教哲学思想,传播西方的科学、技术,这样他们就必然要和上层的士大夫发生联系,向中国的高级士大夫们学习。

入华耶稣会由于贯彻了利玛窦的"合儒排佛"的路线,从而在中国扎下了根,站住了脚,乃至利玛窦最后进入北京,成为万历皇帝的门客。利玛窦路线的实质是通过亲近儒家文化来改造儒

---

[1] 邢福义主编《文化语言学》,湖北教育出版社,2000年。

家文化,从而使基督教在中国扎下根。这样,无论是从传教策略上还是从汉语学习上都必然形成在华耶稣会士与明清知识分子的广泛接触。① 在这种接触中自然就产生了一批传教士学习汉语文化的老师。

徐光启不仅是"中国天主教三大柱石"之一,中国近代的科学家,也是明清时期最早教授传教士中国文化的老师。他对中国科学的一大贡献就是与利玛窦合译了《几何原本》,这种合译就是利玛窦口述,徐光启笔译。在对《几何原本》的理解介绍上,利玛窦是徐光启的老师;而在翻译成中文时,在笔译中徐光启是利玛窦的老师。这种润色的过程也就是教授利玛窦中文写作的过程。这一点利玛窦自己也是承认的,他在《几何原本》译序中说,虽他有志翻译此书,但"才既菲薄,且东西文理又自绝殊,字义相求,仍多阙略,了然于口,尚可勉图,肆笔为文便成艰涩矣。嗣是以来,屡逢志士,左提右挈,而每患作辍,三进三止。呜呼!此游艺之学,言象之粗,而龃龉吾若是,兀哉始事之难也。……吴下徐太史先生来,太史既自精心,长于文笔,与旅人辈交游颇久,私计得与对译成书不难。……先生就功,命保口传,自以笔受焉;反复展转,求合本之意,以中夏之文,重复订政,凡三易其稿"②。

利玛窦去世不久,汤若望(Johann Adam Schall von Bell, 1591—1666)和邓玉函(Jean Terrenz, 1576—1630)来北京,在1625—1626年这两年,他们两人在北京主要是学习中国的语言文

---

① 陈受颐《明末清初耶稣会士的儒教观及其反应》,陈受颐《中欧文化交流史事论丛》,台湾商务印书馆,1970年。
② 徐宗泽编著《明清间耶稣会士译著提要》,中华书局,1989年。

字和文学,而"徐光启是被人称之为汤若望的汉文教习"① 的。

明清期间与传教士共同译书,充当传教士中文写作老师的还有:

李之藻,他与利玛窦共译了《圆容较义》《同文算指》,与傅泛际合译了《名理探》。

周子愚、卓尔康与熊三拔(Sabbathin de Ursis,1575—1620)合译了《表度说》。

杨廷筠与艾儒略(Jules Aleni,1582—1649)合译了《职方外纪》。

王徵与金尼阁(Nicolas Trigault,1577—1628)合著《西儒耳目资》,与邓玉函合著《远西奇器图说》。

李应试曾与利玛窦"参互考订",修改绘制《两仪玄览图》。

张元化曾校定毕方济(François Sambiasi,1582—1649)的《睡答》《画答》。

韩霖曾校阅高一志(Alphonse Vagnoni,1566—1640)的《神鬼正纪》《齐家西学》《童幼教育》《修身西学》《空际格致》以及金尼阁的《西儒耳目资》、罗雅谷(Jacques Rho,1593—1638)的《天主经解》等。

陈克宽、林一儁、李九标、李九功曾校阅、修订艾儒略和卢安德(André Rudomina,1594—1632)的《口铎日抄》。

张庚曾校订孟儒望(Jean Moteiao,1603—1648)的《天学略义》、龙华民(Nicolas Longobardi,1559—1654)的《圣若撒清行实》。

熊士旗、潘师孔、苏负英曾共同校阅艾儒略的《圣梦歌》。

---

① 魏特《汤若望传》,杨丙辰译,台湾商务印书馆,1949年。

段衮与韩霖、卫斗枢、杨天精校阅高一志的《齐家西学》，并又和韩霖共同校阅了高一志的《童幼教育》《圣母行实》及《神鬼正纪》；同时他独自一人校阅了高一志的《譬学警语》。

刘凝为马若瑟的老师，在语言学上有著述，对马若瑟创作《汉语札记》产生了影响。①

李天经与汤若望共译《西庠坤与格致》一书，并与徐光启、李之藻一起与邓玉函、龙华民共翻译、编制《崇祯历书》。

朱宗元为阳玛诺（Emmanuel Diaz Junior, 1574—1659）的《轻世金书》润色；重新校订了孟儒望的《天学略义》，使它在宁波出版。顺治十六年（1659年）又同李祖白、何世员共同校阅贾宜睦（Jérôme de Gravina, 1603—1662）的《提正编》。

祝石与卫匡国（Martin Martini, 1614—1661）合作，由卫匡国口述，祝石笔译合作而成《逑友篇》。

二 1800年以前赴欧洲的对外汉语教师

耶稣会入华后不仅不断派西方各国传教士来华传教，亦有将中国信徒带往欧洲培养，这些人便成为最早到欧洲去的中国人。方豪著有《同治前欧洲留学史略》②一文，按方豪的统计，1795年前往西方留学的中国人有姓名在录的就有63人之多。这些人绝大多数都是由传教士带出去，在西方学习神学和西方哲学、语文等，他们并没有到欧洲传授中文、讲授中国文化的使命，但他

---

① Lundbæk, K. *Joseph de Prémare(1666-1736). S. J. Chinese Philology and Figurism*. Aarhus University Press, 1991.

② 方豪《方豪六十自定稿》，台湾学生书局，1969年。

们中仍有一些人在学习西方宗教文化的同时也兼做了传播中国文化甚至教授欧洲人中文的工作，尽管他们这样做并非自觉，但从对外汉语教学史来看却有着重要的价值，因为他们是最早赴欧洲留学并在留学中向西方人传授中文及中国文化的人，可谓今天我们外派出国师资的前驱。

（一）沈福宗

沈福宗是康熙十九年（1680年）随比利时传教士柏应理到达欧洲的。他是最早到达欧洲的中国留学生之一，他到欧洲主要是学习神学和西方文化，于康熙三十三年（1694年）才返回中国，在欧洲长达十四年之久，并到过法国、英国，因而在此期间也就有意无意地充当了汉文化使者和汉语教师的角色。他在法国期间曾受到法国国王路易十四的接见，1684年9月法国的 Mercure Galant 杂志曾报道了沈福宗同法王的这次会见："他带来的中国青年，拉丁语说得相当好，名曰 Mikelh Xin。本月十五日他们二人到凡尔赛宫，获蒙皇帝召见，在河上游玩，次日又蒙赐宴。……皇帝在听完他用中文所念祈祷文后，并嘱他在餐桌上表演，用一尺长的象牙筷子的姿态，他用右手，夹在两指中间。"（方豪，1969）

同时，沈福宗还借此向法国人介绍了中国文化，他"曾向西人出示孔子像，用中国毛笔写字，通讯中又声称需时三十年方能熟习八万中国字，可见中国人记忆力之强与想象力之丰富。并称中国学校与救济院极多，不见有乞丐。在平地上埋葬双亲，礼节隆重，且须叩头"（罗渔译，1986）。他在自己下榻的耶稣会馆还向来访的人介绍了汉字的书写方式，汉语的发音变化，许明龙先生曾在法国巴黎天文台图书馆查到很可能是沈福宗写的中文手稿——"以汉字书写的二十四节气、六十甲子、十二生肖"[1]。沈福宗在欧洲时还见到了教皇、英王，英王甚至还把他的画像挂在卧室中。其中最有意义的事恐怕是他在牛津大学同当时的东方学家海德（Thomas Hyde）会见。他们一起编辑了牛津大学博德利图书馆（Bodleian Library）的中文藏书目录，他还详细地向海德讲解了中文的性质，而海德把沈福宗讲给他的有关中国的知识纳入了他以后出版的几本书中。沈福宗给海德留下了很好的印象，海德用拉丁文记录了一段对沈福宗的描述和评价。"中国南京人沈福宗使我懂得很多中国知识。他由柏应理神父从中国带来，而近年来与耶稣会士在欧洲停留，并编辑巴黎版的中国哲学著作。这个年轻人现年三十岁，性情善良，学习极其勤奋。为人礼貌、热情，有中国文学和哲学方面的良好教养，读过用汉文写的各种各样的书籍，而他在中国时就是早已懂得一些拉丁文的少数人之一。"[2] 至今在海德的遗著中还藏有"沈福宗的拉丁文通信及棋谱、升官图、度量衡制以及汉文与拉丁文对照的应酬语"[3]。显然，这里的汉文和拉丁文对照的生活应酬语肯定是沈福宗所作，是为向海德介绍、讲解中文所用的，也可以说是一份最简单的对外汉语教材。

（二）黄嘉略

黄嘉略是在"礼仪之争"中由法国传教士梁弘仁（Artus de

---

[1] 许明龙《欧洲18世纪"中国热"》，山西教育出版社，1999年。
[2] 潘吉星《沈福宗在十七世纪欧洲的学术活动》，《传统文化与现代化》1994年第1期。该文是近年来对沈福宗研究得最全面的论文。
[3] 方豪《中国天主教史人物传（第二册）》，香港公教真理学会，1970年。韩琦《中国科学技术的西传及其影响》，河北人民出版社，1999年。

Lionne,1655—1713)带到法国的,后经法国王家学术总监比尼昂(Bignon Jean-Paul,1662—1743)推荐担任了法王的中文翻译和整理王家图书馆中文书籍的工作。黄嘉略在法国完成了《汉语语法》(*Essay de grammaire de la langue chinoise*)。这本书实际上是为法国人学汉语所编写的,如他在给法王的信中所说:"远臣日夜勤劳,以思报答。兹者修成汉语一书,兼夫小录,以作西方志士学习中土语言风俗礼统者也……"① 这里的"小录"实际上是书后的汉语词汇对照表和常用对话。他还编了《汉语字典》,虽然未完稿,但遗稿有千页之多,"这部遗稿由两部分组成,一是以韵书《海篇心境》为底本编写的同音字典,已编出 401 字。二是以《字汇》为母本按部首排列的字典,已编出 5201 字。后者具有相当高的学术水平,词条设置和释义都考虑到欧洲读者的实际需要,除纯语文知识外,还提供了许多有关中国的多方面的常识"(罗渔译,1986)。

这两部书应是中国人在欧洲所编写的最早的供外国人学习汉语用的教材,书虽未出版,但通过法国著名汉学家傅尔蒙(Étienne Fourmont,1683—1745)间接的介绍和使用还是发挥了它的作用的。

黄嘉略在法国的另一项工作就是直接推动了法国 18 世纪的汉学研究。这主要表现在他对弗雷烈(Nicolas Fréret,1688—1749)和傅尔蒙的影响上,他们两人开始对汉语一窍不通,但经过与黄嘉略的接触,受到黄嘉略的影响,并从黄嘉略那里学到汉

---

① 关于黄嘉略的介绍,笔者主要采用了许明龙(1999)的研究成果,在此致以谢意。

语和中国文化的基本知识，之后经过自己的努力都成为法国早期著名的汉学家。显然，黄嘉略作为汉语老师和中国文化的宣传者所起的作用是不可忽视的。

（三）高类思、杨德望

高类思、杨德望是乾隆十六年（1751年）由传教士卜纳爵（Ignatius Barborier）带到法国的。他们在法国耶稣会学校及味增爵会的学校学习结束以后，被当时法国的国务秘书贝尔坦（Henri Bertin，1720—1792）和路易十六执政时的财政大臣杜果（1727—1781）所注意，在他们两人的推动下，法国科学院对高类思和杨德望进行了简单的培训，授其物理、化学简单课程，并让他们参观法国的军火、纺织、印染、金属加工等工厂，然后他们向高类思和杨德望提出了一份冗长的调查报告提纲，两人在返回中国以前终于完成了这份详细的调查报告。而这份调查报告"形成了杜果的名著《论财富的构成及分配》一书的缘起。七年之后，亚当·斯密（Adam Smith）深受此书的启发，写出了《国富论》一书，这些都是近代经济学的经典之作"[①]。

杜果是重农学派的重要成员，高、杨两人在这个过程中并未充当中国语言的老师，但却充当了中国文化的介绍者并第一次较为系统地比较了中国和法国在经济、科学、工艺上的区别。正是这种对中国国情的介绍和较为系统的比较调查启示了杜果从而对重农学派的思想产生了影响。[②] 因而从一定意义上讲，高类思和杨德望也起了汉语教师的作用，不过他们"教授"的不是语言文

[①] 戴仁主编《法国当代中国学》，耿昇译，中国社会科学出版社，1998年。
[②] 谈敏《法国重农学派学说的中国渊源》，上海人民出版社，1992年。

字，而是中国国情、经济、科学、工艺。

（四）周戈

周戈，土耳扈特人。1733年本想取道俄罗斯返回中国，但却被俄国扣留了下来，1737年9月11日加入东正教。1738年在圣彼得堡时期就教过一位名叫鲍里索夫的人学习满语，但时间不长。"1739年，由俄国外交委员会安排，他在7月19日正式开办汉满语学校，学生只有两名。1740年，他的学校结束。"周戈的功绩在于，他作为一个中国人开办了俄国历史上的第一个汉满语学校，为中俄两国的早期文化交流做出了一定的贡献。他的学生之一——列昂季耶夫成为18世纪与罗索欣齐名的著名汉学家。①

三 1800年以后在中国本土的汉语教师及教材

1807年马礼逊入华以后，拉开了基督新教传教士学习汉语的序幕。此时中国社会日益走向封闭，逐步关闭了与外界联系的大门。1759年英国人洪仁辉（James Flint）驾船直入天津，被囚禁澳门八年。洪仁辉事件发生以后，澳督李侍光上奏防夷五事②。他在奏书中把此事归咎于中国人教授洋人学汉语，从而使其了解中国的情况，他说："细察根源，纵由内地奸民教唆引诱，行商通事不加管束稽查所致。查夷人远处海外，本与中国语言不通，

---

① 阎国栋《第一位在俄国教授满汉语的中国人》，《中华读书报》2001年4月4日。

② 这五件事是：一、禁止夷商在省住冬。二、夷人至澳，令寓居行商所设商馆，俾便管束稽查。三、禁供外夷资本及雇请似役使。四、永除外夷人传递信息。五、夷船水泊黄埔，酌拨营员弹压。

向之来广贸贩，惟藉谙晓夷语之行通商事为之交易，近如夷商洪仁辉于内地土音官话，无不通晓，甚至汉文字义，亦能明晰，此外夷商中如洪仁辉之通晓语言文义者，亦尚有数人，设非汉奸潜滋教诱，何能熟悉？如奸民刘亚匾始则教授夷人读书，图谋财物，既则主谋唆讼，代做控辞，由此类推，将无在不可以勾结教诱，实于地方大有关系。"①

这里所说的"奸民刘亚匾"就是晚清第一个因教外国人学汉语而被杀头正法的中国人。高宗认为刘亚匾"为外夷商谋砌款，情罪确鉴，即当明正典刑，不得以杖毙完结"②。当时英国洋行大班布朗（Henry Bravn）曾向两广总督长麟请求学习中文，说"英吉利国人爱学中国话，若许广东人教我们买卖人会说话，就能够通中国法律了"③。长麟对这一要求明确加以拒绝，认为他"不必另雇内地民人教话，致与定例有违"。

在这种环境下很少有人再敢教外国人学汉语，这一时期有名可查的教外国人学汉语的中国人十分有限。

杨广明（音译 Abel Yun Kwong）是马礼逊到广东以后所聘的第一个中文老师，他是一个山西籍的天主教徒，曾长期跟耶稣会学习拉丁文。由于他要求将每月报酬从十元提高到三十元，加之马礼逊认为他的中文不太好就解雇他了。④

李先生（Lèe Seensang）是马礼逊所聘请的第二个中文教师，

---

① 郭廷以《近代中国史》，商务印书馆，1947年。
② 《十朝圣训·高宗》卷一一九，《严法纪》。
③ 林治平《基督教与中国近代化论集》，台湾商务印书馆，1989年。
④ 吴义雄《在宗教和世俗之间——基督教新教传教士在华南沿海的早期活动研究》，广东教育出版社，2000年。李志刚将此人译为"杨广明"，参见《基督教早期在华传教史》，台湾商务印书馆，1985年。

曾在葡萄牙的耶稣会修院中待了十二年，回国以后结婚，开始经商（吴义雄，2000）。①

杨、李二人都是马礼逊以重金所聘，教他澳门土语和当时的官话。由于当时清政府严禁华人教外国人学汉语，"杨、李二人日常深恐清吏之查究，为免受刑之苦，其中一人常怀毒药于身，若遇清吏，即服毒自尽，免受牢狱之苦"（李志刚，1985）。

另外，在伦敦时曾教过马礼逊中文的容三德从英国返回广州后继续给马礼逊教授"四书五经"。此外他还请了罗谦与高先生做自己的中国文化老师，"马牧师有记高先生为满洲人，以教学为业；罗谦则擅长写作，其汉学基础均发二人之影响"②。罗先生是裨治文（Elijah Coleman Bridgman）的中文教师，他是由马礼逊推荐的（李志刚，1985）。

梁发，中国最早的宣教士。他原先是一个印刷工人，后入基督教并被马礼逊封为宣教士。梁发曾同早期到广州、南洋一带的传教士有广泛的接触，如卫三畏（Samuel Wells Williams）、米怜（William Milne）、雅裨理（Dauid Abeel）等人，在此期间他曾帮助多位传教士学习汉语，甚至在以后神学书籍的翻译过程中他都起到了一定的作用。③

江沙维（P. Joaquim Afonso Gonçalves，1780—1841），天主教传教士，葡萄牙里斯本科学会海外会员。江沙维1813年抵达

---

① 查方豪《同治前欧洲留学史略》一文所列的人名表中，未见到这位广东籍的姓李的人。
② 李志刚《近代儒生与基督教的冲突及其影响》，刘小枫主编《道与言——华夏文化与基督文化相遇》，上海三联书店，1995年。
③ 麦沾恩《梁发：中国最早的宣教师》，朱心然译，香港基督教文艺出版社，1998年。

澳门，在澳门二十八年。其主要成就是汉语教学和研究，他所编写的汉语教材《汉字文法》(Arte China)是当时一部很有影响的汉语教材，"全书分九章，包括汉语语音、汉字笔画和部首、汉语语法、以问答编排的专题实用课文、中国俗语、中国历代史、作文笔法、公文程式等内容。该书不但内容丰富，包容面广，而且在多章节的编写中，溶化了汉语教学的经验，运用了自己独特的方法"[①]。此外他还编著了五本影响很大的辞书，它们是：(1)《葡中字典》(又称《洋汉合字汇》)，(2)《中葡字典》(又称《汉洋合字汇》)，(3)《拉丁中国语本》，(4)《拉丁中文袖珍字典》，(5)《拉丁—中文袖珍辞汇表》。作为汉语老师，他在澳门还培养了大批双语人才，"其中最出色的，就是1822到1869年连续四十七年在市政厅担任翻译的João Rodrigues Gonçaves"（何高济等译，1983）。

伯多禄（Pedro Nolasco da Silva，1842—1912），澳门历史上第一任华务局局长，19世纪葡萄牙著名汉学家。他的学术成就主要表现在汉语教学和汉语教材的编写上。

  1872年，政府第37号公报，任命伯多禄在圣若瑟学院教授汉语，它的课程包括：

  (1) 澳语的文法和口语；

  (2) 官话（即北京话Pekin）的口语；

  (3) 中文的翻译。（罗光，1982）

当时澳门汉语人才匮乏，伯多禄一人身兼五个学校的汉语教

[①] 刘羡冰《双语精英与文化交流》，澳门基金会，1994年。在撰写江沙维和伯多禄时受刘羡冰先生的启发颇多，在此表示感谢。

师，从小学到中学，从基础课程到专业课程，可以说当时他在澳门汉语教学中是独当一面。他先后编出的教材有：（1）《*O Circulo de Conhecimentos em Portuguez e China*》，这是供在香港学习的葡萄牙儿童用的；（2）《*Língua Sínica Fallada*》〔第一册《词汇》（*Vocabulário*）1901年，第二册《改良课本》（*Licões Progressives*）1902年，第三册《圣谕广训》（*Amplificão do Santo Decreto*）1903年，第四册《常用短语、口语和标准会话》（*Frases Usuais, Diáloqos, e Fórmucas de Conversacão*）1903年〕；（3）《教话指南》（*Bússol; a ep Doa; ec to Cantonese*）1912年；（4）《国文教科书》（*Literatura Nacional*）。此外他还翻译了一些欧洲汉学家编写的汉语教材。

伯多禄在汉语教材的编写上积累了丰富的经验，他的一些编写原则至今仍有启发，如他在《教话指南》的"备忘"中提到了汉语教材编写中的七个应注意的问题：

（1）它有一个总的培训目标：能说流畅的澳语；可阅读及理解中文商业文件；可以独立写简单的商业信件及家信；可用官话与人交谈；并且掌握中文文法概要；掌握拼音知识；掌握会话和会谈的方法技巧；学习2533个汉字。

（2）有分级的具体的培训目的，分级的教材和分期的教学进度。

（3）书面语与口语结合，澳语与官话结合，注意培养听、说、读、写等基本功。

（4）识字教学是初学的主要内容，最高阶段以语言的运用为核心环节。

(5) 语音、语法、词汇各成系统，各年级有所侧重，但又浑为整体，反复巩固，综合运用。

(6) 结合培训的社会要求，有的放矢。中、小学以培训商业人才为目的；政府翻译部门以培养外交、传译人员为方向。

(7) 注意到循序渐进、培养兴趣、反复练习等教学原则，也注意到一般规律和特殊语法现象的分析。重视标准例句和常用公文程式教学。（刘羡冰，1994）

赵晓云（Tio Siao Hoen）是在厦门从事对外汉语教学的老师。荷兰人博雷尔（H. Borel）1892—1893年间在厦门学习，下面是他回忆在中国学习汉语的情况，给我们留下了赵晓云的珍贵资料：

"他是一位朴素的学校教师，是我在中国的第一位中文老师……赵晓云（Tio Siao Hoen）是我第一位'先生'的名字——中国每位老师都称先生，意思是指年长而富于智慧的人。他与家人包括兄弟一起住在厦门一条窄巷中一间极其阴暗而简陋不堪的房屋里。我聘请他为我的私塾老师，每日讲授四小时的课，酬金不太高，每月十二块大洋（当时每块大洋1.60荷盾）即每月19.20荷盾。这个数目当然不能算一笔钱财。另外，他还给中国的学校教课，也可从中挣一些钱，但不可能很多。当时（即1892到1893年），中国通用铜钱，每1000枚至1400枚约合一块大洋。天哪，一个人竟然能以此养生。他年近六十，总是身穿丝制长袍，脚着毡毛拖鞋，后背拖着一条长长的辫子，鼻梁上架着一副宽大的眼镜。当他要坐下时，总是缓缓地、泰然地挪转身体，仿佛要坐到帝王的宝座上,把袍襟撩开,垂下宽袖,俨然一尊雕像,显得极为安然。不久,随着我听中国话能力的提高,我慢慢地意识到他已成了我的精神之父,而我这个雇佣他的人却是他的孩子。

"这位老师每月从我那里领取可怜的十二块大洋,每天清早如同我雇来的仆人一般出现在我面前。他用意味深长的几句话向我解释孔子和老子的经典。期间不时伴着很有形象力的手势,这是欧洲那些满腹经纶的教授做不到的。后来我写的有关在印度贤哲与审美方面的所有著作,实际上,都要归功于这位先生。况且,要解释清楚中国古代的经典,并非轻而易举,因为其意不只在字里行间,而且蕴于内容之中。但赵晓云力图把他的一字一句都带入一种妙不可言的气氛。他那虚浮却含有内劲的手势,更加突出了这气氛的微妙之处,使文章的精髓尽收其中。"[①]

四 1800年以后海外的汉语教师及教材

傅尔蒙,他是跟黄嘉略学的汉语,他虽然是阿拉伯语的教授,但对汉学却很有兴趣,虽然"他在汉语方面确实并不比在阿拉伯语方面更有资格",但他"在授阿拉伯语课后,讲授汉语、汉语语法和《大学》"(戴仁主编,1998)。

雷慕沙(Abel-Rémusat,1788—1832),他是法国汉学讲座的第一位教授,汉语教学是他的主要工作之一,为了教授汉语语法,他利用马若瑟的手稿,编写出了《汉文启蒙》。

儒莲(Stanislas Julien,1797—1873),雷慕沙的弟子。雷慕

---

① 包乐史《中荷交往史》,荷兰路口店出版社,1989年。

沙英年早逝以后，他成为法国汉学的领头人，汉语教学自然是他的主要工作之一。"在法兰西学院的教学中，他放弃了用系统的方法来讲授汉语语法的做法，而是更喜欢诠释文献，以归纳性地从中得出主要的汉语结构准则来。他的《根据字词位置来看汉语新句法》（1869—1870），便是其精益求精和具有敏锐洞察力著作的范例，至今仍有价值。"（戴仁主编，1998）

安东尼·巴赞（Antoine Bazin，1799—1862），他是法国东方语言文化学院的首位汉语教授，儒莲的学生，他的汉语教学的代表作是"《官话语法》（1856年），这本教材对汉语口语进行了深入的分析，我们可以从中发现大量有关汉语口语的'关系'式和'条件'式单音节词（根据复合词）特征。口语与书面语言间的关系和白话体的强读音节之重要性等方面的十分有见地的看法"（戴仁主编，1998）。他也是欧洲最早开始汉语白话教学的人。[①]1900年法国里昂大学设立了第一个汉学教席，这位教师是Maurice Courant。[②]

荷兰莱顿大学从1855年设汉学教学席，教授为霍夫门（J. J. Hoffmam，1805—1878），"曾从华人习语言，为荷兰东印度公司书记"[③]。霍夫门以后，他的弟子薛力赫（Gustav Schlegel）1875年被任命为荷兰的中国语言和文学教授，并着手培养了荷兰最早的中文翻译，他的四册以闽南方言为基础的《荷华文语类参》给我们留下了"十分丰富与详细的语言与文化资料"（何高济

---

① 傅海博《寻觅中华文化：对欧洲汉学史的一些看法》，古伟瀛译，台湾《汉学通讯》1997年总42期。
② 白乐桑《法国汉语教学史浅论》，《中国文化研究》1993年冬之卷。
③ 莫东寅《汉学发达史》，上海书店，1989年。

等译，1983）。

德国 19 世纪初的汉学家主要是克拉勃罗德（Heinrich Julius von Klaproth，1783—1835）。他 1828 年写了《满洲文选》（Chresto Nathre Mandchoue）"为满洲语之入门书"①。之后在教学和语言学研究上有成就的有威廉·硕特（Wilhelm Schott，1802—1889）和 G. 嘎伯冷兹（又译甲柏连孜）（Hans Georg von der Gabelentz，1840—1893），前者翻译了《御书房满汉书广录》，后者的《汉文经纬》则被认为是 19 世纪对中国语法研究的最好著作。② 但是，德国的汉语教学起步都较晚，1871 年德国统一以后增加与东方贸易，才于 1887 年 10 月 27 日在柏林大学正式成立了东方语言研究所，最早的汉语老师是阿仁特（Carl Arendt，1838—1902），曾供职于中国海关，"有丰富的实际语言经验"（张国刚，1994）。

雅金夫·比丘林（Н. Я. Бичурин，1777—1853），1807 年被派到中国以后，在京居住了十四年，1821 年回国。他不仅是杰出的汉学家，也是俄罗斯汉语教学的奠基人，他所编写的《汉文启蒙》（也称《汉语语法》）长期被当作汉语教材使用。他于"1831 年在恰克图创办了第一所汉语学校（1831—1861），并亲自任教。他当时所制定的学制、教学计划和教材，也为后人所师承。这一切均为俄国的汉语教学从方法论上奠定了基础"③。

德米特里·彼得罗维奇·西维洛夫（ДМИТРИЙ ПЕТРОВИЧ СИВИЛЛОВ，1798—1871），俄国喀山大学东方系的首位汉语

---

① 石锋编《汉语研究在海外》，北京语言学院出版社，1995 年。
② 张国刚《德国的汉学研究》，中华书局，1994 年。
③ 李明滨《19 世纪上半叶的俄国汉学史》，《国际汉学》2000 年第 2 期。

教研室主任。他为推动喀山大学的汉语教学编写了一系列教材和著作：（1）《汉语文选》，（2）《华俄常用语辞典》，（3）《法汉满成语辞典》，（4）《拉汉词典》。同时，他也"提出汉语也有语法规则"的思想，主张"为汉语（古文）加标点符号"。

英国最早是马礼逊，1824年他回伦敦休假，成立了东方语言学校，马礼逊亲自任教，但东方语言学校1827年就解散了，接下来从事汉语教学的是伦敦大学的基德（Samuel Kidd），他和马礼逊一样都是伦敦会的成员，长期在马六甲的英华书院任教，后因病返回英国。经小斯当东（G. T. Staunton）积极筹划，1838年他在伦敦大学开设了汉语讲座。但五年后，他就病逝了。

剑桥大学的汉学为威妥玛（Thomas Francis Wade，1818—1895）所创，他原为英国驻华外交人员，1888年开始担任剑桥大学第一任汉学教授，他的《语言自迩集》是较有影响的汉语教材。

牛津大学的汉学讲座是由理雅各（James Legge）创立的，他大部分时间在香港的英华书院，当他1875年返回牛津大学开设这个讲座时已经六十岁了。理雅各学术成就很大，尤其在中国典籍的西译上。

美国本土的汉语教学和汉语研究由入华传教士卫三畏回国后在耶鲁大学创立，时间是1877年。《中国总论》（*The Middle Kingdom*）是其汉学代表作，汉语教学的著作主要有《简易汉语教程》《汉英拼音字典》等。

以上列举的是西方学者，由于目前我们对欧美汉学史的研究刚刚起步，很可能挂一漏万，待以后逐步补充。

这时期也有中国人在海外进行汉语教学，这些人西方汉学史往往忽略他们，我们通过有限的材料发现了这些中国学者。

容三德（Yong Sam-tak），广州人，1805年到伦敦学习英文，在伦敦时结识了威廉·莫斯雷（William Moseley），经他的介绍，马礼逊认识了容三德，并开始跟他学习汉语。"在教学中文的同时，二人还到伦敦博物馆抄录中译的部分《圣经》手稿，并从英国皇家学会借抄拉丁文、中文字典手稿。"（吴义雄，2000）

朱德郎（Choo Tih-Lang），他是由麦都思（Walter Henry Medhurst）1836年带回美国的，这时麦都思正在对马礼逊的《圣经》中译本进行修改，"朱德郎作为抄写员协助麦都思"（裴化行，1936）。这种协助很类似当年徐光启和利玛窦的关系，在中文方面，朱德郎充当着老师的角色。

英华书院是新教传教士入华后最重要的汉学学习基地，它的宗旨就是"交互培养中国和欧洲文学，一方面向欧洲人教授中国文字和文学，另一方面向恒河外各个讲中文的国家……教授英语以及欧洲文学和科学"。这样，"聘任欧洲籍的老师以中文教授欧洲学术以及聘任本地的中文老师"（李志刚，1985）成为学校的基本方针。

根据吴义雄提供的材料，当时的中文老师有"李先生（Lee，1820—1830）、朱靖（Chu Tsiy，1820—1832）、姚先生（Yaou，1824—1834）、冉先生（Yim，1827）、高先生（K'o，1834—1835）和崔钧（Chuy Gwa，1835）"（吴义雄，2000）。

除英华书院以外，在南洋地区还有新加坡学院也"设有中文部（Department of Chinese），1838年4月，中文部有五名中文教师，教三种中国文言，在册学生五十九人"（裴化行，1936）。可惜我们不知道这些中文教师的姓名。戈鲲化是第一位到美国教汉语的老师,他的情况直到最近张宏生编著的《戈鲲化集》①以后才为人所了解。从对外汉语教学史的角度来看,戈鲲化的价值在于:他是第一个赴美的汉语教师,对于美国汉学和汉语教学的发展做出了贡献,因为当时虽然有卫三畏在耶鲁执教汉学,但由中国人担任汉语教师则是从戈鲲化开始。

另外,他和一般到国外的留学生兼任汉语教师不同,如上面我们曾介绍的几位。戈鲲化是哈佛大学正式聘请的中文教师。很感谢张宏生为我们提供了有关赴美任教的合同及相关材料,这些文献对我们研究中国外派汉语教师的历史提供了珍贵的文献。

戈鲲化的汉语教学也很有特点。首先他自己努力学习英文,从而为他开展中文教学和在美生活打下了一定的基础。其次,他以自己的诗集做教材,即他撰写的《华质英文》(Chinese Verse and Prose)也十分独特,"这可能是有史以来最早的一本中国人用英文写的介绍中国文化尤其是中国诗词的教材,作为中国人编写的第一部诗词教材,它也有较大的意义"(张宏生编著,2000)。

明清时究竟有多少中国人在海外担任中文教师,这是一个尚未完全确定的问题,需要进一步深入挖掘史料,加以研究。可以肯定,近代以来中西文化交流日益频繁,到海外从事中文教育的

---

① 张宏生编著《戈鲲化集》,江苏古籍出版社,2000 年。参见崔颂人《美国汉语教学的先驱——戈鲲化》,《世界汉语教学》1994 年第 3 期;洪文《中国赴美任教第一人——戈鲲化》,《中华读书报》2001 年 2 月 21 日;周振鹤《戈鲲化的生年月日及其他》,《中华读书报》2001 年 3 月 21 日;周振鹤《他不是中国到西方任教第一人》,《中华读书报》2001 年 5 月 9 日。

绝非仅仅以上几人。① 对于这些对外汉语教学的开拓者，我们谨致以深深的敬意。

第三节　19 世纪的汉语教学②

　　明清两代，是中外跨文化交际大发展的一个重要历史时期。跨文化交际，语言问题首当其冲。这一时期，有大量外国人学习和研究汉语，涌现了一批高水平的汉学家，留下的不少跟汉语教学相关的词典、课本和汉语研究专著，构成了那个时代的一座蕴藏丰厚的汉语语言学"富矿"。这是很值得注意的一种语言文化现象。本节第一小节介绍清代东西方国家汉语教学与研究的一些情况，希望细心的读者能从中"感受"到这座"富矿"的存在；第二小节讨论清代各国汉语教学史料的学术价值和理论意义；第三小节提出加强有关研究的建议，希望能引起学界注意。

一　概况：一座被忽略的汉语言学史料"富矿"

　　有明一代，西洋传教士来华传教，周边国家同中国保持传统

---

　　① 1879 年 7 月 28 日，杜德维致查尔斯·W. 埃利奥特信中说："法国政府聘用了一名中国教师到巴黎，为新任命的法国驻华领事官及其他外交官教授初级中文。"（张宏生编著，2000）周振鹤也说："我却知道起码有两个人到德国教过书……"（周振鹤，2001）
　　② 本节摘自张卫东《论 19 世纪中外文化交往中的汉语教学》，《北京大学学报（哲学社会科学版）》2000 年第 4 期。

往来，都有一批人精通汉语，出过一些汉语词典和学话课本。比较著名的，西方有耶稣会士金尼阁编纂的《西儒耳目资》，东方有朝鲜人编写的《老乞大》《朴通事》等。汉语语言学界对这些已知的资料做过一些研究，但并没有作为那个时代的一种语言文化现象来考察，没有做深入、系统、全面的搜集、整理与研究。

本节重点探讨清代中晚期特别是19世纪的这一语言文化现象。

清朝常被指"闭关锁国"。其实，从跨文化交际的角度看，有清二百七十六年间，中外文化交往可谓最为活跃。跨文化交往，首先要过语言关，任何人概莫能外。如果说明朝外国人学汉语，主要是教会和民间的事，那么，到清代，就不只是教会和民间了；在不少国家，汉语教学已成为政府行为。此时又值西方语言学大发展大普及，英法德俄等国的汉语研究与教学更是如虎添翼。他们特别重视口语，无论是语音、词汇还是语法，其观察细致、描写具体、分析深入，常常令人赞叹不已，从中国语言学史的角度来说，有许多"超前发现"，令人不胜感慨：若能早些注意到这些资料，20世纪的汉语语言学可能会是另一种局面！

我们先看英国的情况。

19世纪英国的汉语研究与教学水平很高，其代表作是威妥玛的《语言自迩集》。1867年第一版，四卷本；1886年第二版，三卷本；1902年第三版，简本二卷。笔者1997年1月得其第二版头两卷，1999年8月得其第三卷。这部三卷本的汉语课本，共一千一百余页，容量极大，既是一部高质量的汉语教材，又堪称是一百三十年前北京话口语的精彩实录，以当时北京话为描写对象的一部语言学专著，对于中国语言学史、北京话史和普通话史研究，具有划时代意义。海内外语言学界，知道这本书的人不多。[①]笔者曾撰文介绍其所记的北京音系。[②] 今年（2000年）6月完成该书译稿并送交出版社，下一步是尽快完成研究报告《1867年的北京话》。

威妥玛（1818—1895），1841年来中国，任英国驻华公使馆中文秘书，负责其海外雇员的汉语教学多年，最后十年任驻华公使，1882年回国，出任剑桥大学首任汉语教授。可以说，威妥玛是19世纪汉语演变和汉语教学与研究发展的权威见证人。他在《语言自迩集》一版、二版序言中，提到了不少汉学家、他们的汉语研究工作和曾经发生过的争论，这些都很值得注意，例如：

艾约瑟（Joseph Edkins）神父和他的《汉语口语（官话）语法》（*A Grammar of the Chinese Colloquial Language, Commonly Called the Mandarin Dialect*）（1864年，上海）。有的书把它译为《上海话语法》，大约是以讹传讹。

马礼逊博士（Dr. Robert Morrison）——第一部汉英辞典编纂

[①] 赵元任在《音位标音法的多样性》中提过威妥玛："威妥玛（Thomas Francis Wade，又译为伟德，1818—1895，1841年来中国，1867年编京音官话课本《语言自迩集》，用英文字母来拼写汉语）把它（卫东按：指北京话jqx的音位归属）部分地同'4'归并，把'1'写成ch、ch'、hs，把'4'写成j、ch、ch'。"转引自何九盈《中国现代语言学史》，广东教育出版社，1995年。各种辞典包括大百科全书对《语言自迩集》和威妥玛拼音的介绍，大抵不过如此。胡明扬先生说20世纪50年代初在北京图书馆见过《语言自迩集》，但没翻开看看。他让他的高足贺扬编辑《北京话语言材料目录》（附于《北京话研究》，北京燕山出版社，1992年）时收了《语言自迩集》。可惜仍然无人问津。

[②] 威妥玛描写北京音系的成就，参见拙作张卫东《威妥玛氏〈语言自迩集〉所记的北京音系》，《北京大学学报（哲学社会科学版）》1998年第4期。当时只用了《语言自迩集》部分章节的材料，所以介绍得不够全面。

者(据说他的六大卷辞典最近在日本重印)。

麦都思博士(Dr. Walter Henry Medhurst)和他的《音节辞典》(*Syllabic Dictionary*)。

卫三畏博士(Dr. Samuel Wells Williams)"这位最勤奋的汉学家"和他的被誉为"将是对汉语教育值得注意的新奉献"的汉英辞典修订版。

"唯一一位讲北京话的很有名望的汉学家"罗伯聃(Robert Thom)和在他指导下"对北京话做了研究,并取得伟大成功"的密迪乐(Thomas Meadows)。

密迪乐又是威妥玛的老师和朋友。威妥玛深情地说:"我很感激密迪乐先生,他不仅从一开始就把我引上正途,后来又给我许多及时的援助与支持,是在我所能接触到的人中间,除了他谁也无法提供的。他的《杂录》(*Desultory Notes*)后来不久出版,书中涉及中国语言和中国行政的那几章使我大为受惠……"

这些汉学家的研究对象,都是"当时的官话口语"。但什么是"官话"?对标准的理解却有分歧,大体分为新老两派:老派认为应该继续以南京音为标准,新派则认为南京音属于"已废弃不用的"系统,应该以朝廷主要官员说的北京话为标准。对汉语方言最有研究的艾约瑟,"把官话划分为三个主要系统:南方官话、北方官话和西部官话,他以南京、北京和成都(四川省首府),分别代表各个官话系统的标准。他认为南京官话通行范围比北京更大,尽管后者更为时髦;可是他又承认那些想说帝国宫廷语言的人一定要学习北京话,而净化了它的土音的北京话,就是公认的'帝国官话'"①。威妥玛在1867年说,官话标准之争始于"大约二十年前",即《南京条约》之后。1850年前后新老派的争论,以及威妥玛的这种持平之论,对于我们了解那个时代汉语的实际状况,有着宝贵的认识价值。

威妥玛的《语言自迩集》可以算得上是新派汉学家研究成果之集大成。

明治九年(1876年),日本的汉语教学由南京话转向北京话时,《语言自迩集》帮了大忙。日本学者六角恒广的《日本中国语教育史研究》②一书,对这一过程有相当详细的介绍。到1902年,俄国学者仍说:"至今为止大家还是认为伟德(卫东按:即威妥玛)的课本是最好的。"③

我们再来看看俄国的情况。

蒋路的《俄国文史漫笔》④对中俄跨文化的交往有不少精彩的叙述。书中"早期中俄文化交流"一章说,中俄接壤七千余里,世上任何两个邻邦都没有如此漫长的边界线。双方官员的交往,即使只从清代顺治朝算起,迄今也有三百多年。在此期间,中俄文化交往"由单向而双向,由稀少而频繁,由借助第三种语种到直接用汉语或俄语对话,经历了相当复杂的过程"。清初,俄国

---

① 艾约瑟《汉语口语(官话)语法》(*A Grammar of the Chinese Colloquial Language, Commonly Called the Mandarin Dialect*),上海,1864年,第二版。该书所提供的信息,对于今人了解19世纪汉语官话和各大方言的关系、官话代表点的转移,相信会有认识价值。

② 六角恒广《日本中国语教育史研究》,王顺洪译,北京语言学院出版社,1992年。

③ 海参崴东方学院《汉语初级阅读——汉语口语(北京音)》,俄国远东出版社,1902年。

④ 蒋路《俄国文史漫笔》,东方出版社,1996年。

外交使团和东正教传教士多次来到北京,谋求通商建交。他们都不会汉语,也不会当时清帝国的"国语"满语和地位高于汉语的蒙语,只有借助拉丁语跟中国人沟通。

1700年,彼得大帝决定在中国传布东正教,特命基辅总主教选派两三个青年僧侣学习汉语和蒙语。康熙五十四年(1715年),第一个俄国东正教传教团终于获准进驻北京。他们大力翻译介绍中华文史典籍,成为俄国汉学的先驱。1861年俄国驻华公使馆在北京建立,中俄文化交往亦随之进入新阶段。

1807—1821年任传教团团长的尼·雅·比丘林,成为早期俄国汉学的代表人物。此人博学多才,精通拉丁文和法、汉、满语,熟悉中国历史、哲学、文化,著有《蒙古札记》《中华帝国统计资料辑录》《中国国情与民风》和《古代中亚各民族资料集》,译过"四书"和《卫藏图识》《大清一统志》,编有汉俄对照《三字经》等。他先后当选为俄国科学院通讯院士和巴黎亚洲学会会员,同普希金、克雷洛夫、文学与音乐评论家弗·奥多耶夫斯基以及被流放的十二月党人阿列克谢·别斯图热夫相友善。普希金一度有意访华,当是出于比丘林的建议。别林斯基推崇比丘林的著作,同时批评他美化中国封建帝制。

1831年,比丘林在恰克图创办了俄国第一所汉语学校;六年后,喀山大学东方系成立汉语教研室,由曾在北京传教近十载的达·西维洛夫主持其事;自1855年起,彼得堡大学取代喀山大学承担了汉语和满语的教学任务。这两所大学的汉学发展,都与瓦·瓦西里耶夫(1818—1900)有关,他毕业于喀山大学蒙语专业,继而又获得俄国第一个蒙语硕士学位,1840年负笈北京,攻读梵、汉、蒙、藏、满五种语言,十年后归国,在喀山大学和彼得堡大学任汉语教授,晚年当选为俄国科学院院士。他的《中国文学史纲》和《中国象形文字图解法》,都属于开创性的著作。从19世纪中叶到十月革命的六十多年间,俄国的汉学家都出自彼得堡大学,该校按正规教育途径培养了汉语专业人才近百名,有的得到硕士、博士学位。1899年成立的海参崴东方学院,也将汉语列为主课之一。同期,帕·波波夫院士(1842—1913)编纂完成了一部大型俄汉词典;此前,一部满俄大型词典已面世,编者是伊·扎哈洛夫,原留华学生,后来任驻伊宁领事。俄国汉学渐成气候。

清朝政府的回应也比较积极。雍正六年(1728年),国子监开办俄罗斯学馆,为前来留学的俄籍学生讲授满汉语文和经史典籍;乾隆六年(1741年),又接纳一批俄籍少年入馆学习。

《俄国文史漫笔》(1996)短短的一个章节,就为我们提供了不少很有价值的资料线索。1999年6月,我们到基辅出席女儿的毕业典礼,顺便到乌克兰国家图书馆,找到了上文提到的波波夫完成的那部大型汉俄词典的第一版和第二版,还有海参崴东方学院编的一本汉语教材《汉语初级阅读——汉语口语(北京音)》(参考书)。女儿将它们全数复印回来,把三部书的《前言》译出,又把词典的语音系统做了初步整理,编了一份《声韵配合表》,在暑期结束前传真过来。10月初电话里说,又在另一图书馆找到了两份文献。

关于这部汉俄词典,《俄国文史漫笔》(1996)说,原编者波·卡法罗夫(法名帕拉季,1817—1878),两度出任传教团团长,旅居北京达三十八年,在帝俄侵华活动中陷得较深,可是学术上的建树不容忽视。他编译转译的著作很多,并以顽强的毅力编纂大型汉俄词典,但因其早逝而"未及完稿",后由在北京任外交官多年的波波夫接手"增补成书，1888年分两大卷出版"。

此说有几点必须要纠正。波波夫在一版《前言》中说："我们很荣幸能出版北京传教团成员欧·依萨亚·里金的《俄汉词典》，这是第一本俄汉词典。由于他的早逝，使传教团失去了一位最有才华的、最值得尊重的代表。他这本词典作为第一次尝试，其中一定存在着某些不足之处。但短短几年中，这本词典成为所有汉语初学者必不可少的工具书和来华旅行俄罗斯人的常备词典，所以，它的第一版出售得很快。受到成功鼓舞的同时，我们承认，对这部词典有修订和扩充的必要。欧·依萨亚曾想为自己的词典做些修改和补充，但遗憾的是他过早地离开了人间，这使他不能完成这项任务。最近几年人们对它的需求依然很大，为了更好地体现它的优势，我想应该开始对它做进一步的编辑，使它得以再次出版。"[1]

由此可知，第一，词典第一编纂者不是帕拉季，而是欧·依萨亚·里金。帕拉季是当时北京传教团的团长，不是词典编者，但有领导之功，所以，在新词典第一版扉页，波波夫以"编者"名义郑重题署"纪念尊敬的阿尔西曼特里特·帕拉季神父，原北京传教使团团长"。第二，经波波夫主持修订增补的词典，第一版题名《俄汉合璧字汇》（中文楷书横写），1879年在彼得堡出版，不是1888年。第三，是一卷本，不是"分两大卷"。第四，出第一版的时候，波波夫还不是院士，故一版所题编者头衔为"驻京俄罗斯帝国使团首席驻华翻译员"；1900年在日本出第二版，

---

[1] 未刊稿。译者张方，副博士，1999年6月毕业于乌克兰外国语大学，同时任教于该校中文系。

题名《俄汉合璧增补字汇》,也是一卷本。这时的波波夫才是院士,也升任为领事,故而头衔写的是"驻华公使馆北京领事馆领事"和"皇家科学院通讯院士"。其《再版前言》说:"此书成于1879年,其出售速度之快,为当时图书业所罕见。四年前(1896年),完成了第二版的印刷准备工作,对第一版做了大量的修订和补充,包括补充了许多新的语词和表达方式,特别是俄汉对照的海关用语和其他一些日常用语。但我们很遗憾的是,由于某些客观原因而推迟了它面世的时间。"

《汉语初级阅读——汉语口语(北京音)》(参考书)(俄国远东出版社,1902年)一书,其《前言》也透露不少有价值的信息:

> 最近有许多欧洲国家出版了学习汉语及其语法的教材,要是再出版此类教材,已没有太大的必要。当我翻阅完这些教材后发现,它们不很符合我们的要求。例如,Mateer 的 *Mandarin Lessons* 对初学者来说,颇不便于使用,因为书中有大量的汉字,还有许多用各地方言列举的例子。Wieger 在他的 *Rudiments de Parler Chinois* 中用的只有河间府方言,这对我们来说没有一点儿实际意义。至今为止大家还是认为伟德(ВЭДЪ)的课本是最好的,但书中语法解释过少,所以其中大量的句子和语句结构对初学者来说是很难理解的。还有,所有这些初级教材都容量过大。
>
> 我觉得阿连特教授的教材比较好,因为它不但适用于教学,而且有利于系统地、可理解地去研究语言。我们可以看到,书中有为阅读而准备的语法解释和例子,但遗憾的是,其中

有些句子的用词是陈旧过时的，这些词语对初学者来说有些多余。①

这里说的"最近有许多欧洲国家出版了学习汉语及其语法的教材"，包含了许多信息，我们却所知甚少。至于"伟德（ВЭДЪ）"，就是威妥玛。赵元任说过，他的名字"又译为伟德"。"至今为止大家还是认为伟德的课本是最好的"，这是20世纪初俄国汉语教育工作者给的评价。看来，俄国的教授们也很熟悉威妥玛的《语言自迩集》，而且他们手上的也是第二版。从威氏二版《序言》可知，一版有专门章节讨论和解释语法，但因初学者大叫"吃不消"而于二版割爱，故而有"语法解释过少"的批评；作为初级教材"容量过大"，这与《语言自迩集》实际也相符。由此可知，《语言自迩集》被日本人称为当时（1876年）"不仅在北京，即使在世界上"也是"唯一合用的教材"；二十几年过后，俄国人仍认定"至今为止"还是"最好的"。可以说，威妥玛的《语言自迩集》独领风骚数十年。

波波夫为其俄汉辞典所作《前言》和《再版前言》也包含了许多重要信息和有价值的线索，值得逐一探寻。限于篇幅，不再介绍。

再看日本和琉球的情况。

日本和琉球的汉语教学，有着悠久的历史。六角恒广的《日本中国语教育史研究》和濑户口律子的《琉球官话课本研究》②，

---

① 未刊稿。译者张方，副博士，1999年6月毕业于乌克兰外国语大学，同时任教于该校中文系。

② 濑户口律子《琉球官话课本研究》，香港中文大学中国文化研究所吴多泰中国语文研究中心出版，1994年。

这两部研究专著,对日本和琉球汉语教学史做了较为清晰的交代。作为某一国的汉语教育史研究报告,这两本是我们所仅见的。

濑户口在书中写道:在琉球,当地人于明初洪武年间就开始同中国交往,并订立了"官生制度",派官生(公费留学生)进入中国最高学府国子监(明朝,南京国子监;清朝,北京国子监)学习;此外,还有称为"勤学人"的自费留学生,到中国福州学习汉语和中国文化。濑户口考察的五种琉球官话课本,多是清乾隆年间(1736—1795年)编写的。其所教所学,语音、词汇和语法,均属汉语官话,是有入声的五个调类的南方官话,课本的语音特点"跟南京话相一致"。

六角先生告诉我们,在日本,不论官办学校还是民间私塾,从江户时代到明治初年,教的中国语都是"唐通事时代的南京话";明治四年即1871年,日本在北京设立大使馆,发现中国的朝廷和官场讲的已不是南京话而是北京话了,遂于明治九年即1876年春改教北京话。当时能够找到的、"也许是世界唯一合用的教材",就是威妥玛的《语言自迩集》。几年后日本自编教材《亚细亚言语集》,也是以《语言自迩集》为底本。[①]

至于当时美法德意等国的汉语教学情况,我们所知甚少。何九盈《中国现代语言学史》(1995)说:"《马氏文通》问世之前,有几个西方人写过汉语语法专著。如英国人艾约瑟(Joseph Edkins,上海广学会会员)发表过《上海话文法》(卫东按:《汉语口语(官话)语法》之误),美国人高第丕和张儒珍(中国人)

---

① 张卫东《北京音何时成为汉语官话标准音》,《深圳大学学报(人文社会科学版)》1998年第4期。

合著《文学书官话》（1869），德国人 G. 嘎伯冷兹（又译嘉贝兰、甲柏连孜，Hans Georg von der Gabelentz, 1840—1893）发表过《汉文经纬》（1881）。据德国进修生伊丽莎白·卡斯克女士说，甲柏连孜的汉语语法著作在德国一直很有影响。卡斯克在北大进修期间，曾著文介绍甲氏的研究成果。"

十八、十九世纪，法语的地位比现在高，法国的汉学队伍在欧洲也最强。伯希和所得敦煌卷子的学术价值之所以最高，就是因为他精通汉语。这从一个侧面反映当时法国的汉语教学水平。法国的情况值得注意。我们期待着有人能将法国汉语教学作为一种文化历史现象予以系统研究，并提出研究报告。

中国的最高学府国子监和后来的同文馆，都收有中外学生，培养跨文化的语言沟通人才。当时编有哪些教材？所教的是什么样的汉语？其间有什么变化？有什么可借鉴的？这是我们所关心的话题的另一面，当然也希望有人研究一下。

二 各国汉语教学史研究对于中国语言学的价值与意义

清代各国汉语教学史研究，对于中国语言学有多方面的价值与意义。相信随着这一研究的深入，人们会看到，汉语史和中国语言学史上的许多重大问题，将不得不重新讨论。现分述如下。

（一）北京话的历史，要重新认识

关于北京话的历史，王力《汉语史稿》是这样讲的："中国政权统一的时候，一向是建都在北方的。这一个事实非常重要，因为一个政治中心往往同时就是经济和文化的中心。……其中应该特别提出北京来说。自从1153年金迁都燕京（即今北京）以来，到今天已有八百多年,除了明太祖建都南京和国民党迁都南京共五十多年以外,都是以北京为首都的。这六百多年的政治影响,就决定了民族共同语的基础。……至少是六百年来,全国都承认北京的语音是'正音'。"① 这是语言学界的主流观点。

于是乎,从元代周德清《中原音韵》、明代金尼阁《西儒耳目资》到清代的一些音韵资料,都一股脑儿地归到北京话的发展史里考察。

但是,日本的中国语教育史提醒我们,1876 年他们的教学经历了一次"由南京音到北京音的转变";威妥玛的《语言自迩集》以北京音为官话标准,也曾遭到抱定南京音为标准的不少老派汉学家的责难。这表明——至少提醒我们:北京音成为汉民族共同语的"正音",并非"至少是六百年",极有可能只是 19 世纪中期的事。"元明清时代 Mandarin 的历史"不等于"北京话的历史"。② 清代虽然去今不远,亦万不可掉以轻心,想当然是不行的。

(二)汉语史理论框架的若干"基石",将面临严峻挑战

新近发现的诸如《语言自迩集》这类文献资料,和汉语史学界久已存在的一些争论焦点,支持我们可以做如下的假设、联想和质疑:

1. 汉语史学界有一种流行观点,称"历史上的官话没有形成一个规范的标准音系","正音"只是"文人学士心目中的标准音,它纯粹是一种抽象的观念,没有一定的语音实体和它对应,因此,

---

① 王力《汉语史稿(上册)》,中华书局,1980 年。
② 张卫东《试论近代南方官话的形成及其地位》,《深圳大学学报(人文社会科学版)》1998 年第 3 期。

它只存在于理论上,而不存在于实际生活中"[①]。《语言自迩集》的发现,无可辩驳地表明了,这种标准音系形成过,威妥玛力求准确地描写它、反映它,书中的"它"跟北京城里的那个活生生的"语言实体"相对应,它不只存在于理论上,更存在于实际生活中。正如艾约瑟所说:"净化了它的土音的北京话,就是公认的'帝国官话'。"——这跟我们给当今普通话语音所下的定义,何其相似乃尔!清代如此,那么明代呢?还要坚持"断定"《西儒耳目资》"所据的声音乃是一半折中各地方言、一半迁就韵书的混合物"[②]吗?

2. 如果可以确认19世纪中期即1850年前后,北京音才成为汉语官话标准音代表点,那么,下一个问题就是:此前的官话标准音代表点又在哪儿?

3. 如果可以确认19世纪中期以前(至少是有明一代)官话标准音代表点在南京,其时通行全国的官话,以江淮官话为基础方言〔有明末金尼阁《西儒耳目资》所记音系为证(张卫东,1991)〕,那么,以南京为代表的江淮官话又是何时取得这种地位的?江淮官话是何时形成的?是如何形成的?它又是如何获得这种特殊地位的?以往的汉语史都没有南京话的地位,而今则必须回答:它在汉语发展史上地位和影响究竟如何?

4. 以上问题有了眉目,那么,《切韵》一系的韵书包括《广韵》《集韵》《洪武正韵》跟南京话是什么关系?为什么总有人批评《切韵》一系韵书"掺杂吴音"?这样的问题当可迎刃而解。其结果,

---

[①] 耿振生《明清等韵学通论》,语文出版社,1992年。
[②] 张卫东《论〈西儒耳目资〉的记音性质》,《纪念王力先生九十诞辰文集》,山东教育出版社,1991年。

就不只是重新认识19世纪的汉语史,而且是重新认识中古以来的汉语史。而要弄明白这段汉语史,就不能不把自己审视的目光延伸至两晋之交,即公元317年前后所发生的史无前例全国规模的政治、经济、文化包括语言大格局的变化,其影响之大之深远,是哪个领域的学者都不该忽视的。可以肯定的是,在汉语史学界,这一变化是被严重忽视了。

西晋末年,中原大乱,大批中原士族东渡江淮,汉族正统政权第一次徙至南方,随着长江中下游的开发,中国进入"两河文化时期"。长江以北,受到北方少数民族主要是阿尔泰语系诸语言的冲击与影响,变化很大,有人用"面目全非"来形容,因而失去了做"汉语正音"的资格。而南京,东晋开始的"六朝古都",保持了中原士民带来的"中原雅音",虽然不免受到南方诸方言的某些影响,但相对于黄河流域的"北方官话",其传统语音系统变化就小多了,因而保有了"汉语正音"的地位。这难道不是理解中古音和近代音发展史的一把管钥吗?

(三)近现代的中国语言学史要做重要补充

我们手头上有三部书,即何九盈著的《中国现代语言学史》、胡明扬主编的《词类问题考察》[1]和刘坚主编的《二十世纪的中国语言学》[2]。这三部书都是近年出版的中国语言学史的重要论著,特别是第三部更属"百年学术回顾"一类的书,有助于人们了解现代中国语言学史的研究状况。然而,读过这三部书,我们又有个强烈的感觉:20世纪的中国语言学,对于19世纪外

---

[1] 胡明扬主编《词类问题考察》,北京语言学院出版社,1996年。
[2] 刘坚主编《二十世纪的中国语言学》,北京大学出版社,1998年。

国人对中国语言学所做出的贡献知之太少；19世纪威妥玛等西方语言学家已经报告的成果、已经达到的水平，无人知晓，不知借鉴，在语言学史多个领域的叙述上，都留下了令人难以平静的缺憾。

王力先生的《中国语言学史》批评"中国学者们……一向不重视描写语言学"；讲到"语法学的兴起及其发展"的"发展时期"，对王力、吕叔湘、高名凯三人，在肯定其贡献之后，非常诚恳非常实事求是地指出："王、吕、高三家还有一个共同的缺点，就是过于重视书面语言，而忽略了有声语言。"在这一点上，他特别推崇黎锦熙1924年出版的《新著国语文法》，说："黎氏在中国语言学上的主要贡献在于以白话文作为语法研究的对象。"①

比黎氏早五十七年的《语言自迩集》，是以北京话口语这个"有声语言"为对象的，并为之精心设计使用了著名的"威妥玛拼音"，在语音和常用词汇方面，有相当细致系统的描写；语法方面的重点是词类分析，其第八章对词类的分析，即以今日眼光看，在很大程度上都站得住脚（我们不说威氏是现代汉语语法研究的第一人，是因为还没比较过艾约瑟1864年在上海出版的《汉语口语（官话）语法》）。其第一版有专论句法的章节，可惜第二版删掉了，我们尚无由得见。但在英文注释中仍有大量散见的语法分析。谈汉语语法学史者，无不从1898年的《马氏文通》说起。在中国语言学史上，《马氏文通》当然有其贡献，但是，它研究的对象是文言而不是口语，它模仿拉丁语法却排

---

① 王力《中国语言学史》，山西人民出版社，1981年。

斥已经相当发达的欧洲描写语言学和比较语言学，因而对语音、词汇、语法在一个语言整体中的互动关系，完全谈不上。作为一部汉语语法学专著，它比《语言自迩集》晚三十多年，却没有什么"超越"。

《语言自迩集》在如实反映北京话语音、词汇和语法各要素之间的关联与互动关系方面，有许多精彩的描写，实在不像一百多年前的古人所为。请看其第三章练习一之31说"了"：

> 了 liao³，咯 lo¹（to end, or be ended），跟在动词后面，表示动作完成，表示事件出现。也许，把它称为过去时的一个标志（a sign of the past tense）更为确切。它还自由地充当句尾语助词（a final expletive）。口语句尾多用"咯"（as a colloquial termination）。
>
> 否定词"不"（参见第8节）插入一个动词和"了"之间所形成的结构，几乎——如果不是绝对的话——就是我们的可能补语（the potential auxiliary）所体现的功能。
>
> 例如：来不了 lai²pu liao³，意思是"他来是不可能的"。然而，这只是说，说话者对"他不能来"抱有较大的把握。如果他说"来不得 lai²putê"，就是断言这是很肯定的了。
>
> 要记住，在别处，跟在这儿一样，"得 tê²"和"了 liao³"虽然都表示"完了"或"完成"，但并非意味它们作为补助语的功能是相同的。
>
> "得了 tê²liao³"这个组合，是表示"完了"或"完成"，"了"是"得"的助词（the auxiliary）；正如我们要说的，它把过去时态（the past tense）赋予了"得"。

能这么谈语法的，在中国，大概是20世纪60年代以后的事。

关于汉语的量词研究史，程荣《量词及其再分类》一文有简要概述：1924年黎锦熙第一次提出，但没有给它单独立类。此后有王力、吕叔湘、陆志韦、陈望道、高名凯等相继讨论，直到50年代丁声树等《现代汉语语法讲话》才"首先把量词作为一个独立的词类进行分析"①。

《语言自迩集》第八章《言语例略》（词类章）第三段专论量词。量词，在第一卷第八章中文课文里称"陪衬字"，英文是an associate or attendant noun；第二卷第八章特别交代：此"陪衬字"下文即径称"量词"（These attendant nouns, therefore, will be spoken of henceforth as Numeratives）。汉语量词，现代英文一般用classifier对译，威氏用numerative对译，字面上看不同，其实大同小异，前者侧重"分类"，后者侧重"计量"。不过，从行文看，威氏认为量词的功能主要还是分类。请看：

> 3.27 汉话里头那名目（nouns），又有个专属，是这么着，话里凡有提起是人是物，在名目之先可加一个同类的名目，作为"陪衬"的字（an associate or attendant noun）。即如"一个人""一位官""一匹马""一只船"，这四句里头，那"个"字、"位"字、"匹"字、"只"字，就是陪衬人、官、马、船这些名目的。这些陪衬的字，不但竟能加之於先，也有加在名目以后之时。比方，泛说马、船，也能说"马匹""船只"。

---

① 程荣《量词及其再分类》，胡明扬主编《词类问题考察》，北京语言学院出版社，1996年。

3.28 又有本名目（the noun proper）刚已提过、接着再说的，就可以把陪衬的字作为替换之用。设若有人买了牛，他告诉我说："我昨儿买了牛。"我问他："买了多少只？"他说："买了十几只。"这就是"牛"字作为本名目，那"只"字就是陪衬的，有陪衬的替换本名目，本名目就不必重复再提了。

3.29 这替换名目的字样，不止於话里常用，连诗文内也有可用之时。

3.30 总之，细察那陪衬字的实用，像是把一切能分不能分的名目、明白指出的意思。何谓"不能分名目"？即如"皇天"之"天"、"后土"之"土"，是独一无二、不能分析的专项，哪儿有陪衬的字样呢？至于那些有类能分的总名目，要分析时，此陪衬字样，颇为得用。其用谓何？乃能指出所说的名目、为总类之哪一项。

下面的第 3.31 节，即把 65 个常用量词"连正主的各名目，一并开列於左，为学话的便用"。介绍各个量词，不仅说明适用于哪些名词（"正主的各名目"），说明哪个量词也可用，哪个量词意思相同但习惯不用，等等，确实学者"便用"。介绍时还尽可能注意语源上的探讨，并附带一些民俗文化资料。请看以下几个例子：

盏　灯的量词，例如：拿一盏灯来我要看书。"灯笼"却要论"个"不论"盏"。那"盏"字也当"碗"字用，一盏茶、一碗茶都可以说。

阵　一阵大雨、一阵大风、一阵吵闹。这个"阵"字本意原是打仗，因就着那忽然的形势，故用为陪衬字，仿佛是来得很急，不能等着的神气。

　　轴　一轴画儿，是一张裱了的条幅，因为底下两头儿露出木头轴儿来，故此才说。还有诰封论"几轴"，也是一样儿的意思。

　　抬　本是两个人或是数人，共举一样儿东西。出殡的能有六十四抬。嫁妆至少八抬，富家一百多抬都许用。送礼物的"抬"，都是双数儿。

这种语源学的探讨和带有民俗学色彩的介绍，对于人们深入理解语言、提高学生学习兴趣，都大有益处。在教材编写方面，我们可以作为借鉴，让我们的对外汉语教材更上一层楼。

三　重新认识，加强研究

　　王力先生的《中国语言学史》专辟两节讨论"西欧汉学家对中国语言学的影响"和"描写语言学的兴起及其发展"，不乏卓见。但有两个缺点，（1）对19世纪的西欧汉学只字未提。（2）说过这样的话："他们多数没有经过严格的语言学训练，他们的著作，可信程度是不高的。"（胡明扬主编，1996）这虽是针对"有些外国传教士"和他们做的"我国的方言和少数民族语言"调查说的，但此话往往被后学自觉不自觉地扩展到一般海外汉学。这就容易造成、实际上也已造成一种偏向：忽视海外汉学，连带忽视海外汉语教学与研究，特别是对19世纪早期汉学完全失去关注。正如上文所说，各国汉语教学与研究，中外文化交往史这一突出的语言文化现象,令人极为遗憾地被忽略了。而这种忽略使中国语言学蒙受的损失,相信随着这座"富矿"的逐步开采,人们将会看得越来越清楚。

怎么办?唯有两条:一是重新认识,二是加强研究。

重新认识,也不是只"务虚",而要像考古和探矿那样,到各个可能的"藏矿点"去探寻,根据已有线索,"顺藤摸瓜",探寻新线索,不断扩大"战果"。探寻时,可依国别而分头进行。19世纪跟中国交往较多的英、法、德、俄、美、意、韩、越、日各国,都逐一搞清楚,一定把他们汉语教学史上重要的人、事、论著、课本、辞典等第一手资料掌握到手,绝不满足于一知半解,不可浅尝辄止,力避以讹传讹。

加强研究,自然是将搜寻来的文献资料进行必要的翻译、整理,进行系统、深入、科学的分析研究。除了提交各项研究报告外,更要像日本学者撰写"日本中国语教育史"那样,写出各国别的"汉语教育史",再综合为"汉语教育通史"。"无史不成今"。以"史"为"鉴",反观中国语言学史和汉语史研究,反观我国现时正蓬勃发展的对外汉语教学。相信这样的研究,其学术价值与社会意义都是多方面的。这样的研究,不是少数几个人短期内能完成的,需要多语种多学科的协同努力、精诚合作。我们希望,在21世纪的头十年里,这项研究能全面展开,并初见成效。也希望这种调查研究,能为促进中外跨文化交际的更为健康、顺利的发展做出应有贡献。

第四节 民国时期的汉语教学 ①

近年来,对明清两代的汉语教学的历史情况已有一些研究成果,但关于民国时期的有关情况则好像还未见论及。由于职业兴趣,笔者收藏了一些有关汉语教学方面的书籍资料,其中有一些是在民国时期出版的词典、课本等等。这些材料具有两方面的研究价值:一方面,作为一部教材或词典其自身所具有的学术价值;另一方面,作为一种与汉语教学有关的史料而承载的史学价值。应该说,这两个方面都值得我们给以重视并进行深入的研究。本节拟在介绍有关词典与教材的同时,尝试寻找关于民国时期汉语教学发展情况的一些踪迹。

一 国内第一部汉英词典

民国元年(1912年),在上海的商务印书馆出版了我国第一部《汉英词典》(*Chinese-English Dictionary*),编者为张铁民(在新),校订者为李文彬、徐善祥。该词典共计364页,32开本,收3800余字,每字之下或有常用词若干,其总数未做统计。字词的释义方法非常独特,先用汉语文言对该字释义,然后根据不同义项给出英文的对等词语并举例说明,接着又将英文例词或例句译为汉语。下面以"人"字为例来说明该词典的释义方法:

---

① 本节摘自温云水《民国时期汉语教学史料探究》,《世界汉语教学》2005年第2期。

①三才之一（天地人为三才），Man, n., 如 man is mortal, 人孰不死.

②属于人者, Human, a., 如 human life, 人生.

③人类也, Fellow, n., 如 he is a good fellow, 彼乃善人；Person, n., 如 another person, 他人；Folks, n., 如 young folks, 少年人.

个人, individual. 人类学, anthropology. 人种学, ethnology. 蜡人模, manikin. 人性学家, humanist.①

从汉语教学的角度，该词典版权页上对这部词典的介绍不能不引起我们的注意。出版商指出，"（该词典）收录 3800 个常用汉字，按笔画的多少排列；使用贾耳斯的罗马注音系统；用例句说明词的用法；袖珍型装订；适于西方人学习汉语之用，也适于中国人用其查找汉语的英语对等词语"。根据这一介绍可知，出版者认为对中国人而言，词典可以为其提供与汉语词语相应的英语对等词，而对西方人来说，该词典则更适合他们学习汉语之用。两者相比较，出版者是把"适用于西方人学习汉语"作为出版的第一目的来向社会做介绍的。尽管此前在他国已经由外国人出版了汉英词典，如 1898 年英国人赫伯特·艾伦·贾耳斯（Herbert Allen Giles）②出版的《汉英词典》（*Chinese-English Dictionary*），但因其篇幅巨大，价格昂贵，不便于或不适合广大初学者使用。因此，商务印书馆适时推出了这一部工具书，这应该是应了很多西方人学习汉语的需要才出版的。这一点，我们可

---

① 张铁民《汉英词典（第五版）》，商务印书馆，1915 年。
② 编者注：翟理斯的另一译名。

以从该词典初版后的不断再版得到证实。该词典的版权页上，注明其初版发行时间为"中华民国元年二月二十七日"，过了不到四年的时间，即"中华民国四年十二月二十八日"为该词典第五版的出版发行日期。在短短的时间里该词典就出版了五次，这说明社会对该词典的需要是相当迫切和广泛的。

二　法国人使用的《汉语口语教科书》

笔者收藏的另一重要资料，是1912年5月在今河北省献县出版的《汉语口语教科书》（*Chinois Parlé Manuel*，第三版）。该教科书的编写者 Léon Wieger S. J. 博士是法国耶稣会神甫，1881年来华，在直隶东南耶稣会任职，大部分时间在献县。开始时为医师，后来致力于汉学。

首先，令人惊奇的是该教材巨大的篇幅，其书型像一部大词典，为大32开本，书宽15.5厘米，书高23厘米，书厚4.7厘米，洋洋1146页。这样的一部鸿篇巨制，对于拥有计算机等现代写作手段的今日学者亦属不易，何况是一个外国人在百年前的清末时期，则确为奇迹。不止如此，Léon Wieger S. J. 博士至少还编写了另外九部有关中国民间故事、汉语语法、汉字、中国哲学、中国历史以及佛教、道教等方面的著作。可以说每部的篇幅都很大，其中以《中国历史》为最，长达2173页。从他如此之多的著作来看，Léon Wieger S. J. 博士是一位名副其实的汉学大家。

其次，该书虽然编著于清末（该书的确切编著时间以及第一与第二版的出版时间尚不详），但其内容并不是当时仍占统治地位的文言文，而是称为"官话"的口语，在扉页的书名下特别注明了如下字样"koan-hoa du Nord, non-pekinois"，即"北方官话，并非北京话"。该书分为语音（de la Pronociation）、语法（Grammaire）、常用语句（Phraséologie）、表达法和词组（Tourset locutions）四部分。在语音部分，该教科书对汉语的声韵调都做了精确的描写，特别是对四个声调的分析与我们今天几乎无异。书中开列了一个练习声调的字表，共有96字，表中还给每个汉字用罗马字母注音，并用"一、∧、/、\"分别表示一、二、三、四声。虽然注音与标调的方法与我们今天的习惯方式有所不同，但上述96个汉字中除了"幸"与"悻"两个字与现在的声调有所出入外，其他94个字与现在的声韵调完全一致。

最后，该教科书第二部分将175个重要问题作为语法重点进行了全面介绍，其中有词法问题，也有句法问题，同时还有文化问题。教科书的主要部分是长达千页的"常用语句"部分。在这一部分中将有关语法点用大量的常用语语料加以具体化，为便于查找对照，词语材料的分类编排顺序号与语法点的序号相一致。例如：在语法点第101条介绍了"还、再、多"等词语用于比较的句法功能，而在第三部分中就有相应的常用语句，如：

> 这个还结实/还是这个好/这么办还妥当/还是得你去，别人都不认得/还是大道好走，小道上坑坑洼洼的/还是走大道好/再利害些才好呢/再没有比这个强的了/我看着再宽上一寸就不大离了/多好的人也有人说不好/这个骡子比那一个强的多/李老七走道比别人快的多/你自己去就好多了/他比

我钱多[1]

在这些常用语句的下一页上,编著者同时逐句提供了罗马字母标注的读音与法文翻译,以便于使用者全面地掌握这些常用语句的形、音、义。这种编写体例在当时以及稍后的一段时间里都是非常独特的,并在外语教学史上具有十分重要的意义。

此外,该教科书还给我们提供了一些有关如何使用该书的情况,使我们能够了解使用该教材以进行汉语学习和教学的具体情况。在该书第三部分的第一页上,编著者首先为学习者提供了类似课堂用语的词句,并且在每条词语之后都有注音与法文翻译。现在将其依次抄录如下(为方便起见,笔者为每条词语加上了序号):

(1)先生。(2)你。(3)念。(4)请念。(5)请坐。(6)先生打这里给我念。(7)你念一句我再念。(8)你念的太快。(9)你念的太慢。(10)我没听清,你再念一回。(11)我听不出来,你再念清楚些儿。(12)不要念书的样子,要说话的样子。(13)先生你听我念的对不对。(14)这个字儿是什么平仄。(15)够了,明天再念罢。(16)费心。(Léon Wieger S. J., 1912)

这16条课堂用语告诉我们,该教科书是为了某些想学习汉语的懂法语的人而编写的,他们需要聘请自己的私人教师,基本上是一对一的个别教学,类似于传统的私塾模式,而不是现代的学校里按班级授课的集体教学。学习活动的主体是学生,似乎是

---

[1] Léon Wieger S. J. *Chinois Parlé Manuel*(第三版),献县天主堂印书馆,1912年。

学生知道怎么学而教师并不清楚应该怎么教。"先生"好像只是能够读课文的识字人就行。学生也只需要"先生"的发音必须清楚。如果没读清楚，学生就会要求先生"再念清楚些儿"。但遇到语法问题，学生可能并不期待"先生"做出解释而需要学生自己从教材的语法部分里寻求答案。这样的一种教学式样与当时的国情、教育、汉语本体研究的水平等历史情况是一致的。

另外，我们注意到了 Léon Wieger S. J. 博士的这部《汉语口语教科书》，借鉴了威妥玛的《语言自迩集》[①]，但无论从语音系统还是语法系统，应该说《汉语口语教科书》是自成一家。关于两部教材的对比分析，我们将另文讨论。

三 美国版的 The Five Thousand Dictionary (《五千汉字词典》)

The Five Thousand Dictionary（《五千汉字词典》）是一部汉英字（词）典，编著者 Courtenay H. Fenn 是文学硕士与神学博士，他的助手是 Chin Hsien-Tseng 先生。该词典的美国版是在其第五版的基础上由哈佛大学出版社于 1942 年出版，并于 1960 年又发行了美国版的修订版，这也是笔者所收藏的版本。这部词典的初版发行是在北京，时间为 1926 年，以后又连续再版。通过该词典的前言及历次再版说明，我们可以了解到 20 世纪 20 年代、30 年代乃至 40 年代在国内以及国外汉语教学的一些鲜为人知的情况。我们将其概括为深入研究民国时期汉语教学发展历史的四大

---

① 威妥玛《语言自迩集——19 世纪中期的北京话》，张卫东译，北京大学出版社，2002 年。

线索。

线索一：The North China Union Language School（华北联合语言学校）

编著者 Courtenay H. Fenn 在 1926 年初版"前言"中，说他在中国居住了三十多年后才终于编写出这部词典，并介绍了该词典的最初形式是供学生使用的识字卡片。他说："本词典最初是想为'五千汉字卡片'编成一本索引性的工具书。而'五千汉字卡片'是为'华北联合语言学校'的学生和其他学习汉语的人而准备的。"接着编著者还介绍了该词典的选材与编排特点，即"除非发生无意的忽略，本词典包括所有出现在这所语言学校课本里的汉字。这些课本是巴勒的《初级入门》，马特的《官话课本》《官话指南》《圣经旧约》《圣经新约》以及勃路杰特-固特瑞池的《赞美诗集》。"（笔者译）

从上述材料中，可以了解到两个重要的情况。一是在 20 世纪 20 年代，北京有一所专门进行汉语教学的学校，其名称为"华北联合语言学校"。对该校的建校时间以及办学等所有其他情况，我们还不知晓，它很可能是由美国的教会举办的，其学生主要为两种人，即外国神职人员与外国商人。二是当时已经有了相当规模的教学以及相当成熟的教材。上述几种教材只是用于一年级的，而二年级以及以后的教材没有提到，但我们推想也是应该具备的。

线索二：California College in China（中国加利福尼亚学院）

对该词典的第二版我们没有任何资料，但是我们知道在 1932 年发行了它的第三版，一位名为 W. B. Pettus 的人为第三版写了导言，从导言中我们可以获得关于"中国加利福尼亚学院"的线索。W. B. Pettus 写道：

经验证明这本词典能满足大多数学说汉语的学生在他们一年级学习中的需要。没有人可以提供绝对理想的词汇，因为每个人的需要都不相同，但是该词典筛选这些基本词做法开辟了一条节省时间的中间道路。词条不加删简的词典对搞研究的学生是必需的，而且所有的学生也必须掌握专业词汇，如果他们的专业与科学、哲学、政治及宗教有关系的话。实际上在第二学年底，或在第三学年，学生应该开始使用大型的标准的中文词典，例如《辞源》《康熙字典》。然而在学生学完例如勃兰德的《中国文学导论》课以前、在没有驶入浩渺无边的中国文学大海以前，学生还用不到《辞源》《康熙字典》。这样的词典可以将西方的学生带入一个尚未开垦的领域，并向他们提供比其学习任何欧洲语言都更丰富而又新奇的东西，可以使学生希望学到工作需要的汉语知识的多年努力，得到加倍的报偿。[1]

从导言中，可以知道《五千汉字词典》是一部非常受欢迎的工具书，我们还知道当时已经有了至少一、二、三年级的学生，就是说汉语教学是一种非常正规的学历教育。此外，我们还注意到该导言作者不是"华北联合语言学校"的人员，其署名单位已是"中国加利福尼亚学院"。我们不清楚"华北联合语言学校"与"中国加利福尼亚学院"有何关系，是各自独立的两所学校，还是"前身"与"后继"，但无论如何有一点我们是可以肯定的，即从"华北联合语言学校"到"中国加利福尼亚学院"，标志着汉语教学的规模与办学层次提高与发展了一大步。

---

[1] Courtenay H. Fenn. *The Five Thousand Dictionary (third edition)*, 1932.

线索三：College of Chinese Studies（汉语学院）

《五千汉字词典》于1936年和1940年在北京发行了它的第四版和第五版。从其再版说明中，我们没有发现有关汉语教学发展的文字说明，但其作者的署名单位却又变成了"汉语学院"。我们不知这又是一所新学校还是前面两所学校的"继承人"。假设他们是一种前后的继承关系，那么仅仅从名称的变化，我们就可以推断"汉语学院"比"中国加利福尼亚学院"在办学的独立性以及学校的师资水平、课程设置的系统性等方面都会有质的不同。这可能仅仅是一种假设，但北京的College of Chinese Studies确实是一条最为重要的线索，追寻这一线索，搞清楚这所学校的历史沿革、办学规模、教学方式以及师资、学生等情况，对整个汉语教学发展史研究都有重大的意义。

线索四：The Department of Far Eastern Languages of Harvard University（哈佛大学远东语言系）与The Harvard-Yenching Institute（哈佛—燕京学院）

我们知道在美国哈佛、耶鲁等大学很早就开设了汉语专业，但在第二次世界大战期间，特别是太平洋战争爆发以后，美国的汉语教学又有了新的发展。《五千汉字词典》在美国的再版发行透露了一些这方面的信息。1942年《五千汉字词典》美国版的"前言"写道：

> 为了满足数量在不断增长的、学习初级汉语的美国学生对小型词典的迫切需要，哈佛大学远东语言系计划再版由C. H. Fenn博士和Chin Hsien-Tseng先生编写的这部小词典。感谢W. B. Pettus博士很快允许我们再版并且提供了他自己保

存完好的珍贵样本。洛克菲勒基金会为这次再版提供了必要的资金。①

我们知道当时正是第二次世界大战,战争需要大量外语人才,以哈佛大学为首的一些美国大学等加强了多种语言的教学。《五千汉字词典》的这次出版,就是为了满足这种战争形势与汉语学习热潮的需要。前言中提到的"哈佛大学远东语言系"这个进行汉语教学的部门,我们并不陌生,但它与哈佛—燕京学院有什么关系呢?这是一个新的研究线索。

我还保存了另一本词典《麦氏汉英大辞典》(*Mathews' Chinese-English Dictionary*),也是由哈佛大学在20世纪40年代初再版了美国版,第一版是1931年由在上海的教会出版社出版的。从再版"前言"(1943年3月)中,可以看到类似的说明,现节译有关段落如下:

> 由于有关书籍不能再从远东地区运来,在美国对汉语词典的需要已经从一种"慢性病"变成了"急性病"。为了满足美国学生的急需,哈佛—燕京学院已经修改并再版了两部实用的词典,(1) C. H. Fenn 的袖珍小词典,这部词典已于1942年12月出版发行;(2)就是目前这部由 R. H. Mathews 编写的。两部词典都是影印本。

麦氏词典比《五千汉字词典》只晚出版三个多月,可是关于修订出版者却出现了两个说法:"哈佛大学远东语言系"与"哈佛—燕京学院"。虽然这里的名称变化并不算什么重要问题,但

---

① Courtenay H. Fenn. *The Five Thousand Dictionary*, 1942.

还是可以作为一条线索去发掘更有价值的历史材料。

四 结语

史为今用,是我们学习和研究历史问题的出发点。汉语教学史、特别是离我们现在最近的民国时期汉语教学情况的研究,对我们现在乃至将来,无论在实际教学方面还是在学科建设方面,都具有重要的意义。许多资料表明,在民国时期由外国传教士以及外国汉语学者编写的教科书、词典等,都具有相当高的学术价值。因为外国人对汉语的个性特征有时比我们中国人自己敏感得多,他们发现的汉语语言特点、难点往往是被我们忽略的、没有给以充分研究的问题,而恰恰是这些问题成为推进我们的事业向前发展的困难。也许有一些汉语教学难题,前人都已经解决了,可由于不了解这些历史情况,今人还在深重的困扰中苦苦地探索。总之,我们应该重视并加强对汉语教学发展历史的研究。

第三章

历史上外国人所编对外汉语教材

第一节 朝鲜时代的《老乞大》和《朴通事》①

一 《老乞大》《朴通事》②的研究价值是多方面的

《老乞大》和《朴通事》是朝鲜李朝初期(相当于中国明代)高丽人学习中国话的两种教材。

据专家们考证,这两种教材大约成书于元朝末年。其主要根据有二:一是《成宗实录》十一年十月乙丑条记载,"此乃元朝时语也与今华语顿异,多有未解处",因此,"选其能汉语者删改老乞大朴通事";二是教材中写了去城南永宁寺听高丽和尚步虚说法一事,根据历史记载,步虚和尚永宁寺说法是在元朝至正六年(1346年),因此这两种教材的产生应该在1346年以后到1368年元朝灭亡的二十二年期间(丁邦新,1978)。李朝世宗五年(明永乐二十一年,1423年)高丽人纷纷传写颂习《老》《朴》二书,司译院牒呈"请令铸字所印出",世宗十六年(1434年)

---

① 本节摘自程相文《〈老乞大〉和〈朴通事〉在汉语第二语言教学发展史上的地位》,《汉语学习》2001年第2期。

② 丁邦新《老乞大谚解·朴通事谚解》,台湾联经出版事业公司,1978年。

正式颁行。李朝中宗时（1515年左右）中国语学者崔世珍把《老》《朴》两书翻译成朝鲜语，同时用"训民正音"给汉字注音，编成《老朴集览》。后来由边暹和朴世华两位学者根据《老朴集览》考校订正，编成《老乞大谚解》和《朴通事谚解》，分别于显宗十一年（1670年）和肃宗三年（1677年）先后刊出。所谓"谚解"，就是用朝鲜语的口语来注解。这就是我们今天看到的《老乞大》《朴通事》两部教材的全貌。

《老乞大》和《朴通事》的研究价值是多方面的。

在语言方面《老》《朴》的成书、传抄、印行、修订、翻译、注释经历了元明清三个朝代，反映了这一漫长的历史时期汉语口语词汇和语法的变化，为研究中国古代汉语口语的发展提供了丰富的资料。在崔世珍把两书翻译成朝鲜语的过程中，他用"训民正音"给每个汉字注了音。左侧是"俗音"，即15世纪朝鲜语学大师申叔舟所记的中国北方音。右侧为"今俗音"，即16世纪崔世珍当时接触到的中国北方音。这两种反映中国北方语音的早期材料，对于中国古代语音史的研究具有十分重要的价值。

在历史方面，两本教材都记载了当时中国的社会生活以及经济政治状况如农村的水旱灾害、饥荒盗贼、卖儿卖女，城市的商贸繁华、贫富悬殊以及富家子弟的奢侈生活。记载了高丽人在中国旅行、做生意、立契约、打官司等方面的情况。《朴通事》书末还通过高丽秀才之口讲述了高丽王朝建国的经过。两书之中所记载的元明时代的风俗文物、历史典故，为史学研究提供了丰富可靠的资料。

在文化方面，书中记载了当时中国人的饮食习惯、衣着服饰、中医中药、岁时节气、文化娱乐、婚丧嫁娶、传统习俗以及人情世故等方面的情况。记载了高丽人与汉人的交流与交往,双方风俗习惯的不同,以及高丽人学习汉语和汉文化的情景。还记载了高丽商人从中国购买"四书"《毛诗》《尚书》《周易》《礼记》等文化典籍的情景。

在文学方面,教材中不但有小说和戏剧方面的资料,有早已失传的《西游记评话》的片断,还有情文并茂的散文和骈文。

除此之外,在经济、贸易、社会、宗教等方面也有大量有价值的记载。无怪乎学者们感慨说"稍微涉猎""如入宝山"[①],特别是在语言和文学方面,中外学人多有论著发表。

但是,《老乞大》和《朴通事》在历史上的巨大影响,主要因为它们是两部使用时间长、流传范围广而且影响很大的对外汉语教材。作为教材,其在对外汉语教学及教材发展史上的地位,却至今没有受到应有的重视。本节试从汉语第二语言教学发展史的角度,进一步发掘其作为汉语第二语言教材的研究价值。

二 《老乞大》《朴通事》作为对外汉语教材的基本特征

《老乞大》和《朴通事》的出现和流行虽然早在元明时期,可是以今天对外汉语教学的性质和特点来衡量,却在许多方面具备了对外汉语教材的基本特征。

(一)采取会话体形式,有计划地安排教学内容和组织语言材料

在此之前的汉语第二语言教材,都是以词汇手册的形式编撰

---

① 《重刊老乞大谚解·朴通事谚解》,台湾联经出版事业公司,1978年。

第一节　朝鲜时代的《老乞大》和《朴通事》

的。1909 年在中国黑水城遗址出土的《番汉合时掌中珠》[①]，据考证为西夏乾祐二十一年（1190 年）所著。中国历史博物馆收藏的本子共存 10 页（从第 7 页到第 17 页），从这 10 页存稿可以看出，这是一本简明的番汉词汇对译手册，共收入西夏文词语和汉文词语各 266 个，分为"天变上""天变下""地体上""地体中""地体下""人体上""人体下"等若干部分。产生于元代至元年间的《至元译语》、流行于明清时代的《华夷译语》等，是这类词汇手册的典型代表。发展到清乾隆十三年（1748 年）共有这类译语 42 个语种 71 册，都是通过词语对译的方法来进行第二语言教学的。这类教材都是按照词汇的类别划分成若干部分，而不是按照课堂教学量的大小有计划地安排教学内容。

《老乞大》和《朴通事》是从词语对译手册发展到以课文为主体的、正式的第二语言教材的重要标志。其课文采取会话体的形式，句子普遍很短，非常口语化。例如：

　　大哥〇你从哪里来〇我从高丽王京来〇如今哪里去〇往北京去〇

　　好判院哥〇到哪里〇小人到礼部里〇什么勾当〇我有个差事〇堂上禀去里〇[②]

除了没有标点符号，没有按照人物的身份标出甲乙之外，与今天我们看到的汉语口语教材的会话没有什么不同。《老乞大》分为上、下两卷，上卷 55 节，下卷 53 节，共 108 节，相当于

[①]　丁邦新《序言》，《番汉合时掌中珠》，中国历史博物馆收藏本。
[②]　丁邦新《序言》，《重刊老乞大谚解·朴通事谚解》，台湾联经出版事业公司，1978 年。

108篇课文。《朴通事》分为上、中、下三卷,上卷38节,中卷38节,下卷30节,共106节,相当于106篇课文。每一课内容相对独立,课与课之间又相互联系。前面的课文较短,后面的课文较长。课文的长短比较均匀,有的话题内容较多,就分为两节或者三节,形成两三篇课文。《朴》与《老》相比,属于高级会话教材,因此内容深一些,难度大一些,课文篇幅也长一些。

两部教材的词语和句式由简单到复杂,循序渐进地安排。《老乞大》前几节从打招呼、询问学习汉语的情况入手,逐渐过渡到问价格、谈住宿、讲亲属称谓等话题,都是一些最常用的词语和最基本的句子。例如像"写仿书罢对句,对句罢吟诗,吟诗罢师傅前讲书"这样的句子,不但注意到词汇量的控制,而且能使一些词语不断地重现教材的后半部分,词汇量大大增加。如讲到马,则"儿马、骟马、赤马、黄马、燕色马、栗色马、黑鬃马……",一口气罗列了几十种;说到绸缎,则"天青胸背、柳青膝栏、鸭绿界地云、鹦哥绿宝镶花……",一口气罗列了几十种。句式也较前复杂得多,如"辽东城里住人王某,今为要钱使用,遂将自己原买到赤色骟马一匹,年五岁,左腿上有印记,凭京城牙家羊市角头街北张三作中人,卖与山东济南府客人李五永远为主"。《朴通事》的语言更有一定的深度和难度,开篇便是"当今圣主,洪福齐天,风调雨顺,国泰民安",课文中更有许多谚语、俗语和成语,如"一夜夫妻百日恩""养子方知父母恩""画虎画皮难画骨,知人知面不知心""三寸气在千般有,一日无常万事休"等。课文由短到长,由易到难,由浅入深,体现了循序渐进的原则。

会话体课文是现代第二语言教材,特别是口语教材普遍采用的一种形式。《老》《朴》早在15世纪就采用了这种形式,并且按照教学要求有计划地切分、安排教学内容,使之具备了现代语言教材的雏形。

(二)正确处理外语与母语的关系,恰当地使用学生的母语作为媒介

对外汉语教学是一种外语教学,是在学生已经自然习得母语之后进行的第二语言教学。学生的母语习惯已经确立并且相当牢固,这种母语一方面对外语学习会有一定的干扰作用,另一方面,恰当地使用学生的母语作为媒介,会收到事半功倍的效果。

中国古代的对外汉语教学,包括边远地区少数民族的汉语第二语言教学,在历史早期就开始注意使用学生的母语作为媒介。前文提到的《番汉合时掌中珠》,书中每一词语都并列四项,中间两项分别是西夏文和汉文,右边用汉字为西夏文注音,左边用西夏文为汉字注音,是目前发现的最早的使用学习者母语为媒介的番汉两用教材。明代意大利传教士利玛窦(1552—1610)所著《西字奇迹》(Wonder of Western Writing),法国传教士金尼阁(1577—1628)所著《西儒耳目资》(A Help to Western Scholars),都是用罗马字注音帮助西洋人学习汉语、汉字的教材;清代英国外交官威妥玛(1818—1895)为便于使用英语的外国人学习汉语、汉字,先后写成《寻津录》和《语言自迩集》,另一位英国外交官翟理斯(1845—1935)编著了《语学举隅》《字学举隅》等,都是用拉丁字母拼音方案给汉字注音的教材。上述教材虽然偏重于寻求一种给汉字注音的最佳方法,但也都是以学习者熟悉的母语为媒介的。

《老乞大谚解》和《朴通事谚解》两部教材,每个汉字下面都有两种谚文注音,每句之末还配有谚文翻译。该教材面向高丽

人,以其母语为媒介,从音、义两方面和字、句多角度为汉语课文做注释,帮助学习者理解和掌握汉语的词汇和句子。这比单纯的词语对译和汉字注音又进了一大步。18世纪随着法语、英语的兴起,西方国家出现了用母语来教授外语的翻译法。它的特点是"说出一个外语词,马上译成相应的母语词;说出一个外语句子,也马上译成母语;逐句分段读连贯的外语课文,然后再逐词逐句地翻译过来"①。《老》《朴》两部教材所采取的逐字逐句翻译的方法,可与18世纪西方国家流行的翻译法媲美,却比这种翻译法的出现提早了几个世纪。

(三)正确处理书面语与口语的关系,突出教材的实用性和实践性

在《老乞大》和《朴通事》出现以前,相当长一个历史时期内没有专门的对外汉语教材,教外国人汉语也使用传统的汉语第一语言教材。据日本《古事记》记载,应神天皇十五年(284年),阿直岐自百济东渡日本,日本皇子稚郎子要跟他学习汉语,他推举了王仁,第二年王仁带去了《论语》十卷,《千字文》一卷。

《老乞大》在课文中对朝鲜李王朝时代的汉语教材和教法进行了详尽的描述:

> 你谁根底学文书来?我在汉儿学堂里学文书来。你学什么文书来?读论语孟子小学。你每日做什么功课?每日清早起来到学校里,师傅上受了文书,放学。到家里吃饭罢,却到学里写仿书。写仿书罢对句,对句罢吟诗,吟诗罢师傅前讲书。讲什么书?讲小学论语孟子。讲书罢又做什么功课?

---

① 章兼中主编《国外外语教学法主要流派》,华东师范大学出版社,1983年。

到晚，师傅前撒签背念书。背过的，师傅与免帖一个，若背不过时，教当直的学生背起，打三下。（引文中标点是笔者加的，下同）

这段话非常清楚具体地描述了当时朝鲜人学习汉语的情况，他们使用的教材是"论语孟子小学"这一类传统的汉语第一语言教学的教材，教学方法也是中国古代传统的模式。

我国古代的语文教育是一种应试教育。识字是为了读经，读经是为了科举考试。所学内容全部是文言书面语言，与生活中的语言严重脱节，只能用于读经应试，不能用于日常生活。随着商业贸易的发展，大批外国商人到中国来做生意，他们急需的是与中国的普通老百姓交流，是学会老百姓使用的口语。于是《老》《朴》应运而生。这两部教材从实用性和实践性原则出发，摆脱文言书面语言，全部使用口语词汇和口语表达方式。

书中口语词汇非常丰富，有普通百姓常用的称谓，如父母叔伯、兄弟姐妹、姑舅姨表、外甥女婿；有商旅用词，如赶路投宿、盘缠银两、买卖交易、牙人契约；有日常生活用词，如柴米油盐、瓜果菜蔬、锅碗瓢盆、茶饭盘盏；有医疗用语，如看病把脉、针灸拔罐、煎药服药、感冒风寒；也有不少粗话和骂人的话，如"那厮""驴养下来的""狗骨头""他不敬我时，我敬他什么屁"等。此教材为了扩大词汇量，还有意识地利用语义场，使相关联的词语集中出现。如讲到称谓时，则"公公、婆婆、父亲、母亲、伯伯、叔叔、哥哥、兄弟、姐姐、妹子"等几十种称谓一齐出现。说到蔬菜，也是"黄瓜、茄子、生姜、韭、蒜、萝卜、冬瓜"等几十种瓜菜一齐出现。这种例子不胜枚举。

因为教材全部使用口语词汇,自然采用口语的表达方式,与"之乎者也"的文言语体大不相同。书中的口语句式和语体风格与同一时代民间流行的评话非常相似,例如"天可怜见""你如今哪里去""那般时最好""有什么勾当""讨一杯酒来喝"等都是评话里常用的语言。《朴通事》中有一段课文讲"车迟国"的故事,据考就是《西游记评话》中的片断,成为后来学者们研究失传的《西游记评话》一书的重要资料。教材中还使用了大量的俗语和谚语,如"饥时得一口,强如饱时得一斗""马不得夜草不肥,人不得横财不富""一年经蛇咬,三年怕井绳""大人不见小人过""养子方知父母恩"等,都是非常口语化的表达方式。这些俗语和谚语加强了课文的口语色彩,也使得一段段情景会话更加凝练精彩,更加富有中国文化的内涵。

《老》《朴》以高丽商人在中国旅行、经商为线索,以中国老百姓的生活和风俗习惯为话题编成,讲的是老百姓的故事,说的是老百姓的话,用的是老百姓的词语。在当时的历史条件下,真可以称为毫不逊色的汉语口语教材。

(四)正确处理语言知识与交际技能的关系,注意体现语言教学的交际性原则

不论是使用母语教材,还是使用词语对译手册,其教学都是以语言要素为中心,主要是教语音、词汇和汉字。《老》《朴》以课文的形式出现,通过课文提供了交际对象、交际场合和交际目的,为交际技能的训练创造了条件。这两部教材始终注意创造模拟交际的语言环境。所谓语言环境,在口语里指说话时的现实环境,包含特定的时间、地点、人物与事件这四大要素。还包括"说话人和听话人的身份,是男是女,年轻的,年老的,各是什么地方人，并且包括说话人和听话人的各种背景，如文化背景、语言背景、思想意识背景、风土习惯背景，以至说话者同听话者的目的"①。

为了创造模拟语境，《老乞大》在课文中设计了几个主要人物。两个来自王京的高丽人，四个来自辽阳的中国人：王某、金某、李某、赵某。他们在去往北京的路上相遇、相识，一起赶路，一起投宿，一起吃饭睡觉，一起铡草喂马。他们一路上谈物价、谈生意、谈家庭生活、谈两国风俗。即便同是投宿，教材中也设计了不同的情景。第一次投宿是熟人老店，店主人与王某是老相识，接待分外热情，照顾也十分周到。第二次投宿则是前不着村后不着店，遇到一个普通百姓家，却因为惧怕歹人不敢留宿。经多方央求，才肯让出车房，临时安排住宿。同是吃饭，也设计了不同的语境。一次是客人自己打火做饭，一次是主人热情招待，一次是在饭馆就餐，每一次的交际场合与交际对象都有不同。

《朴通事》虽然没有贯穿始终的人物和故事，也设计了春游、出差、治病、购物、讨债、洗澡、婚嫁、斗鹌鹑、看杂技、谈恋爱、买珠宝、叙乡情等会话的模拟场景。如春游一节，时间是"春二三月好时节"，地点是"有名的花园"，人物是张三、李四等"几个好弟兄"，事件是"各出一百个铜钱""做一个赏花筵席"。课文里设置了他们如何凑钱、如何分工采买酒肉、如何摆桌设宴、如何饮酒作乐等情节。人物的对话既符合人物身份，又符合特定的交际场合。为教学中的模拟交际训练提供了必要的条件。

---

① 张忠公《序》，西槙光正编《语境研究论文集》，北京语言学院出版社，1992年。

（五）正确处理语言与文化的关系，注意语言的文化背景和两种文化的对比

语言是文化的载体，要学好一种语言，必须了解语言中所包含的文化因素，了解这种语言的文化背景，了解母语文化与目的语文化的差异。《老》《朴》两部教材十分重视文化因素对语言教学的影响，大量介绍了汉语中的文化知识，并有意识地进行两种文化的对比。

课文中详细介绍了汉语里各种亲属称谓。谈到"姑舅哥哥"时，问："谁是舅舅上孩儿？谁是姑姑上孩儿？"答："小人是姑姑生的，他是舅舅生的。"谈到"两姨弟兄"时，问："是亲两姨那，是房亲两姨？"答："是亲两姨弟兄，我母亲是姐姐，他母亲是妹子。"把汉语里复杂的亲属关系讲得一清二楚。

课文里有一段讲到"打水"，把两国不同的风俗习惯做了详细的介绍和对比。文中说，中国的井深，是砖砌的，男人打水，"将洒子提起来，离水面摆动到，撞入水去，便吃水也"。高丽井浅，是石头垒的，男子汉不打水，都是妇人打水，"着个铜盔，头上顶水"。

还有一段，讲一个常驻北京的高丽人见到朋友带来的家信，高兴地说："怪道今日早起喜鹊儿噪，又有喷嚏来，果然有亲眷来，又有书信。却不到家书值万金。"这几句话不但语言十分地道，而且语言背后深藏着丰富的文化背景，只有语言和文化修养很高的人才能说出来。

在文化知识方面，《朴通事》一书还专门介绍了中国的春节、盂兰盆节、端午节等传统节日，以及打春牛、娶亲、生孩子、过生日、送殡上坟、祭灶神、送拜帖等民间风俗习惯，使教材充满了丰富

的文化含量。

（六）课文内容丰富多彩，话题具有广泛性、趣味性和连续性

《老》《朴》两部教材的课文内容非常丰富。原书每一节课文用符号隔开，没有题目。为了叙述方便，笔者根据课文内容分类标举如下。《老乞大》课文108篇，主要内容包括旅途见闻、客店食宿、学习汉语、两地风俗、谈论物价、闲话家常、水旱灾害、盗贼命案、探亲访友、请客送礼、洽谈生意、买卖契约、看病服药、生老病死、人生哲理、看命算卦、采买物品、选购典籍等多项内容。《朴通事》课文106篇，涉及内容更加丰富。主要有春游野餐、开诏出差、水淹卢沟桥、关米挑脚、铁匠打刀、四季娱乐、河中洗马、中秋月会、午门操马、买卖皮货、借银讨债、针灸治病、参加婚礼、学堂读书、混堂洗澡、教场骑射、生儿育女、官人上坟、千户过生、游湖观景、听说佛法、迎接使臣、买卖人口、乘船过海、谈情说爱、秋日登山、教子识字、裁衣过年、打官司坐牢、过盂兰盆节等等，话题非常广泛。

《老》《朴》所选话题十分注意趣味性，有的是引人入胜的故事，如盗贼命案、财主害人、车迟国（《西游记》故事）等。有的是语言优美的散文，如春游野餐、游湖观景、秋日登山、盂兰盆节等。有的是幽默风趣而又富有哲理的对话，如谈论为人之道时说："别人东西休爱，别人折针休拿，别人是非休说。"谈论善待朋友时说："船是从水里出，旱地里行不得，须要车子载着车子水里去时，水里行不得，须要船载着。"《朴通事》中这种幽默风趣的俗语、谚语更多，几乎在每一个话题之后都用这种富有哲理性的语言作为点睛之笔。如春游野餐一节结尾写道："古人道,有酒有花,以为眼前之乐;无子无孙,尽是他人之物。"治疮一节,病人听了医生的话很受启发,结尾写道:"常言道,话不说不知,木不钻不透。"如此等等。

课文话题的连续性,在《老乞大》中表现得十分突出。全部课文以几个主要人物为中心,以他们去北京做生意和在北京的生活经历为线索,把一个个故事串联起来,像一幕幕的连续剧。在不同的故事中,有不同的场景、不同的事件和不同的新人物出现,自然地引出新的词汇和新的句式。使课文生动有趣,引人入胜,具有很强的可读性。

三 《老乞大》《朴通事》在汉语第二语言教材发展史上的地位

从汉语第二语言教材发展的历史来看,大致可以分为这样几个阶段,使用母语教材的阶段,以词汇为中心的阶段,以课文为中心的阶段,以语法结构为中心的阶段。

(一)使用母语教材的阶段,即把母语教材直接用于第二语言教学的阶段

我国古代的学校教育没有严格的分科。各类学校教育的内容主要是研习儒家经典。"四书""五经"是其基本教材。所谓"母语教材",就是指这一类儒家经典以及为帮助读经所编写的识字教材,如专供儿童集中识字用的《三字经》《百家姓》《千字文》,俗称"三、百、千"。汉语第二语言教学产生以后,相当长一个历史时期内没有专门的教材,而是使用"三、百、千""四书""五经"等传统的启蒙读物进行教学。

这些教材的一个明显的特点是语言押韵合辙,便于朗诵背通。如《三字经》全书用三字一句的韵文写成,"人之初,性本善。性相近,习相远",读起来很顺口,便于记忆、背诵。《百家姓》集中国人之姓氏为四言韵语。开篇为"赵钱孙李,周吴郑王,冯陈褚卫,蒋沈韩杨"。通行本共472字,虽无文理,但押韵合辙,适合诵读。《千字文》取王羲之遗书中不同的一千个字编成。开篇为"天地玄黄,宇宙洪荒。日月盈昃,辰宿列张",也是四字一句,对偶押韵,便于记诵。

这些教材的另一个特点是以汉字教学为中心,侧重读写训练。中国古代蒙学教育从集中识字开始。《三字经》所选用的汉字都是一些常用字。《百家姓》除少数复姓以外,一字一姓,也都是日常用字。《千字文》更是经过精选汉字编写而成,字字都不重复,非常适合集中识字教学。这三本书共出现常用汉字二千多个。蒙童能够识记这些汉字,就为阅读和写作训练打下一个良好的基础。

这些教材的第三个特点是内容涉猎广泛,是一种综合教学。"三、百、千"融伦理思想教育、语文教育和历史、地理、自然科学等知识教育于一体。《三字经》中有数学知识,如"一而十,十而百,千而万",有自然知识,如"曰春夏,曰秋冬。此四时,运不穷",有农学知识,如"稻粱菽,麦黍稷。此六谷,人所食",有历史知识,如"夏有禹,商有汤。周文武,称三王"。更有大量的伦理道德教育的内容。《千字文》的主要内容是讲儒家的伦理思想,教育孩子们忠君爱国,孝敬父母。读书做官,举止要大方。书中对于宇宙的形成、日月的运行、四季的循环、云雨露霜的形成等自然科学知识也做了一些介绍。

这些教材虽有其长处，但大量词汇典故来自经典，只能用于读经应试，不能用于日常生活。所以，严格地说，这不是符合教育科学的汉语语言教学，更不适合用于汉语第二语言教学。在当时的历史条件下，汉语第二语言教学使用这一类教材，一是因为没有其他教材可用，二是因为外国人学习汉语的目的也是为了读经，为了研究中国文化。所以，这一类教材在我国古代的对外汉语教学中曾经发挥了一定的作用。

（二）以词汇为中心的阶段

为了便于学习第二语言，我国一些学者很早就用汉字记录少数民族语言和外国语言，后来发展成为两种语言对照的词汇手册。前文提到的《番汉合时掌中珠》《至元译语》和《华夷译语》是这类词汇手册的典型代表，都是通过词语对译的方法来学习第二语言的。如《至元译语》收入汉语词语541个，分为天文门、地理门、人事门、鞍马门等22个门类，按照汉语词语和蒙古语音译对照的方法排列，既可以帮助汉人学习蒙古语，也可以帮助蒙古人学习汉语。《至元译语》序言中说："夫语言不相通，必有译者以辩白之，然后可以达其志，通其欲。今将详定译语一卷，刊列于左，好事者熟之，则答问之间，随扣随应，而无驮舌鲠喉之患矣。"由此可以看出"译语"的性质和编者的指导思想：（1）通过翻译学习第二语言。（2）学习第二语言是为口语会话。（3）学习第二语言主要是学词汇，掌握了词汇便能够"随扣随应"。

《番汉合时掌中珠》《至元译语》《华夷译语》看起来只不过是简单的词汇对译，却结束了用第一语言教材学习第二语言的历史，向第二语言教学的性质迈出了可喜的一步。这一类教材的局限性是，教学生机械地记忆词语，没有提供使用词语的语境。容易造成孤立的词语很难记住，或者记住的词语不会使用。所以仍然处于第二语言教学的低级阶段。

（三）以课文为中心的阶段

当代语言教材一般都是由词汇、句型、课文和练习等几个部分组成的。其中课文通常作为教材的主体。从当代对外汉语教学的视角来看，课文为语言教学提供了一个特定的语境，围绕这个语境，把语言部件、语言结构、语言功能以及语言所包含的文化因素等融为一体。它使语音进入语流，使词汇得以活用，使句子进入交际状态，使句际关系以及句群与句群之间的关系得以体现，使所有静态的语言要素变为动态的具有交际意义的话语。

《老乞大》与《朴通事》产生于遥远的明代，这两部教材在当时能够以会话体课文的形式出现，可以说是一大创举。此后的汉语第二语言教材《训世评话》（明代）、《官话指南》《燕京妇语》（清代），直到民国时期的《华语萃编》等，都是通过课文来教汉语的教材。

《训世评话》出现于《老》《朴》之后，教材收集了古代名人、贤人及贞节烈妇的忠孝故事，以及寓言、笑话等65则。一边是文言，一边是白话。文白对照，便于学习白话的人了解这些故事的出处，而这些耳熟能详的故事，也适合于白话文口语教学的成段表达训练。

《官话指南》共分四卷，第一卷"应对须知"，是关于询问姓名、年龄、工作，以及看望病人等方面的对话。第二卷"官商吐属"，是关于拜年、做生意、狩猎、劝朋友戒毒等方面的对话。第三卷"使令通话",是吩咐仆人或其他人工作或办事等用的话语。第四卷"官话问答",是大臣出访时接受酒席招待使用的话语,还有外国领事到中国政府机关协商商船冲突使用的话语等。

《燕京妇语》是一本日本驻北京的侨民女眷学习北京话用的会话课本。教材分上下两卷,共22课。课文内容反映的是北京当时中上层社会的生活,有中外妇人之间的会话,有妇人和男士们的会话,有妇人和下人们的会话,有妇人和商人们的会话等。谈话的话题主要有初次见面、邻居相遇、探亲、访友、游览、拜年、接风、送行、宴请、祝寿、裁衣、种花、租房、打首饰等。

《华语萃编》(初集—四集)为东亚同文书院编著,是1916年以后该院使用的课本。初集又分为四编,第一编是散语问答、简短对话。第二编设计了道贺新正、茶楼茗谈、车中闲话、规诫佣人等会话题材。第三编包括春日郊游、出国留学、托人租房、就医诊病等话题。第四编为附录,是一个分类词表。这一历史时期汉语第二语言教材的共同特点是,以课文作为教材的基本形式,分话题营造模拟语境,以会话体形式进行口语训练。以课文为中心的教材具备了现代语言教材的雏形,但每课一般只有课文,没有生字生词表,没有标出重点句型,没有语法注释,没有练习。课堂教学以读书会话为主,语言知识教学和语言技能训练没有明确的要求和统一的规划。

(四)以语法结构为中心的阶段

20世纪40年代以后,随着汉语语法研究的深入发展,人们开始重视语法规则在汉语第二语言教学中的作用。王还教授回忆她1947年在剑桥大学教授汉语的情形时说:"当时的剑桥大学,汉语教学全部使用文言文。我年轻气盛,站在这座世界名校的讲台上,首次讲授现代汉语。没有现成的教材,拿起一本王力先生写的语法书就登上了讲台。"用语法课本教汉语,这种观念恐怕也是受到西方语法翻译法教学理论的影响。教外语,要先讲清语法规则;学汉语,要先掌握语法规则。1952—1955年朱德熙先生在保加利亚索非亚大学教授汉语时编写的《华语教材》(手稿),是一部以语法结构为中心的教材。该教材共42课,全面系统地讲解了现代汉语的语法知识。每一课分为语法、生字和课文三部分,语法知识放在首位,而且占的篇幅很大。自编课文主要围绕语法点,练习语法点,基本上不考虑语境和语言交际训练的需要。1951年清华大学东欧交换生中国语文专修班使用的教材,每一课的结构由词汇、课文和注解三部分组成,以注解的形式详尽地讲解了汉语的语法知识。1957—1958年时期的北京大学对外汉语教材,每一课的结构虽然包括生词、语法、课文和练习几个部分,却称为《语法教材》,显然也把语法结构的教学放在很重要的位置上。1958年正式出版的中华人民共和国第一部对外汉语教材《汉语教科书》,是一部"比较典型的以语法为中心、强调传授系统的语法知识的教材"[1]。1977年出版的《汉语课本》把语法结构归纳为句型,开始采用句型教学的方法。1980年以后出版的《基础汉语课本》,"是一部集历年之大成的著作"[2],代表了语法结构法汉语教材的最高水平。

---

[1] 刘珣《新一代对外汉语教材的展望——再谈汉语教材的编写原则》,《第四届国际汉语教学讨论会论文选》,北京语言学院出版社,1995年。

[2] 吕必松《对外汉语教学发展概要》,北京语言学院出版社,1990年。

因此，我们认为，在汉语第二语言教材发展史上，从20世纪50年代到20世纪80年代初，属于以语法教学为中心的结构法教材时期。

20世纪80年代中期，对外汉语教学界开展了分技能教学的讨论。随即出版了《初级汉语课本》《现代汉语教程》等分技能教学的汉语教材，进一步突出了语言技能训练。进入20世纪90年代以后，对外汉语教学界提出"结构—功能—文化相结合"的新的教材编写理论。近几年出版的教材，有不少在这方面做了有益的尝试。但是，由于语法大纲和功能大纲刚刚推出，文化大纲还正在论证和研制之中，这一教材理论的实施，在许多方面还有待进一步探索。我们企盼着汉语第二语言教材在总结历史经验的基础上，会有更大的创新与突破，会产生更科学、更高效的新一代教材。

根据上述对外汉语教材发展历史的分段方法，我们可以清楚地看出《老》《朴》在教材发展史上的重要地位。在从"以词汇为中心的教材"过渡到"以课文为中心的教材"的历史转变时期，《老》《朴》的出现是具有开创意义的，它实现了汉语第二语言教学的三大转变：（1）从词汇教学为中心到课文教学为中心的转变。（2）从书面语教学为中心到口语教学为中心的转变。（3）从语言要素教学为中心到语言交际技能教学为中心的转变。总之，实现了从母语教材到专门的第二语言教材的根本转变。

第二节 法国来华传教士汉语教材《汉语札记》[①]

马若瑟（Joseph Henri Marie de Prémare，1666—1736）神父，法国耶稣会传教士，是18世纪欧洲最杰出的汉语语法学家，[②] 被誉为法国早期汉学三大家[③]之一，以其丰富的研究成果为世界汉学的发展做出了极大的贡献。

他的代表作《汉语札记》（*Notitia Linguae Sinicae*）在前人研究之基础上专为欧洲人学习汉语而编著，是其在中国三十余年学习与研究汉语的经验总结。方豪对此书大加赞誉，称其为"西人研究中国文字学之鼻祖"[④]，同时也"是一部最先将中国语言的性质与其构造，正确地传之于欧洲人的专书"[⑤]。

一 《汉语札记》简介

《汉语札记》1728年成书于广州，1831年付梓出版。目前拉丁文原写本存世两部，分别藏于法国国家图书馆和大英图书

[①] 本节摘自李真《〈汉语札记〉对世界汉语教学史的贡献》，《世界汉语教学》2005年第4期。

[②] Christoph Harbsmeier. *Language and Logic* in Joseph Needham's Series *Science and Civilisation in China*. Cambridge: Cambridge University Press, 1998.

[③] 法国早期汉学三大家为马若瑟、宋君荣（Antoine Gaubil, 1689—1759）、钱德明（Jean Joseph Marie Amiot, 1718—1793）。

[④] 方豪《中西交通史》，岳麓书社，1987年。

[⑤] 石田干之助《中西文化之交流》，张宏英译，商务印书馆，1941年。

馆①。1847年出版英译本。

全书分两大部分，口语部分介绍白话和常用文体，书面语部分介绍文言文和高雅文体。行文共分四章：序言、第一编、第二编和第三编，第三编已全佚。序言部分介绍了中国典籍、读书方法、中文字典、汉字构造、性质及音韵，还附录了谐音字表②。第一编以初学者为对象，论述口语的语法原则和体例，重点分析了虚词，还列举了常用文体的修辞法及民间俗谚。第二编帮助那些完成初级阶段汉语学习的学习者向高级阶段过渡，介绍书面语和高雅文体，包括古汉语的词法、句法、修辞并辅以大量例文。书中共选用了 1.2 万余个例句，近 5 万汉字，这一规模在西方人编撰的早期汉语教材中无人能超越。③

二 《汉语札记》对世界汉语教学史的贡献

《汉语札记》在世界汉语教学史上是一部具有传承和开创意义的作品。马若瑟把自己在学习和研究汉语过程中所摸索出来的经验与方法，贯穿在对中国古代语言和文学的全面介绍与分析中，以期能对后来者的学习有所指导和帮助，为汉语教学史提供了极

---

① 大英图书馆所藏"仅存残缺不全之第二编与第三编之一部分"。参见费赖之《在华耶稣会士列传及书目》，冯承钧译，中华书局，1995年。

② 《汉语札记》的拉丁文本附录的是"汉语诸音总索引"，列举了1445种音节，每个音节列出一个汉字及其释义。而英译本的译者则用自己总结的谐音字表取而代之，共计 528 个音节，4397 个汉字，但没有释义。

③ 此小节仅为《汉语札记》的概况，关于该书的详细介绍，参见张西平教授及其他几位作者与笔者合著的《西方人早期汉语学习史调查》（中国大百科出版社，2003年）一书。

其珍贵的原始教学资料。

德国著名语言学家、汉学家甲柏连孜（Hans Georg von der Gabelentz，1840—1893）曾对马若瑟及《汉语札记》做出过高度评价，"也许今后会有人用比马若瑟更好的方法来教授汉语，但很难再有一个欧洲人能像他那样全面地理解汉语的精髓和鉴赏中国文学的内涵……在我看来，这一点就是《汉语札记》一书永恒的价值所在"①。

（一）首部完整的汉语综合教材

明清之际的来华传教士出于传教目的，需要了解中国文化，学习中国的语言文字，然而当时却缺乏适合的教科书。不少人一到中国，就急于寻找一本中西文对照的字典作为工具书来帮助学习。针对这种情况，马若瑟多次强调仅靠几本字典是学不好汉语的，本着为后人学习铺路的目的，他潜心编写了这部作品，"我用拉丁文写成这部书，为的是让所有的传教士和对汉语学习有兴趣的人使用它，无论国籍，都能从中受益"（Lundbœk，1991）。

在创作《汉语札记》的过程中，不管是在欧洲，还是在中国，可供马若瑟参考的范例屈指可数。在他之前，仅有传教士万济国（又名瓦罗，Francisco Varo）撰写的《华语官话语法》（*Arte de La Lengua Mandarina*）②一书，1703年在广州出版，该书主要从拉丁语法的原则出发来分析汉语口语，书中没有汉字。而当时中国本土尚无一本适用于外国人学习汉语的教学课本。因此《汉语

---

① Lundbœk, K. *Joseph de Prémare (1666-1736). S. J. Chinese Philology and Figurism*. Aarhus University Press, 1991.

② 《华语官话语法》中译本已由外语教学与研究出版社2003年出版。

札记》的问世，填补了西方人学习汉语在综合教材方面的空白。

《汉语札记》一书综合了文字、语音、词汇、语法、修辞各方面的知识，安排内容时，首开明确区分文白两种语体的先河，把汉语分成口语和书面语两部分加以论述，先讲授"活语言"——官话，再过渡到古汉语——文言文，逐一细述了汉语的特点，第一次完整地向汉语学习者展现了中国语言的全景式图画。

在编写时，马若瑟采用口语与书面语分阶段侧重的体例，遵循了外语教学循序渐进的原则，从中已然可见现代编写对外汉语系列教材的雏形。口语部分（初级阶段）强调发展听说能力（类似今天短期培训或学历教育低年级的"生活汉语"），学习重点在理解中国人说话以及如何正确表达自己。例文选用当时流行的通俗小说和戏曲中的语言材料，十分生动、上口；为了方便初学者，每个例句后附有拉丁字母注音及释义。[①] 书面语部分（中高级阶段）则以培养读写能力为主（类似今天学历教育中高年级的汉语言专业），例文逐步删去注音和释义，只保留汉字，选取的是历代典籍中的名篇名章，语言精练，文学色彩浓厚，目的是教学生模仿古代作者的风格进行写作。此外，他还指出了在课本后加上按字母排序的索引的重要性，"那么即使是零散地分布在书中各个角落里的细枝末节，都可以毫不困难地查找"。

《汉语札记》在出版前，曾以手稿的形式在欧洲汉学家间流传，后由新教传教士马礼逊（Robert Morrison，1782—1834）[②] 于

---

① 英译本已将拉丁文翻译成英文，注音也改为译者裨雅各所处时代的汉语注音。

② 马礼逊，英国伦敦会传教士，马六甲英华书院的创办人，中西历史上第一部公开出版的英汉对照字典《华英字典》（1823）的著者。

1831年在马六甲英华书院正式出版该书,作为传教士学习汉语的教材,而当时"侨居中国求精研华语之人,不惜以重价求之,致成罕观"(费赖之,1995)。可见,尽管历经百年,该书的教学价值仍然弥足珍贵。

作为一部完整的汉语综合教材的开创之作,《汉语札记》为后来者编写教材提供了可供参考的范例和大量的素材,法国著名汉学家雷慕沙(Abel-Rémusat,1788—1832)①在法兰西学院教授汉语时,曾利用它来编写著名的《汉文启蒙》(Élémens de la Grammaire Chinoise,1822),该书在《汉语札记》的基础上所构建的汉语教学语法,受到了广泛的承认和肯定,从而再次佐证了《汉语札记》对世界汉语教学史的贡献。

(二)回归中国语言本质,重视学习汉语独有的特点

早期对外汉语教材的编写者或为来华传教士,或为欧洲本土的汉学家,这些教材大都自然地沿用了希腊语言学的传统,套用拉丁语法模式来讲授汉语,有时反而可能影响了对汉语内在结构的真实认知。而与它们不同,《汉语札记》是第一部试图从中国语言本身来介绍汉语,进而分析并构建汉语语法体系的教科书,首创之功不可磨灭。

马若瑟通过三十余年的学习与研究,着眼于汉语与欧洲语言之"异",特别留心收集中国人习焉不察的语料,并从中发现了许多汉语独有的语言现象,而这些特点对于西方人学习汉语有着不可忽视的影响。他所关注到的问题至今仍是对外汉语教学界的热点话题,我们或许能从他对汉语的理解与分析中启发一些新的

---

① 雷慕沙,法国著名汉学家、东方学家。代表作有《汉文启蒙》《亚洲杂纂》。

教学思路。

笔者在此择其精要,以飨读者。

1. 词序与虚词

由于汉语缺乏形态变化,虚词与语序就成了汉语最重要的两个语法手段。马若瑟注意到了汉语里词序的不同,表达的意义就不一样。他明确地指出,形容词放在名词前后,意思迥然不同,如"大房子"和"房子大";"恶人"和"人恶";等等。

此外,更值得关注的是他已对中国传统语文学中"虚词""实词"的区分有所了解,在语法第一节就写道"不能充当句子基本成分的就是虚字,能够充当句子基本成分的就是实字;实字分为活字(动词)、死字(名词),虚字表现为虚词"。不少当代语言学家都承认,这种关于汉语里"实词""虚词"的划分,正是通过马若瑟在《汉语札记》里的介绍,才正式进入西方普通语言学的术语范畴。[1]

他也敏锐地捕捉到了虚词在汉语语法中的特殊作用:帮助实词表达不同的句子意思,并认为它们是欧洲人难以自觉使用的一些字,但却有助于学会说一口地道的汉语。"如果不能以中国人的方式来进行表达,那么即使发音全部正确也徒劳无用。"因此,为了让学习者全面了解虚词的功用,全书有三分之一在论述白话和文言中的常用虚词,共计117个,不光讲明各种用法,还摆出使用条件,详加例证。可以说,马若瑟是第一位向欧洲学习者全面介绍汉语虚词,并进行如此深入探讨的西方人。

---

[1] 姚小平《西方人眼中的中国语言学史》,《国外语言学》1996年第3期。R. H. 罗宾斯《简明语言学史》,许德宝等译,中国社会科学出版社,1997年。

2. "把"字句

"把"字句是汉语里一种特殊的句式,现在通常的教法都是按照"把"字句的基本结构进行句式练习,然而西方人对它的运用一直以来都存在畏难情绪,很多欧洲学生可以正确地完成课堂句型练习,但在日常表达时则往往避开"把"字。

马若瑟专有一节讲"把"字,但有趣的是并未给学习者归纳出基本句式,却采用了介绍"把"字由动词转化为介词的过程来进行分类的方法。他指出第一类里的"把"还有较多动词含义,强调和手有关系的动作,例如:"把纸儿扯得粉碎""把他拉到房内"。第二类的"把"更多地用于指示后面动词表示的动作,例如:"把我们的生意弄得这样冷淡""把他灌醉了"。这说明"把"的介词含义明显增强,动词义项开始减弱。到第三类,他介绍"把"与"看、视、当"等词组的固定搭配,如:"把金银视为粪土""把那贼子当作好人"。最后引入"把"做量词的用法,用于表达手中的物品,如:"一把伞""一把菜""一把刀"等。

由此可见,马若瑟没有孤立地讲"把"字句,而是挖掘其功能性的转移过程,从语义角度来揭示"把"的用法,似乎更贴近学习者的认知过程。这是否能成为我们今天"把"字句教学的一个突破点,进而激发起学生使用"把"字句的内在动力呢?

3. 汉字

和欧洲的字母语言不同,汉字是中国语言文字的一个特色。马若瑟注意到了汉字与语素的对应关系,"每个汉字都有其确定的含义,因此有多少字就有多少词";汉字是非字母文字,"自身不表示本字的发音或声调,只表示形象和语言符号,它针对的是反映在头脑中的印象,而不是关系我们的听觉"。

因此他总结出对汉字的学习必须音、形、义三者同步，不能有所偏颇，因为虽然用欧洲字母给汉字注音的方法有助于记忆汉字的发音，但由于汉字有众多的同音异义字，如果不记字形，那么几天后就无法推断用注音法所记的文句含义。我们在今天的汉字教学中，完全可以借鉴这些经验，鼓励学生尤其是欧美学生摆脱对拼音的依赖，从整体上去掌握和理解汉字，从而提高对汉字的认读能力。

在马若瑟看来，汉语的这些特性决定其教学不能套用学习欧洲语言的传统，故而他力图从中国语言的事实出发来进行阐释和解说，尝试为欧洲人总结出适宜的汉语学习方法，告诫学习者不要受制于西方的语言学理论，鼓励他们解放自己的思想，摆脱本国语言的影响。

他曾在书中公然宣称要告别拉丁语法，不想将其运用到汉语中；而且也确实在编写时实践了自己的理论。与那些拘泥于印欧语法来介绍与研究汉语的著作相比，这一点尤显可贵。这样一个大胆而革新的编写构想，在四百多年来西方人编写的数百部汉语教材中极为鲜见；直到今天，反观我们的对外汉语教材编写，是不是就真正从汉语自身特点出发，不再生搬硬套西方理论了呢？当我们重新审视这部作品时，不得不承认马若瑟的良苦用心对当今教材和教学参考书的编写思想仍有启发作用。

（三）第二语言习得的宝贵经验

早期对外汉语教材都具有一个共同特点，即编写者不是以汉语为母语的教师，而是第二语言的习得者，他们均从自身体会出发，向读者们分析了学习过程中遇到的困难，总结了汉语学习的普遍规律。《汉语札记》也不例外，书中就介绍了不少实用的汉语学习方法，为研究西方早期汉语教学提供了珍贵的一手资料。

其中，马若瑟主张学习汉语的方法应是重实例而轻规则，书中例句 1.2 万余个，且大都按一定的句式结构归类。他反对在学习之初强加给学生很多望而生畏的语法规则和术语，提倡通过大量例子来学习汉语。因为单纯学习规则显得冗长且乏味，而由实例入手，则使学习的途径变得便捷。马若瑟所强调的正是在语言材料中把规则具体化，让学生们从真实的例句中体会活用语法规则，从而达到培养学生外语能力的目的。他还强调了目的语环境和实际运用对学习第二语言的重要性，指出加强与中国人的日常交流有助于外国人提高学习的主动性，以便迅速掌握汉语的交际运用能力。此外，他还注重结合文化进行教学，不光介绍汉语语言本体的知识，还通过旁征博引古典文学的名家名篇，以及小说和戏曲中的生动表达，介绍了汉语植根的中国文化土壤，包括中国人的价值观念、风俗习惯、文学艺术等等。

由此，我们可以了解到《汉语札记》是第一部由西方人编写的汉语综合教材，在西方人编写汉语教材的历史上起到了承上启下的作用，在世界汉语教学史上应该占有重要的地位。该书的优点在于以丰富的语言材料为基础，以一个语言习得者求异的眼光来研究汉语，尝试贴近汉语原貌来描写汉语语法特点，提出了实用而富有教育意义的学习建议。无论是汉语的教学者，还是学习者，都能从中获益匪浅。作为 21 世纪的对外汉语教育者，我们应该大力发掘类似《汉语札记》这样的第一手史料，它们为我们提供了珍贵的研究材料，对当今的汉语教学也深具启示作用，值得我们借鉴和吸收。

第三节　日本明治时期的会话教材[①]

日本明治时期北京官话"会话"课本数量庞大，对当时的北京官话学习与教学产生了极其深远的影响，可以认定，它是日本明治时期中国语教科书的"范型"和"缩影"。与北京官话"会话"课本直接相关的是教学理念上的"会话中心主义"的盛行，最大限度地发挥了语言教学应用的功效，迄今仍被一些人视为日本中国语教育史上的一段华章。我们拟从"会话"课本类型和出现原因、教学选择、语言应用、地位与影响几方面加以探讨，力图阐释长期以来人们一直关心的有关日本明治时期北京官话"会话"课本的一些基本问题。

一　日本明治时期北京官话"会话"课本的类型及出现原因

（一）日本明治时期北京官话"会话"课本的类型

日本明治时期（1867—1912）北京官话教科书名称带有"会话"字样的不少，依据六角恒广《中国语关系书书目》[②]可以看到有五十六种（详见附录）。这些"会话"课本以教学语言是否存在两种或两种以上语言来看，可以分为。（1）单纯北京官话"会话"，如东洋学会《清语会话速成》。（2）两种语言对

[①] 本节摘自李无未、陈珊珊《日本明治时期的北京官话"会话"课本》，《世界汉语教学》2006 年第 4 期。

[②] 六角恒广《中国语关系书书目》，日本不二出版，2001 年。

比的"会话",如田中正程译《英清会话独案内》、木野村政德《日清会话——附军用语》。（3）三种语言对比的"会话",如军山主人《中日英三国会话》。（4）四种语言对比的"会话",如通文书院《日俄清韩会话自在》。以专门领域学习为目的而言,可以分为:（1）商用"会话",如中岛锦一郎《日清商业作文及会话》。（2）军用"会话",如汤原景政《军用日清会话》、善邻书院《支那语速成军事会话》。（3）通用"会话",如西岛良尔《日清英三国会话》。（4）民俗"会话",如冯世杰、野村幸太郎《北京官话清国风俗会话篇》。以语言对象而言,可以分为:（1）发音"会话",如江口良吉《清语参考发音及会话》。（2）工具书"会话",如铃木畅幸《日华会话辞典》。（3）语言类集"会话",如金岛苔水《日清会话语言类集》。（4）笔谈"会话",如铃木道宇《笔谈自在军用日清会话》。

还有一些课本虽然没有"会话"字样,但却以"问答""谈论"面目出现,应该属于"会话"类教科书之列。比如金国璞、平岩道知《北京官话谈论新篇》（积岚楼书屋,1898）、濑上恕治《官话问答新篇》（上海,1899）、金国璞《华言问答》（文求堂,1903）、孟繁英《华语教科书商贾问答》（自印,1905）、孟繁英《华语教科书商店问答》（自印,1905）、文求堂《北京官话清国民俗土产问答》（文求堂,1905）、濑上恕治《日文对照官话问答新篇》（东亚公司,1907）等。

有些教科书名目既没有"会话"字样,更没有"问答""谈论"说法,但它的形式安排还是以"会话"模式出现,比如吴启太、郑永邦《官话指南》（杨龙太郎出版,1882）正文四卷都是问答形式的会话,其中两卷还以"应对须知""官话问答"为题目。

日本明治时期有一些综合形式的北京官话教科书,安排了"会话"形式,也是不可忽视的。比如广部精《亚细亚言语集支那语官话部》(自印,1880)卷三"问答"十章、卷四"谈论"五十章、卷五"续谈论"五十二章;吴大五郎、郑永邦《日汉英语言合璧》(可否茶馆主人发行,1888)的第三部分就是会话;宫岛大八《支那语自学书》(善邻书院,1900)在最后列七十句的问答。

(二)日本明治时期北京官话"会话"课本出现的原因

首先与《语言自迩集》的传入存在着直接密切的关系。《语言自迩集》(1867,本节参考北京大学出版社2002年版)第四章就是"问答章",有十节;第五章是"谈论章",有一百节,其中不少属于"问答"形式。广部精《亚细亚言语集支那语官话部》编译《语言自迩集》,"问答"部分主要抄自《语言自迩集》第四章"问答章",这无疑对后来的日本北京官话"会话"教科书的编写产生了非常重要的影响。六角恒广肯定地说:"1886年以后,面向欧美人的中国语会话书出版了很多,也使学习中国语的欧美人不断增多。读了那些日本人的学习书《官话指南》和《北京官话谈论新篇》后,我们能够看到欧美人的中国语学习书所给予的间接影响。"[1]

其次与日本"唐话"课本的编撰传统有一定关系。以冈岛冠山(1674—1728)编辑的《唐话纂要》(1716)为例,现代会话形式已经出现,比如《唐话纂要》卷四"长短话"就有一些"问答"式的会话内容。比如《补集》第一卷[2]:

---

[1] 六角恒广《中国语教育史稿拾遗》,日本不二出版,2002年。
[2] 六角恒广《中国语教本类集成》补集第一卷,日本不二出版,1998年。

前日从街上走过，不意撞着你的阿兄，遂邀他到一个去处，去吃了半日酒，讲了一会话，因闻说你曾患了时病而卧了几日，至今未尝全愈，故此今日特来问你，未知还是怎么样？／多谢老爹下顾！晚生虽有小疾，亦不足为忧。况且昨今是更觉耐烦些，想必两三日便好了。那时即当躬行拜谢！

二　日本明治时期北京官话"会话"课本的教学选择

日本明治时期北京官话"会话"课本的编撰，出于适应日本人学习北京官话的需要，从教学的角度上考虑，贯彻的是"会话中心主义"原则。

（一）会话教学内容的分类与选择

以田中正程译《英清会话独案内》（1885）[1]为例，它对会话内容进行了分门别类，主要有"新年之部""钟表师之部""马车之部""日课之部"等二十四部。最后，专门设"兵要常语"，代表了作者会话教学内容的选择意识。把军用会话放在突出的位置，这是不同寻常的，说明编者对进行军事上的北京官话教学内容的重视程度。日本军国主义者在中日甲午战争爆发十年前就如此做训练"会话"的精心准备，确实是让许多学者感到意外，比如：

听说那两国要失和？恐怕是要决裂，光景是要动武。说合不开就得打仗。／还没有定规开仗的日子了。

---

[1] 六角恒广《中国语教本类集成》第一集第二卷，日本不二出版，1991年。

汤原景政《实用日清会话》（1905）[1]分为四编，其中前三编是会话。第一、二编的教学内容分类与选择是：第一编，侦察及斥候、宿舍、情报、征发，第二编，短句、邮便、铁道、时间、食事、问路。第三编总的标题是：杂话问答。

文求堂《北京官话清国民俗土产问答》（1905）[2]以"民俗土产"专题为会话内容，由于它具有直观的地域性分布特点，所以分类也是按奉天、直隶、江苏等十九省来分的。在大类下，其小类则按官府、官员、民俗、土产来区分。有时在具体谈到每一个小类的内容时还对各个省内部的地域情况加以介绍，比如直隶，还区分保定、承德、永平、河间、天津、正定、广平、大名、宣化地区加以说明。

六角恒广《日本中国语教学书志》[3]介绍了金国璞《北京官话士商丛谈便览》（1901）[4]，此书上卷为五十章，下卷也是五十章。全书内容以两个人简短对话的形式构成，例如：

> 你现在用什么功哪，你在那书院里用过几年的功？/我用了五年的功。到如今，英国话还是说不好。在贸易场中打头是会说话要紧。

各章之间的话题没有特别的关联性，都是进出口情况、坐船从神户到东京、禁止秘密兵器贸易、生丝行情下落等商贸内容。

---

[1] 六角恒广《中国语教本类集成》第六集第一卷，日本不二出版，1996年。
[2] 六角恒广《中国语教本类集成》第六集第二卷，日本不二出版，1996年。
[3] 六角恒广《日本中国语教学书志》，王顺洪译，北京语言文化大学出版社，2000年。
[4] 六角恒广《中国语教本类集成》第一集第四卷，日本不二出版，1991年。汉语只有上卷，日语上、下卷均有。

如果一定要分类的话，我们可以看出，各章还是围绕一个中心话题来进行的。比如第一章是"学英语"；第二章是"英国馆学生"；第三章是"考察风俗"；第四章是"到哪儿去"；第五章是"烟台口岸"；第六章是"行程安排"；第七章是"看新闻纸（报纸）"；第八章是"进出项钱"；等等。总的来看，分类没有跑出商业贸易这个专门会话主题。作者的各个类别教学内容的选择看似随意，其实是用心良苦。

（二）会话教学对象的确定与选择

会话教学对象的确定与选择和教师最初的编写宗旨存在着十分密切的关系。比如金国璞《北京官话士商丛谈便览》（1901）肯定是作者为东京外国语学校清语科学生学习需要而编写的。它不适用于初级班学生，而适用于有一定北京官话语言基础的学生，所以，教学对象一定是中级班学生。金国璞、平岩道知《北京官话谈论新篇》（1898）也是如此，定位于中级北京官话。

粕谷元《日清俄会话》（1904）[①]设置"短句""出外""旅行""客店""宿屋""拜客""访问""散步""溜打""军事"等部分，很明显，教学对象是没有更多基础的初级班学生。作者是陆军大尉，教学对象与军事人员也肯定有关系。"军事"会话内容占比重比较大，涉及攻击、防御、守备、出发、宿营、露营等军事行动环节。如果不与军人有关系，教科书中军事上的会话内容是没有可能居于这么重要的位置的。米村胜藏《对译日露清韩会话》（1903）[②]扉页上，对会话教学对象直接点明"军人商

---

① 六角恒广《中国语教本类集成》第十集第二卷，日本不二出版，1998年。
② 六角恒广《中国语教本类集成》第十集第二卷，日本不二出版，1998年。

人必携",但还是属于初级会话范畴。

(三) 会话教学方法的使用与选择

会话教学方法的使用与选择往往取决于作者的编写侧重点如何。以语言要素而论,如果侧重于语音标准化,那么在语音上的教学安排就细致或加大比重;如果侧重于词语掌握,那么在词语上的教学安排就细致或加大比重;如果侧重于语法掌握,那么在语法上的教学安排就细致或加大比重。

米村胜藏《对译日露清韩会话》(1903)"例言"清楚地说明,普通会话以外的军用会话占有一定的比例,主要是基于当时日俄清韩的政治军事时局变化需要。由此,作者教学安排主要放在了词汇与句式的教学方法使用上。具体来看,每一个词语与句式都标上日俄清韩的实际读音,强调学习者的广泛性与适用性,在比较中凸显教学的效应。

还以粕谷元《日清俄会话》(1904)为例,作者十分看重语音在会话上的作用,所以,在语音符号的使用上讲求科学化,使学习者准确地掌握北京官话语音。作者在"清语凡例"中强调指出,日本人学习北京官话最困难的是发音和四声。如果仅靠老师传授发音的技巧,难免有隔靴搔痒之感,而借助于语音符号注音,则可以解决实际问题。为此,作者详细介绍了表示四声的符号,并与英语语音对比,说明汉语发音的特点,还就北京官话中比较特殊的"儿化"等问题提出了一些具体意见。按照这种教科书上的要求,教师的北京官话发音的教学方法也要做适当调整,图示法、比较法、导入法等方法的利用则是一种十分自然的选择。

以情景上的制造而论,如果强调会话的人物合作默契,那么就会在会话情景安排上下功夫;如果强调会话结构关系的多样性,那么就会在会话情景类型转换的节奏上做适量调整,力求表现一种逻辑性的力量。

我们认为,金国璞、平岩道知《北京官话谈论新篇》(1898)属于在会话情景安排上下了功夫的课本。它的每一章都是在一种比较和缓而平静的情景中展开的,提问者有问题,但不咄咄逼人;回答者认真思考,但不卖弄,而是对提问的回答娓娓道来。如:

我听见说,贵国北京同文馆近来添设日本国话学堂,是真有的事情吗?/不错,是,是有其事。从去年秋天添设贵国语言馆,名曰东语馆。也和别国语言馆规模是一样。

而汤原景政《实用日清会话》(1905)的会话情景类型转换呈现结构关系多样性:

1. 询问—回答方式。询问主动、被动回答的情景:

问:这条道是上那儿去的?答:上奉天去的道儿。/问:离这儿多少里地?答:有二百多里地。(侦察与斥候)

2. 询问—回答—反馈多部式。询问主动、被动回答转向主动的情景:

问:您是做官的吗?答:是,我是做官的。/问:这儿出甚么货?问:你要甚么东西?答:我要的是军粮。(征发)

3. 多次询问—规劝、预设结果—回答式:

问:你是中国人怎么给俄国效力呢?岂有此理?问:你不顾父母妻子么?/答:您瞧天底下没有不顾的人哪!问(规劝、预设结果):那么,你快说实话罢!你不说我要你的命。答:老天爷知道我的心,我没撒过谎!

会话情景结构关系安排的多样性，决定了会话教学上的方式就不能拘于一格，应该灵活多变，在使用与选择上才具有更广阔的施展空间。

日本明治时期长达四十四年，会话教学不是一成不变的，从变化的角度看会话课本的教学选择能够使我们对明治时期会话教学有一种更为深刻的认识：

第一，会话教学内容选择的分类与变化。足立忠八郎《北京官话实用日清会话》（1903）[①]设有"短句门""谈论门"两部分与会话相关的内容，比较能够体现该书教学内容选择特点的是"谈论门"。"谈论门"区分四十三类会话内容，比如：中国语、学校、时刻、暇乞、乘船、航海、上陆、汽车、旅馆、入浴、理发、料理店、散步、借家、转宅、访问、年礼、打探军情等。与田中正程译《英清会话独案内》（1885）的二十四部相比，可以明显地看出，十八年间会话内容的分类与选择发生了很大的变化。像学校、汽车等内容，是过去不曾进入中国人日常生活的词语，但在此时已经不是很新奇的词语了。

第二，会话教学对象选择的确定与变化。六角恒广谈到，东京外国语学校汉语学科成立的第一年（1872年）没有"话稿"（会话）这门课，1873年才开设，而且还是给下等二级、下等一级学生开设，因为第一年会话还不行。下等二级、下等一级相当于今天的中级，而初级则是下等三级、下等四级。上等一级、二级（高级）也开设会话课。1876年，东京外国语学校从南京官话教育向北京官话教育转变，"话稿"（会话）课的安排还是没有变。课

---

① 六角恒广《中国语教本类集成》第六集第一卷，日本不二出版，1996年。

本主要是薛乃良编《眉前浅话》（写本，1877）与《语言自迩集》的"谈论""问答"章。1876年9月，学生只有二十七人，数量很少，全日本也是一样，但"话稿"（会话）在整个北京官话教育中的地位则上升了，表明"话稿"（会话）逐渐成为日本北京官话教育链条上的主要一环。

《亚细亚言语集支那语官话部》（广部精，1880）、《官话指南》（吴启太、郑永邦，1882）和《北京官话谈论新篇》（金国璞、平岩道知，1898）出版后，教科书编写规模迅速扩张，会话课本的出版也得到了空前的重视。外部因素，像日本参谋本部派遣留学生到中国，各类中国语学习机构与学校的建立使学习北京官话的人员范围扩大了。到了20世纪初年已经形成非常可观的规模。

1900年善邻书院附设支那语学校第1号讲义录，初学者的课程安排中就有"会话门"，"会话门"内还有"问答部"，涉及"会话入门""一般会话""商业会话""兵用会话"等内容。初级班学生也要学习"会话"，这是一个教学方式上的转变。[①] 因此，可以认为，明治中后期出版的北京官话"会话"课本，教学对象一定也面向初级班学生，只不过"会话"课本的句式要求简单一点儿，内容要求单一一些。

第三，会话教学方法选择的使用与变化。我们看到，最初的东京外国语学校北京官话会话教学，所强调的是一般的会话技能与方法的掌握。但随着日本北京官话学习的人员范围扩大，目的也各不相同，就要求会话教学方法灵活多样。

---

① 六角恒广《日本中国语教育史研究》，王顺洪译，北京语言学院出版社，1992年。

一是会话课本编撰体现的教学方法多样化,不能过于单调。平岩道知《日华会话荃要》(1905)[1]考虑到会话基础是掌握一定数量的词汇,所以设"单语之部",并在"凡例"中强调"读者幸先熟读左记之单字,然后学习本书(会话)"。会话是学习的主体但必须有其他知识做铺垫,除设"单语之部"外,作者还专门设"日本字音谱"与汉语语音对比。在"附录"中还列有日本和中国的地名、货币以及日语语法内容,目的还是帮助学习者更好地提高会话能力。课本编撰者教学方法上的语言比较意识得到了切实的体现。

二是会话课本编撰适应的教学对象内容多样化,进而使得教学方法更加灵活机动。比如中岛锦一郎《日清商业作文及会话》(1907)适应专门的商用北京官话教学需要,既有商用公文写作要求,还有商用会话所应具有的情景设置,这是过去难以比拟的。而冯世杰、野村幸太郎《北京官话清国风俗会话篇》(1905)[2]则以春夏秋冬四季为一级主线,将四十八个三级会话小题囊括在内,"附录"还有十二章会话,分别是"介绍、诀别、行程、寻人、拜客、时令"等题目,涉及内容有的与三级会话小题相重合,但各有所侧重。四十八个会话小题题目都是单字,比如:"喜""乐""欢""唱"是"孟春"次一级范围内的。例如"喜":

甲:哈,新禧!新禧!/乙:啊!新禧!/甲:怎么着?就在这儿给您拜个年儿罢!/乙:不敢当!见面一说就是了。

《北京官话清国风俗会话篇》(1905)的编排,无论是内容

---

[1] 六角恒广《中国语教本类集成》第六集第一卷,日本不二出版,1996年。
[2] 波多野太郎《中国语文资料汇刊》第五篇第三卷,日本不二出版,1995年。

选取还是归类，体现的教学原则很富于逻辑性，次序谨严。教学方法的运用也是很成熟的，词语注释、会话分类等改变了过去那种生硬而牵强的做法。

三 日本明治时期北京官话"会话"课本的语言教学应用

日本明治时期北京官话"会话"课本的编撰，说到底是北京官话"会话"语言的教学应用问题。有关北京官话"会话"语言的教学应用包括两个方面，一是北京官话"会话"语言教学的理解，二是北京官话"会话"语言教学的掌握。从当时课本的编辑实际来看，我们认为考虑得相当细致了。

（一）对北京官话"会话"语言教学的理解

北京官话"会话"课本的编撰，是以当时人们实际的会话"原型"为基础的。会话"原型"的功用在于把人们所要表达的基本意义能够按照一定"互动"与"对话"模式概括出来，是人们学习一种语言必须掌握的语言形式，只有掌握了这种语言形式，才能够掌握这种语言。当人们认识到会话的这种功用之后，必然对实际的会话"原型"进行分析，总结规律，并把它应用到语言学习中来。从某种意义上讲，北京官话"会话"课本的编撰，都是当时人们对北京官话实际的会话"原型"进行抽象分析的结果。同时，也是人们认识与研究北京官话会话教学的有效反映。

我们已经无从详细考察当时学者是如何收集与分析北京官话会话材料的。但可以肯定的是，"会话"课本的编撰者一定参与了北京官话会话的各种收录活动。通过收录，对北京官话会话有了更进一步的认识以后,根据自己的判断与研究目的,进而对收录的材料进行加工取舍,成为"会话"课本的基本样式。

日本明治时期北京官话"会话"课本所蕴含的对北京官话"会话"教学理解的理论与方法需要认真加以总结与概括,我们认为有这样几点不可忽视:

1. 注意教学上会话结构的完整性与多样性。像《官话指南》(1882)属于明治中期发表的课本,四章基本上都是会话。"应对须知"一章,会话句式或简单或复杂,但构成会话的形式都讲求完整性与多样性。比如:"您纳贵姓?""贱姓吴。"是询问—回答方式,也是用得最多的方式,但构成完整的结构。又如:"您纳这一向好。我有件事托你办办!""甚么事请你说罢!""我记得前天新闻纸上记载……"是请求—回答兼提问—陈述方式。再如:"我想到那儿逛逛,就是我一个人又懒怠去。""我也想去逛逛,因为没有伴儿不高兴。既是这么着,咱们俩一同去好不好?"是愿望—响应而提出建议方式,也是一个完整的形式,不拘于一格,变化多端。

而郑永邦等《日汉英语言合璧》(1888)[①]有的会话则是另一番结构:虚拟完整,单向问答。如:

> 甲:告诉掌柜的,把我的帐开出来。乙:——/甲:我的帐还没开出来了么?乙:——/甲:给我瞧瞧!乙:——/甲:总共多少钱?乙:——/甲:这算的过于多了。(297页算帐)

表面上"甲"没有合作者"乙",即"乙"是空位;"甲"的语言又是不连贯的,但我们加上虚拟的"乙",并想象着"乙"

---

① 六角恒广《中国语教本类集成》第一集第二卷,日本不二出版,1991年。

与"甲"完成这个会话过程,就会得到一个完整的结构。从这个意义上说,这个会话过程设计是符合交际上的双向性合作原则的,意图十分清楚。

2. 往往体现比较明确的教学上会话语旨以及语旨之间的关联。田中正程译《英清会话独案内》(1885)"师弟部"有七个"会话过程",第一个"会话过程"语旨,即会话用意,是表达与沟通学习"清语"的愿望和时间:"我要学清国话,请教先生。""从多嗒学?""从前年的秋天学起了。"第二个"会话过程"语旨是交流有关字典的信息。第三个"会话过程"语旨是学习"清语"从"口音"入手,并需要下功夫。三个"会话过程",似乎没有逻辑上的联系,但都围绕着一个中心语旨,即"师生学清语"展开的。次一级语旨的关联是由"师生学清语"连接起来的。

3. 强调具体语境中的教学会话效应。足立忠八郎《北京官话支那语学捷径》(1903)[①]"谈论"部分属于日常"会话"编,有十章。比如第一章:

> 久违,久违!您这一向好啊?/托福,托福!阁下这一向倒好?/承问,承问!您请坐!/阁下请坐!老没见了!/我这几天公事很忙,而且有一点儿不舒服。/啊!现在怎么样?今天可好,打算出门逛一逛。

这是一种面对面的问候与寒暄的语境,疑问、感叹语气频繁出现,构建了一个十分明晰的对话场景。通过对话场景把问候与寒暄的气氛烘托出来了,收到了非常明显的效果。说明作者在设计这个对话场景时,考虑到了如何再现实际交际情景。

---

① 六角恒广《中国语教本类集成》第一集第四卷,日本不二出版,1991年。

4. 会话语句的选择与专门教学目标的结合。还以足立忠八郎《北京官话支那语学捷径》（1903）为例，"谈论"部分"会话"的编制是为实现教学目标服务的。那么它的教学目标是什么呢？"例言"提到：北京官话流行于中国上流社会，所以要能使学习者掌握北京官话，并能够自由运用北京官话与上流社会人士交流。"会话"的设计也一定以上流社会流行的北京官话为基准。很显然，《北京官话支那语学捷径》（1903）"会话"的教学目标就是让学习者掌握北京官话"会话"的基本要领。为达到这个教学目的，会话语句的选择就显得十分必要了。请看第三章：

> 昨天那支船里卸下来的那些军火都是打哪儿运来的？/据说袁总督特派委员到外国买来的。/那枪炮都是在哪一国制造出来的呢？价钱也不少罢？/那里头也有英国造的，也有德国造的，可是这价钱不很贵，就是连船费带零用的钱通共算起来，也不过五千多两银子。/他们练军的兵操演的时候，都用那一样的枪炮呢？/有人告诉我说，平常操演用的都是旧样儿的枪炮，赶到了打仗的时候儿，用的都是新式的枪炮。

这一章"会话"，从句子的语气来看，有疑问句、叙述句、感叹句；从合作关系来看，"询问—回答—询问—回答—询问—回答"的对答语句重复搭配，构成了得体的结构形式。词语的选用也合乎上流社会雅致的北京官话标准。

（二）对北京官话"会话"语言教学的掌握

日本明治时期北京官话"会话"教学规定了学习者最终达到的"会话"能力标准。

1. 学习者应该掌握一定数量的"会话"类型。有学者认为现代汉语对答类型有十五种,即致意、告别、呼唤、询问、道歉、祝愿、介绍、建议、陈述、感谢、提供、指责、赞扬、要求、祝贺。[①] 按照这个类型分析,我们对冯世杰、野村幸太郎《北京官话清国风俗会话篇》(1905)进行调查,十五种类型都已出现,这说明一百年前的北京官话"会话"类型与今普通话基本一致。同时,也可以认为,"会话"编辑者的教学要求也是与此相适应的,即当时学习者应该掌握这十五种"会话"类型,否则,难以符合会话标准要求。考核与鉴定北京官话"会话"能力也一定与此挂钩。

2. 学习者应该掌握一定数量的"会话"所涉及的词语、句式。每一种会话形式都蕴含着一定的词语、句式,掌握会话形式的基本前提是要熟悉与之相关的词语、句式。粕谷元《日清俄会话》(1904)先按"个数词""顺数词""时刻""方向""天文""四季""地理"等类别,列出一千二百个左右单词。以这些单词为基础,又列出了一千个左右的"短句"。这些"短句"的结构并不复杂,但它是"会话"的基础,所以必须掌握。哪些词语、句式需要掌握,各位学者看法不一定完全一致,但大部分是相同的,都是些基本的词语、句式,直接反映了编辑者的语言教学理念。

3. 学习者应该掌握一定数量的专门语境与背景知识。"会话"所涉及的语境类型如果细分的话是很多的,但从大的方面来说主要有三个,即日常交际、专业交流、涉外交涉。日常交际"会话"是指以相互沟通、彼此理解、解决问题、交友联谊等为目的的人际交往活动;专业交流"会话"是指以传播信息、展示成果、授业解惑、阐明事理等为目的的深入到专业领域里的各种"软件"

[①] 刘虹《会话结构分析》,北京大学出版社,2004年。

和"硬件"的交换;涉外交涉"会话"是指以澄清事实、获取信息、争取主动、达成协议等为目的的交谈、讨论乃至质疑、争辩。"会话"背景知识则是语境之外的文化与社会前提知识。①

在大多数情况下,日本明治时期北京官话"会话"语言教学的预设语境主要是日常交际类;专业交流不多见,反而涉外交涉的比较多,比如商贸与军事。教科书安排这些语境再现,充分考虑了各类语境的特点。比如日常交际类"会话",一定要注意面对面的交际方式、日常性的话题内容、口语化的语体表达、及时性的沟通反馈等。这些语境要素的掌握,对"会话"教学的安排起着直接引导作用,而教科书是最为明显的体现。比如冯世杰、野村幸太郎《北京官话清国风俗会话篇》(1905)仲春卯月"酒":

主:王顺!/王:喳!/主:你拿这个单子打酒去!/王:是。偺们后院不是堆着有二、三百坛绍兴酒么?/主:胡说!我叫你打烧酒,去南路。白干五斤,余外还要东西洋的酒……

这个会话属于日常交际类的生活"会话",主仆交流,话题是"打酒",北京官话口语语体,具体地点是家里。语境要素搭配完整,学生学习后,比较容易理解与掌握。

背景知识的掌握对"会话"语境的理解十分必要,日本明治时期北京官话"会话"课本编者有的能够考虑到这一点,适当提供背景知识。比如足立忠八郎《北京官话支那语学捷径》(1903)"散语下编"第十六章:

琢洲左近有六百义和团匪叫官兵杀了。/北京街上大清

---

① 胡庚申《国际交流语用学——从实践到理论》,清华大学出版社,2004年。

白日的，那团匪就随便肆行无忌，官兵并不拿他们。/城外头还有好几千个团匪聚在一块儿闹事。现在北京的情形很危险。……

足立忠八郎站在清政府和外国侵略者的角度看待"义和团"反对外国侵略的行为，所以称为"义和团匪"。对这个"会话"语境的理解必须借助于当时的历史背景知识，否则很难正确把握。足立忠八郎在会话中已经交代了一些背景知识，但还不够，需要读者阅读相关的书籍才能更深刻地把握会话语旨，这也是编者教学安排的结果。

由上可见，日本明治时期北京官话"会话"课本的编撰从语言教学的理解与语言教学的掌握上确实下了很大功夫。

四 日本明治时期北京官话"会话"课本的地位与影响

日本明治时期北京官话"会话"课本在日本中国语教科书编撰史上的地位与影响很突出，表现为：

1. 日本中国语教学史上"会话中心主义"的确立与明治时期北京官话"会话"课本的成功编撰密切相关。六角恒广在谈到日本明治时期中国语教科书编撰特点时说：当时中国语教科书"主要是'问答'一类的简单会话、'谈话'之类的有比较集中内容的对话"。而在明治时期后到1945年之前这段时间里，"教学主流都是以会话为中心，可谓之'会话主义'教育"（六角恒广，1992）。贯彻"会话中心主义"的理念，必然使日本中国语教学上的"会话"形式固定，而这其中明治时期中国语"会话"教科书编撰与"会话"教学获得的肯定，所发挥的引导作用尤为关键。

2. 以"会话"为先导，带动了日本中国语教科书编撰的形式与内容的实用化潮流，无疑给日本中国语教科书编撰带来了相当大的影响。明治时期北京官话"会话"课本类型的多样化确实是其他方面教科书无可比拟的。但有一点可以明确，就是贯穿着"实用"目的，无论是形式还是内容都是如此。比如商用"会话"与军用"会话"可以不顾及它的语言教学安排，但表现商用或军用"会话"的内容与形式是必需的，而且讲求"速成""捷径"，功利化教学非常明显。日本明治时期中国语教科书编撰，"会话"之外教科书也大多具有这种特点，不能说与"会话"教科书的影响没有关系。

3. 北京官话"会话"教科书的编撰也推动了"会话"语言教学的研究，促使"会话"语言分析理论的成熟与完善。现代学者的"会话"分析是在20世纪60年代末、70年代初发展起来的"话语分析"基础上而逐渐形成的一门科学。会话分析学派采用以经验为基础的细致的归纳方法研究日常会话，根据尽可能多的日常会话录音材料，归纳反复出现的会话模式。他们不是采用句法的规则来描写所选择的不同语句，而是把这种语句的选择看作是相互作用的结果；他们尽可能地不依赖直觉判断，强调的是实际的日常交际过程（刘虹，2004）。日本北京官话"会话"教科书编撰过程，实际上是研究北京官话日常会话模式，使之付诸教学实践的过程。他们没有宣称自己已经建立了北京官话"会话"分析系统，但却很好地运用会话分析理论研究北京官话"会话"材料，这本身就值得关注。通过对大量北京官话"会话"教科书的考察，我们已经感受到了"会话"语言教学研究的丰富性，可惜我们还没有对他们的北京官话"会话"分析理论进行系统总结。尽管如此，我们通过明治时期日本北京官话"会话"课本，已经初步认识到当时北京官话"会话"分析理论的价值之所在。它与现代汉语"会话"分析理论的许多吻合性特征，表明了它在"会话"分析理论上的先见性特点，值得特别推许。

我们站在今天"会话"教学的角度审视百年前的日本北京官话"会话"课本，可以看到它具有明显的时代局限性：

1. 过分强调"会话"教学在北京官话教学中的重要性，容易削弱其他方面的教学作用，比如词汇、语法的教学功能。明治时期一些北京官话"会话"课本虽然也从教学角度考虑，列举了与之相关的北京官话词汇、语法内容，但多是附属性教学内容，有时仅仅是工具性的摆设。这已成为明治时期大多数北京官话"会话"课本的通病。

2. 许多教科书的实用化，其实是日本军国主义侵略中国的"大陆政策"推行的产物，带来的负面影响是难以估量的，而明治以后的一些"会话"课本，尤其是侵占东北以及全面侵华战争政策施行后，"军用会话"教学走向了极端，完全失去了正常语言教育的效应。比如杉武夫编著《现地携行支那语军用会话》[①]，出版于1940年，它的第二编"军用会话"有二十八章，与第三编"军用演说"、第四编"军用布告"、第五编"军用传单"交相呼应，"侵华"面目十分清晰。"军用会话"编设置的"村落搜索""军情侦察""俘虏讯问"等章，无一不是体现野蛮军用意旨。六角恒广称1945年前的日本中国语教育"基本上服务于日本侵略

---

① 六角恒广《中国语教本类集成》第十集第二卷，日本不二出版，1998年。

中国的政治"(六角恒广，1992)，"军用会话"课本是突出的代表，一点儿也不为过。

3. 明治时期日本北京官话"会话"课本存在的其他问题也是很多的。比如六角恒广就批评："教科书的内容，多是清朝末期的中国人物出场，进行身边有关杂事的会话。""语法教学几乎不搞，而是借助于汉字字义来理解文章的意思。"(六角恒广，1992)此外，还有一些北京官话"会话"课本的"会话"不规范，以及"会话"材料的不典型等，都是影响北京官话"会话"课本质量的重要因素。

附录：六角恒广《中国语关系书书目》中五十六种带"会话"字样的课本

1. 田中正程译《英清会话独案内》，升荣堂，1885年7月。
2. 小林真太郎《明治四国会话——和支英佛》，1887年。
3. 日本参谋本部《日清会话》，八尾新助发行，1894年8月。
4. 松本仁吉《日清韩三国对照会话篇》，中村钟美堂，1894年9月。
5. 木野村政德《日清会话——附军用语》，日清协会，1894年9月。
6. 吉野佐之助《独习速成日韩清会话》，明升堂，1894年9月。
7. 坂井钯五郎《日清韩三国会话》，松荣堂，1894年9月。
8. 平岩道知《日清会话》，1894年。
9. 铃木道宇《笔谈自在军用日清会话》，山中勘次郎，1895年3月。

10. 川边紫石《日英对照支那朝鲜四国会话》，大川锭吉，1895 年 8 月。

11. 中学演讲会《支那语会话》，1899 年。

12. 西岛良尔《清语会话案内（上下卷）》，青木嵩山堂，1900 年 7 月和 11 月。

13. 冈本经朝、王鸿年《新撰日华会话编》，须藤壮一郎，1900 年 8 月。

14. 元木贞雄《日清英会话自修》，冈崎屋，1900 年 9 月。

15. 鹿岛修正《速成日清会话自修》，青木嵩山堂，1902 年 11 月。

16. 西岛良尔《对译六十日毕业支那语会话》，石冢松云堂，1902 年。

17. 米村胜藏《对译日露清韩会话》，启文社，1903 年 2 月。

18. 松云清《日清会话篇》，同文社，1903 年 5 月。

19. 清柳笃恒《新编支那语会话读本》，早大出版部，1903 年 8 月。

20. 池田常太郎《日清会话辞典》，丸善株式会社，1903 年 9 月。

21. 西岛良尔《日清会话问答》，石冢书店，1903 年 10 月。

22. 善邻书院《支那语速成军事会话》，1904 年 2 月。

23. 善邻书院《北清通用军事会话》，1904 年 2 月。

24. 汤原景政《军用日清会话》，厚生堂，1904 年 3 月。

25. 通文书院《日俄清韩会话自在》，玄牝堂，1904 年 5 月。

26. 铃木云峰《实用日清会话自修》，修学堂，1904 年 5 月。

27. 山岸辰藏《日清会话自修》，1904 年 7 月。

28. 东洋学会《清语会话速成》，又间精华堂，1904 年 7 月。

29. 粕谷元《日清俄会话》，文星堂，1904年9月。

30. 西岛良尔《日清会话助词动词详解》，石冢书店，1904年9月。

31. 参谋本部《日清会话》，川流堂，1904年10月。

32. 粕谷元《日清会话》，文星堂，1905年6月。

33. 金岛苔水《日清会话语言类集》，石冢书店，1905年7月。

34. 平岩道知《日华会话荃要》，冈崎屋，1905年7月。

35. 任文毅、高木常次郎《六十日毕业日清新会话》，积善馆，1905年7月。

36. 本间良平《适用清人日华会话入门》，深井兵治，1905年8月。

37. 冯世杰、野村幸太郎《北京官话清国风俗会话篇》，文求堂，1905年8月。

38. 汤原景政《实用日清会话》，石冢书店，1905年9月。

39. 东亚协会《速成实用日清会话》，1905年12月。

40. 西岛良尔《日清会话入门》，1905年。

41. 军山主人《中日英三国会话》，留学生会馆，1906年5月。

42. 甲斐靖《北京官话日清会话捷径》，弘成馆，1906年7月。

43. 铃木畅幸《日华会话辞典》，富山房，1906年10月。

44. 唐木歌吉、王盛春《中日对照实用会话篇》，中东书局，1906年12月。

45. 池村鹤吉《日露清韩实用会话》，1906年。

46. 西岛良尔《日清英三国会话》，青木嵩山堂，1906年。

47. 作者不详《日清英会话独修》，向荣堂，1906年。

48. 山崎桃洲《清语新会话》，青木嵩山堂，1906年。

49. 木野村政德《日清会话》，嵩山房，1906 年。

50. 谷原孝太郎《日清英会话》，实业之日本社，1907 年 5 月。

51. 西岛良尔《清瀛商用会话》，柳原书店，1907 年 8 月。

52. 中岛锦一郎《日清商业作文及会话》，广文堂，1907 年 12 月。

53. 江口良吉《清语参考发音及会话》，1908 年 6 月。

54. 足立忠八郎《北京官话日清商业会话》，金刺芳流堂，1909 年 2 月。

55. 冯世杰《北京笑语会话》，日本堂（上海），1909 年 5 月。

56. 皆川秀孝《清语会话》，1912 年。

第四章

历史上外国人所编双语学习词典

第一节 世界汉外双语词典史的缘起①

历史长河中,中国和欧洲由于语言文字的不同、时代背景的差异,辞书传统体现出不同的特点和发展轨迹。在中国传统辞书中,字书以解说文字形、音、义为目的,是中国古代传统辞书中类别最多、影响最大的一支。而从欧洲的辞书传统来看,欧洲词典在相当长一段时间内以双语词典为主。随着16、17世纪欧洲民族国家的兴起,新独立的欧洲各国为了确立自己的民族语言,通过国家行为创立国家学院(National Academy),统一或规范民族语言,在欧洲民族语言规范化进程中,单语辞书逐渐成为重要的辞书种类。②1492年以哥伦布的航海探险为标志,揭开了欧洲殖民、宗教势力进入非洲、美洲和亚洲的序幕,也为世界双语词典增添了新的成员——欧洲语言与非洲语言、美洲语言、亚洲语言对照的双语词典。

作为中世纪欧洲知识和教育垄断者的基督教教会和传教士,

---

① 本节摘自杨慧玲《世界汉外双语词典史的缘起》,《辞书研究》2011年第3期。

② Collison, R. L. *A History of Foreign-Language Dictionaries*. London: André Deutsch Limited, 1982.

有着悠久的语言学习和词典编纂传统。随同欧洲殖民者进入世界各地的基督教传教士,自 16 世纪与中国语言、文化、宗教有了一次较为密切的接触。笔者在此将要探讨中欧辞书传统在历史上的最初相遇。

一 赴菲律宾传教士的汉西词典手稿

哥伦布(Christopher Columbus,1451—1506)的大航海改变了近代世界的格局。西班牙和葡萄牙在基督教精神及政治经济利益的驱动下积极推行海外扩张,葡萄牙向东占据了美洲的巴西,印度的果阿,马来半岛的马六甲、苏门答腊、爪哇,在中国盘踞澳门。西班牙向西,得到了古巴、菲律宾群岛等地,企图以此为跳板进入中国。[1]

天主教内材料记载,随同 1564 年西班牙远征军第一批定居菲律宾的天主教传教士拉达(Martín de Rada,1533—1578)是第一部由欧洲人编纂的汉语词典(*Arte y Vocabulario de la lengua China*)的作者。[2] 然而,从拉达之后菲律宾传教士的汉语学习情况来看,拉达的汉语词典手稿似乎并未流传或被其他人使用,拉达编纂了第一部汉语词典的说法仍缺乏实据。

---

[1] 有关葡萄牙、西班牙来到中国的早期历史,参见黄鸿钊主编《中葡澳门交涉史料》,澳门基金会,1998 年;汤开建《澳门开埠初期史研究》,中华书局,1999 年;金国平著/译《西力东渐——中葡早期接触追昔》,澳门基金会,2000 年;万明《中葡早期关系史》,社会科学文献出版社,2001 年;张铠《中国与西班牙关系史》,大象出版社,2003 年。

[2] Streit, R. *Bibliotheca Missionum V: Asiatische Missionsiliteratur 1600-1699*. Ver lag: Franziskus Xaverius Missionsverein Zentrale in Aachen, 1929.

西班牙殖民者和天主教传教士与在菲律宾定居的华人及往来中菲两地的华商有了进一步的接触。据载，马尼拉城内中国人最集中的地方被划分在道明会的传教区域内，因此，道明会神父为了归化菲律宾的中国人而学习汉语。据龙彼得（Pier van der Loon）1966—1967年研究，16世纪末菲律宾的天主教神父们主要学习和使用客家方言。第一位在菲律宾向华人传教的道明会士Miguel de Benavides（1552—1605）于1587年进入菲律宾马尼拉，龙彼得认为Miguel de Benavides神父虽然掌握了客家方言，但是他读写汉语的能力极为有限，另一位传教士高母羡（Juan Cobo，1546—1592）不仅掌握了汉语口语，还能够阅读中文书籍并用中文写作。

教内学者根据高母羡及其他人的通信，认为高母羡编纂了一部汉语词典，然而也有人认为高母羡编写的是一部汉语语法书。[①]这当中存在一个问题：当时传教士们给欧洲总会或教友的通信中常常提到他们正在编写汉语词典或者语法书，但是，他们是否完成了汉语词典或语法书，是否将汉语词典和语法书公开，后人并不清楚，除非在原始文献方面有重大突破，否则多数都无法证实。

一份保存至今的16世纪末汉西词典手稿是了解早期菲律宾汉外双语词典编纂传统的窗口。这份汉西词典手稿现藏于罗马安吉利卡图书馆（Biblioteca Angelica）。封面上有耶稣会神父齐瑞诺〔Petrus Chirino（音译），1557—1635〕为了归化菲律宾的华人而学习汉语，并于1604年3月31日将此词典献给洛卡（Angelo

---

[①] José María González, O. P. 的 *Historia de las Misiones Dominicanas en China*（*1964-1966*）第五卷 Bibliografías (Madrid) 第387页宣称高母羡的 *Lingua Sinica* 是外国人编写的第一部中文语法书。

Rocca,1545—1620）的献词。①

齐瑞诺的词典是当前我们所能见到的唯一一部早期菲律宾汉语学习的手稿文献。这份汉语—西班牙语词典手稿共有83双页，每页两面，基本上都是单面写字，个别页码双面都有内容。汉西手稿词典以汉字、汉语词语和句子为中心，前几页是在汉字下标注罗马字母注音，在汉字右边标注相应的西班牙语单词；后面部分则注音在左，西班牙语对应词在右。手稿词典按传统汉字书写习惯，从上向下竖行书写；从右向左翻页。手稿词典内容的排序稍显混乱，先从"金、木、水、火、土"为偏旁的汉字入手，然后按照类属分类罗列一些常用词，后面逐渐增长至一些常用短句如"照只样做""无主意""尔要几日用""尔要若干工钱"等。最后的长句中间又夹杂几页如"忆着、今即、早间、昨晚、黄昏、明日"之类的词，随后又有几句讨债的对话，反映的是客家方言日常生活口语。

从这个相当原始的双语词典手稿，我们可以了解早期在菲律宾的天主教传教士学习汉语和编纂汉语词典的过程。当中国人指着某一个东西告诉他汉语叫什么，他就用西班牙字母记下中国人的发音，然后写上与之对应的西班牙语词。手稿词典先从日常用

---

① 高田时雄文中翻译了封面的献词："汉西辞典。这是耶稣会士彼得·齐瑞诺神父通过与在菲律宾有超过四万人居民的中国人的会话学到的语言，谨将本书献给彼得·齐瑞诺本人所尊敬的祭衣司事貌下。1604年4月30日。"高田时雄判断这部词典编纂于1595—1599年，参见高田时雄《SANGLEY语研究的一种资料——彼得·齐瑞诺的〈汉西辞典〉》，陈益源主编《2009年闽南文化国际学术研讨会论文集》，福建省炎黄文化研究会，2009年；意大利马西尼认为这部词典编写于"1595到1602年间"，参见 Federico Masini. Chinese Dictionaries by Western Missionaries. Xiaoxin Wu.(ed.) *Encounters and Dialogues*. Monumenta Serica Monograph Serices, 2005.

品及生活中常用的名词及汉语数字开始，逐渐积累汉语词汇，之后扩展到日常生活和贸易常用的简单表达和短句，然后是长句。在词典手稿编写过程中，中国人的作用显得格外重要。不仅词典的汉字全部由中国人书写，从词典的编排方法和内容来看，也都是以中国人为主导的。这部手稿词典以中国五行"金、木、水、火、土"为部首构成的字开始，分门别类地列举动物、植物、日常用语，同时还收入了汉语蒙童教材中的近义词、反义词对照表，强化内容的语义关联性，便于记忆。手稿词典中没有出现任何与基督教相关的内容，也没有收入任何与欧洲事物相关联的新词，这些都说明这是以中国人为主、以天主教传教士为辅编写的一份手稿词典。

二　入华耶稣会士编写的早期葡汉、汉葡双语词典

自1560年第一批耶稣会士到澳门定居并展开传教及其他活动后，耶稣会士陆续来到澳门。当时居住在澳门的耶稣会神父们的汉语水平非常有限，并未意识到学习汉语的必要性。首先进入中国并学习汉语的是罗明坚（Michele Ruggieri，1543—1607），紧随其后的是利玛窦（Matteo Ricci，1552—1610），他们二人合作编写了一部葡汉词典（约1583—1588）。罗明坚和利玛窦合编的葡汉词典手稿，在罗马耶稣会档案馆存放了三百多年，其作者和编纂时间不为人知，直到德礼贤（Pasquale D'Elia, S. J.，1890—1963）1934年发现了这部手稿，鉴别这是罗明坚和利玛窦的作品。1989年杨福绵又全面研究了这部葡汉词典手稿。

《葡汉词典》共收入六千多个葡语词条，按葡语词条首字母

A—Z排序。第一竖行的葡萄牙文词目既有单词,又有短语。第二竖行是罗马注音,罗明坚书写。杨福绵对罗马注音进行了细致的研究,发现罗明坚常常是客观地记录了中国教师的发音,因此这些罗马注音中掺杂了中国教师的方言音。第三竖行是对应的汉语词或短语,由中国人书写。第四竖行是意大利语的对应词,这一部分极少,仅32a—34a有利玛窦书写的意大利语对应词。《葡汉词典》收录的词和短语既有明朝官话,也有南方方言,编纂这部词典的目的是为了学习明朝官话口语。遗憾的是,这部词典并未完成。

杨福绵还澄清了另一个问题,就是除了罗明坚与利玛窦在肇庆合编的葡汉词典外,利玛窦与郭居静(Lazare Cattaneo,1560—1640)等人在旅途中还编了一部汉葡词典。[①]至今,学者们尚未找到这部汉葡词典。文中提到了北京国家图书馆的一部手稿[②],笔

[①] "神父们利用这段时间编了一部中文字典。他们也编了一套中文发音表,这对后来传教士们学习中文有很大的帮助……神父们决定,以后用罗马拼音时,大家一律利用这五种符号,为了一致,利玛窦下令,以后大家都要遵守,不可像过去那样,每个人一种写法,造成混乱。用这种拼音法现在编的字典,以及以后还要编的其他字典可以使每位传教者,都能一目了然。"参见利玛窦《中国传教史》,刘俊余、王玉川译,光启出版社,1986年。

[②] 方豪提到"国立北平图书馆曾购入《中葡字典》抄本一种,不署撰人姓氏,亦无序,大约作于顺治十七年(1660年)或次年,原为意人罗士(C. Ros)所藏。编目为22.658。此字典附有七十七位耶稣会士中西姓名等"。参见方豪《中国天主教史人物传》,香港公教真理学会,1970年。笔者在国家图书馆查看了这个抄本,是一部6.7厘米宽,10.2厘米长的袖珍抄本。词典后附录有一个1624—1688年的中国纪年表,一个从1581年罗明坚至1659年白乃心共七十五位入华耶稣会士名录,十六位中国耶稣会士名录。这个抄本词典中许多基本汉语词汇"腕、腹、肾、脏"都没有葡萄牙文对译词,与罗明坚、利玛窦的《葡汉词典》的重要特点不符,因此笔者判断,国家图书馆的这部汉葡词典不可能是利玛窦的汉葡词典,而是成书于17世纪中后期的一部词典。

者认为这部汉葡词典抄本的成书时间大约在 17 世纪中后叶。

　　罗马耶稣会档案馆收藏了一部 17 世纪早期的汉葡词典手稿。这部词典手稿的编号为 Japonica-Sinica Ⅳ 7，原封面已经遗失，现内封上粘了不到一寸宽的原封皮的残片，仅存几个烫金字母。耶稣会档案馆对何时更换原封面、原封面上有何内容没有任何记载。查阅《罗马耶稣会档案处藏汉和图书文献目录举要》（Chinese Books and Documents in the Jesuit Archives in Rome）一书，耶稣会陈绪伦神父鉴别这部汉葡词典的成书时间不早于 1625 年，因为词典中提到了景教碑，而此碑是 1625 年在陕西发现的。此外，这部词典不避清讳，称满族人"虏酋"，其他用词如"东厂、典史、卫所、里长、员领"也都是明代特有的词汇。在 1625 年至明末，编写汉葡词典的耶稣会神父只有费奇观（Gaspar Ferreira，1571—1649）和曾德昭（Alvarez Semedo，1585—1658），两人都是葡萄牙籍耶稣会士。然而，要想进一步确定这部汉葡词典手稿的作者，仅靠一个未完成的抄本和教会记载是无法实现的。

　　这部汉葡词典手稿字迹工整，从最后几页可明显看出这部手稿词典并未完成。汉葡词典约 1300 页，每页有十竖行，每竖行内有三横行的汉字词目，汉字词目上方标有读音，汉字词目下有葡萄牙文的对应词和注音形式的例词。词典中有空白条目，也有一些条目只有汉字词目而无注音和释义。据初步统计，这部尚未抄完的手稿词典约收 7228 个词条，词典总体上按汉字的注音排序，词目中既有汉字，也有词和短语，例如"水、朝水、水沟、水手、水脚、水桶、雨水、水银""猜、猜疑、猜拳""脏腑、五脏心肝肺脾肾"等，词和短语词目所占比例与汉字词目相当，以口语词为主，兼收一些书面语词。释文中有注音形式的汉语例证和葡文释义，例词较丰富。

由于这部词典抄本并未完成，不清楚原稿本是否有附录或者检索表之类的前后页材料。按注音编排汉语词典的用意在于解决听到音而不知汉字和意义的问题。对于欧洲传教士，如果熟悉这个词典的注音方案，很快就可以学会使用按音排序的词典。然而，汉语词目中的词语或短语有时会放在其中一个核心字下面，会出现因不知哪个是核心字而反复查找的情况。如"羞愧"是在"愧"这个核心字后，"打惯他"在核心字"惯"后。耶稣会汉葡词典做得较好的是，除了重复的字不重复注音，其余的字词都有注音，如不知"羞愧"在"愧"下查找，也可以通过排除法，在"羞"字下找不到而转到"愧"下查找。在当时情况下，中国各地方言殊异，即使有"官话音"，也不可能像今日的普通话有统一的标准，通过教育和媒体在民众中得以普及。因此，若没有检索表或其他检索方式辅助，按音编排的汉外词典仍会存在使用难的问题。这部词典的词目编排方式对学习汉语有帮助，如果以此词典做教材，通过学习一个核心字，很快就可以掌握它的搭配词和意义，对于扩展词汇量和记忆词汇有促进作用。

罗马耶稣会档案馆藏汉葡词典的特殊意义在于，利玛窦和郭居静在编写汉葡词典时，有意让所有入华传教士掌握并使用利玛窦、郭居静的最新汉字注音法，承载大量汉字和新注音的汉葡词典被其他耶稣会神父使用并广为流传的可能性极大，那么，继利玛窦之后的耶稣会神父编纂的汉葡词典中必然借鉴且包含了利玛窦汉葡词典的精华。因此，这部手稿词典抄本可以作为了解明末耶稣会汉葡词典传统的一个窗口。

三 赴巴达维亚传教士的荷—拉—汉词典手稿

大航海后,葡萄牙人最早发现了通向印度的航线,到达了中国海岸。英国和荷兰在 17 世纪加入了葡萄牙和西班牙的海外殖民扩张,与葡、西殖民者为争夺海外殖民地展开了激烈的竞争。凭借荷兰东印度公司的实力,荷兰人 1603 年在菲律宾巴丹建立了第一个贸易基地,1619 年占领巴达维亚(今印度尼西亚雅加达)。第一位到达巴达维亚的荷兰新教传教士赫尔尼俄斯(Justus Heurnius,1587—1651/2)开创了荷兰人学习汉语和编纂汉语词典的先河。他 1624 至 1632 年在巴达维亚传教,为了让巴达维亚的中国人在当地定居并信奉基督教,他对中文产生了兴趣。一个偶然的机会,他结识了一名懂拉丁语的中国人,跟随这位中国人学习汉语的同时,编纂了一部荷兰语—拉丁语—汉语词典。

赫尔尼俄斯的汉语知识非常贫乏。他编写词典时,先编写荷兰语和拉丁语词条,然后在那个懂拉丁语的中国人的帮助下,把拉丁语译成汉语。他在一封信中提到这名中国合作者当时在巴达维亚做教师,以前曾在澳门接受过教育,因此懂得拉丁语。这部词典是荷兰语—拉丁语—汉语手稿词典,现查明有三个稿本,一个是大英博物馆藏本 Sloane 2746,一个是荷兰莱顿大学藏本 Acad 225,另一个是牛津大学藏本 Marsh 678 and 456。戴闻达(J. J. L. Duyvendak,1889—1954)考证了词典手稿的作者,对相关人物关系做了阐述。高柏(Koos Kuiper)的研究更进一步,他对这部词典的三个版本、流传、词典文本编写等进行了探讨。① 这部词典可分为三大组成部分,第一部分是词典正文,第二部分是基督宗教内容附录,第三部分是日常生活文书附录。高柏对词典的一些条目进行了研究,发现一些荷兰词仍没有找到中文对应词;词典中的基督教术语,经常使用的是从葡萄牙文转写过来的汉字音,如 Baptismum(葡萄牙文 Bautismo)—巴第斯磨,明显借用了耶稣会的材料。此外,这部词典中和鸡蛋相关的词,四处中竟然三处都有错误,表明在转译过程中,词典作者和中国合作者出现的语言水平和沟通问题。

这部荷—拉—汉词典的附录极为丰富。笔者考察了附录中非基督教教义的部分,发现与明清时期中国民间流传的《万宝幼学须知》的内容多有重合。《万宝幼学须知》是一个集蒙童识字、写字、增广见闻、书写日常文书于一体的自学课本,给这些学习材料配上罗马注音和外文释义,堪称最佳的实用汉语学习教材。这样的附录与词典正文查检汉字的功能相结合,就构成了一个词典兼学习教材的综合统一体。

四 萌芽时期汉外双语词典的特点

原本平行发展的欧洲辞书传统和中国辞书传统,随着大航海

---

① 高柏原文 "The earliest monument of Dutch Sinological Studies: Justus Heurnius's manuscript Dutch-Chinese dictionary and Chinese-Latin *Compendium Doctrine Christianae etc.* (Batavia, 1628)" 刊登在荷兰莱顿 *Quaerendo* 35 (1-2). Brill Leiden, 2005, pp.109-139. 笔者已获莱顿博睿出版社中译版权,中译文《荷兰汉学研究的首座丰碑——赫尔尼俄斯的手稿荷—汉词典与汉—拉〈基督教概要〉》将在《国际汉学》2012 年第 1 期刊登。

后欧洲殖民者、商人、传教士的到来，形成了交叉乃至重合的一段词典史。16世纪中叶欧洲入华传教士编写的汉外或外汉双语词典，见证了这段独特的双语词典史。萌芽时期的汉外双语词典，体现出以下特点。

（一）根据传教需求选择学习的目标语言

菲律宾的天主教传教士多选择了当地华人的语言——客家话和漳州方言，而在华耶稣会士从一开始就选择了官话。其他入华托钵修会如道明会、方济各会曾经经历过从方言到官话的转变，最终，汉语官话成为大多数在华天主教士的共同选择。

（二）汉字注音方案的沿承

从罗明坚尝试用罗马字母给汉字注音开始，经利玛窦、郭居静等人的改良，利玛窦等人在汉葡词典中已经可以利用罗马字母注音方案。利玛窦还下令要所有的在华耶稣会士学习并使用他们制定的那套注音方案，目的在于保持罗马字母注音方案的一致性。1626年出版的《西儒耳目资》，沿承了前耶稣会士利玛窦、郭居静等人的注音方案，同时在中国著名学者王徵、吕维祺等人的帮助下，进一步统一了罗马字母注音方案。不仅在华耶稣会士使用这套罗马字母注音方案，万济国的注音方案与《西儒耳目资》方案的相似性表明，其他入华修会也借鉴使用了耶稣会士的注音方案。

（三）确立了字母排序法为主的双语词典编排方法

虽然赴菲律宾传教士编写的汉西词典手稿是按主题编排的，然而，大多数双语词典手稿都采用了字母排序法。外汉词典的字母排序法沿袭欧洲辞书传统的主流做法，而在汉外词典中实现字母排序却是一个创新。

中国传统的辞书排序方式以部首排序法为主，也有按音排序的音韵类辞书，但是这两种检索方式对初学汉语的欧洲传教士来说都不易使用。使用部首排序法的字典，只能解决使用者阅读中遇到的生字。使用者必须熟知汉字的构字规则，还需要有相当的识字量才能使用这类字典。按音排序并附有简单字义解释的中国音韵类辞书，也必须掌握音韵学知识和相当数量的汉字才能使用，连中国初学者都很难使用韵书类辞书。因此，入华初期的欧洲传教士并不依赖中国辞书，通常也不采用中国辞书的编排方法。从词典内容上看，中国辞书往往收入书面语字词并解释其在书面语中的含义，选取例证也有崇古倾向，不能满足刚进入中国的欧洲传教士对汉语学习的需求。这些入华传教士来到陌生的国度，需要能够解决实际生活问题的基本"口语"表达类工具书，其次才是通过书面语或口语了解中国风土人情，最终要达到用汉语向中国人传播基督教的目的。入华初期的欧洲传教士最需要的是适合初学者用的双语对照的"汉语口语词典"，同时，汉外词典还必须方便检索和使用，对字词和文化的解说也必须使用入华传教士看得懂的语言。在生活中，入华传教士经常听到或者读到一些不懂的汉字或句子，这种情况刺激了他们对汉外词典的需求，激发了此类词典的编写。

由于从第一位入华耶稣会士罗明坚时代开始，在华传教士之间就已经形成了相对统一的汉字注音方案，因此，早期词典编者利用相对统一的汉字注音方案开创了汉外词典的字母排序法，解决了欧洲人查阅汉外词典的检索问题。利玛窦与其他人合作编写的汉葡词典开启了汉外双语词典的新时代。

（四）收词量和译义等方面的发展

早期欧汉词典或汉欧词典有一个共同特点，即对应词形式的欧洲语言和汉语都是以表达为主的对应，是既有字、词，也有短语形式的对应。

从收词量来看，即使是罗明坚和利玛窦最初编写的葡汉词典，在当时很多葡语词仍找不到汉语对应词的情况下，词典的收词量也有五六千条，一些葡语词目后还有两三个同义或近义对应词。相比之下，菲律宾的汉西词典手稿以及巴达维亚的荷—拉—汉词典手稿的收词量不如在华天主教士编写的词典内容丰富，然而，这两部词典都收入了一些对话或其他材料，尤其是荷—拉—汉词典还有百科全书式的附录。

汉外或外汉双语词典中对汉字或词语的译义，多源自他们生活中的积累或者是向身边中国人咨询完成的。入华欧洲传教士在学习汉语之初，对中国助手或教师有一定的依赖性，这也是双语词典萌芽阶段的必经之途。

笔者对17世纪的葡萄牙文、西班牙文、荷兰文等欧洲文字没有深入研究，无法深究这些早期汉外词典手稿中是否都存在这样转译的情况。从历史背景来看，作为汉语初学者的欧洲传教士编写这样的双语词典，都有中国合作者，他们之间或许可以直接沟通，或许要以其他语言为媒介沟通，中国合作者的参与程度肯定也存在一定差异。在以往记录中，中国合作者往往被忽视，著者名下只有入华传教士的名字。在没有作者署名以及知识产权概念的那个时代，这种情况非常普遍。虽然我们今天很难考证这些中国作者或合作者的姓名，但是应该清楚，在汉外双语词典史上曾经有这样一批匿名中国合作者的存在，他们为汉外双语词典的编纂做出了贡献。

第二节　明清传教士与辞书编纂[①]

明清时不少基督教和天主教的传教士从欧洲来华传教，逐渐掀起了西学东渐的热潮，不仅传播了西方的宗教文化，而且促进了中西辞书编纂的交融。如明代来华的传教士利玛窦发明了基于葡萄牙语和意大利语拼写体系的汉语拉丁语注音方法和标注汉字音调系统，开汉语拼音注音的先河，现代汉语语文辞书采用的音调标注即源自利玛窦的这一发明。

来华传教士为了交际和传教不得不学习汉语，也激发了对汉外词典的需求，汉外词典适应中外交流的需要而产生，建构了中西方交流的双向知识桥梁，说不同语言的人们可以通过辞书这样的工具书形式互相学习与了解。这类辞书中有一些相当于学汉语用的字表，卫三畏在 1934 年刊行的《中国丛报》上曾提到广东佛山刊刻有《红毛买卖通用鬼话》，用汉语标示英语的读音和注释词义。此书今不存，大英图书馆藏有成德堂《红毛通用番话》与此书相似。全书分生意数目、人物俗语、言语通用和食物杂用门四类，每个门类收释 93 个词或词组，共 372 个词，以汉字标注对应英语词的读音来应付日常交往的基本需要。[②] 传教士入华之初需要的是从母语到目的语的外汉词典，而在中国生活一段时间后，要想切实解决异国语言问题，汉外词典更能满足他们求解意义的需求。为了适应交际的需要，汉外词典的功能也渐从提供

[①] 本节摘自徐时仪《明清传教士与辞书编纂》，《辞书研究》2016 年第 1 期。
[②] 周振鹤《逸言殊语（增订版）》，上海人民出版社，2008 年。

对应词求解为主，扩展到兼具汉语学习与教育的功能。汉外词典中对字形、字音、字义的全面记载是入华传教士赖以学习汉语的重要资料。这类辞书有一个共同的特点，即多以表达为主，既有字、词，也有短语形式的对应，还在设计中兼顾了使用者学习的需求。如耶稣会编的汉葡词典，通过学习一个核心词（常常充任词目或者在词目中出现，如"水、水手、雨水、水银""猜、猜疑、猜拳"等），很快就可以掌握与其相关的搭配词和用句的意义，对于扩展词汇量和记忆词汇有促进作用。

明清来华传教士编纂了数量可观的综合性双语或多语字典以及词典。明万历三年（1575 年）西班牙奥古斯汀会修士马丁·德·拉达在菲律宾编成西班牙语与闽南话对照的《华语韵编》，[1]1583 年至 1586 年间耶稣会传教士罗明坚和利玛窦合编了《葡汉辞典》。[2]1626 年，法国耶稣会传教士金尼阁为帮助西方传教士快速掌握汉语，在中国学者王徵、吕维祺、韩云等帮助下，编有采用罗马字母系统标注汉字读音的中文字典《西儒耳目资》，将 50 个元音与 20 个辅音互相结合，配上清、浊、上、去、

---

[1] 欧洲传教士从 16 世纪以来先后编有四十多部西班牙语、荷兰语、英语等欧洲语言与闽南话对照的著作，其中双语辞书二十一种。参见吴孟雪《明清时期——欧洲人眼中的中国》，中华书局，2000 年。

[2] 利玛窦可以说是西方第一位汉学家，来华二十八年中先在澳门，后至广东、南昌、南京和北京，孜孜不倦，探索汉语的规律，所撰《中国传教史》"绪论"的第五章评述汉语有其"独特的表达方式"，书面语"非常高雅美妙"，用极少的音节表达的内涵"用我们西方的长篇大论也解说不清"；所编《中西字典》《西文拼音华语字典》已科学分解了汉语的音素，把官话分为 26 个声母、43 个韵母和 4 个次音，提到汉语尚"有平上去入四声"；又与罗明坚合编《葡华字典》；著有《西字奇迹》《交友论》《天主实义》；与徐光启、李之藻合译《乾坤体义》《几何原本》《测量法义》等，介绍泰西学术，乾嘉学者江永、戴震的天文学知识皆肇自这些译著。参见刘羨冰《双语精英与文化交流》，澳门基金会，1994 年。

入五个声调记号,拼切出汉字的读音。全书按形、音、义为序编排,共分为三篇。第一篇是"译引首谱",说明文字学和译者大意;第二篇是"列音韵谱",依字的音韵排列汉字;第三篇是"列边正谱",按笔画顺序排列汉字,并用罗马字母注音。① 此后,法国来华传教士白晋编有《汉法字典》,汤执中编有《法汉字典》,孙璋编有《华拉文对照字典》和《华法满蒙对照字典》,钱明德编有《汉满藏蒙法字汇》,荷兰新教徒赫尔尼俄斯编有《荷拉汉词典》,西班牙耶稣会士齐瑞诺编有《汉语西班牙语词典》。② 据杨福绵对耶稣会档案馆所藏传教士手稿的研究,《葡汉词典》编纂目的是为了学习明代官话口语。收六千多个葡语词,既有单词也有短语,按字母排序,词目后有罗马注音和对应的汉语词条,包括单词、词组和主要选自口语的短句。③ "每个葡语词条可以有一个以上的汉语对应词条,其中的一个是口语词汇,接下来是一或几个口语、文言文的同义词。"④ 汉语对应词条有七千多个,其中短语三千多条,复音词近三千条,单音词近千条。如"烂赌钱的人、赌博之今""说谎、讲大话""矮东西、贱""不得闲、有事干、不暇""没度、律、纪纲""会做生理、善于贸易、会做买卖""勇得紧、大胆"等,从中可见当时白话口

---

① 彭敬、张相明《中国澳门地区辞典发展概观》,《辞书研究》2008 年第 4 期。
② 董海樱《16 世纪至 19 世纪初西人汉语研究》,商务印书馆,2011 年。
③ 姚小平《早期汉外字典——梵蒂冈藏西士语文手稿十四种略述》,《当代语言学》2007 年第 2 期。论及梵蒂冈图书馆藏有十四种 17 世纪至 18 世纪天主教传教士编纂的汉外词典手稿。
④ 杨福绵《罗明坚和利玛窦的葡汉词典(历史语言学导论)》,吴小新译,英文原文刊登于 1989 年第二届国际汉学研讨会论文集,修改稿收入魏若望编《葡汉辞典》,旧金山大学利玛窦中西文化历史研究所和葡萄牙国家图书馆等 2001 年联合出版。

语与文言的兴替。又如"笔直、空虚、顺从、慈悲、新鲜、烦恼、诚恳、惭愧、紧急、整齐、忧愁、聪慧、艰辛、懒惰、骄傲、惊惶、善良、危险、太平、自在、容易、饶舌、顽皮、知心、得意、慌忙、笑话"等复合词沿用至今,可见明代白话与现代汉语的传承。① 从 1575 年至 1800 年,入华传教士编有六十多种类似外汉和汉外字典的词汇集,大多为未付梓的手稿,今尚存有五十多种抄本。②

来华天主教传教士编写的汉外手稿词典的巅峰之作当属方济各会传教士叶尊孝(又名叶宗贤,Basilio Brollo,1648—1704)的《汉拉词典》,又名《字汇腊丁略解》(*Dictionnaire Chinois, Français et Latin*)。③ 其序说:"我以中国字典的编排方式编写了这部新汉拉词典。""任何人想要编这样一部汉语词典,都必然采用中国字典的方法编排汉字,因为若按照我们字母顺序法编排,当遇到不认识的汉字,很难用它查找汉字的意义,只能凭运气在词典中寻找意义。有鉴于此,本词典提供了必要的、实用的

---

① 徐时仪《论汉语文白演变雅俗相融的价值取向》,《上海师范大学学报(哲学社会科学版)》2013 年第 5 期。

② 王立达编译《汉语研究小史》,商务印书馆,1959 年。据费赖之所撰《在华耶稣会士列传及书目》(中华书局,1995 年),传教士的著述有 644 种,其中有关字典和文法的有 9 种。自 1552 年到 1687 年,传教士也译了数十部中国的经典著作,形成了"东学西渐"和欧洲第一次"中国热"。其时金尼阁专为传教士学汉语撰有《西儒耳目资》,卫匡国撰有《中国文法》,马若瑟撰有《中文概说》。此外,德国米勒撰有《北京官话辞典标本》,法国德经撰有《汉法拉丁对译字典》,俄国帕雷底阿斯编有《中俄大词典》,瑞典高本汉撰有《中文解析字典》等。

③ 该手稿又称为《汉字西译》。上海图书馆藏有抄写于 1723 年的羊皮装本《汉字西译》一部。参见杨慧玲《19 世纪汉英词典传统——马礼逊、卫三畏、翟理斯汉英词典的谱系研究》,商务印书馆,2012 年。

例证。"该词典手稿采用当时欧洲的通用语拉丁文编写,具有中西合璧的汉字部首检索和汉字注音检索体系,成功地解决了汉外词典中汉字词目的检索难题。共有两部分组成。第一部分编于1694年,以汉字部首为序,按部首检索,收录了七千多个汉字。第二部分约编于1698年至1700年,以汉字的拉丁文注音为序,按注音检索,收录九千多个汉字。[①] 参考了《字汇》《增补字汇》《正字通》《品字笺》《篇海》《字类补》等,如释"一"为"数之始","丈"为"十尺为丈"等都出自《字汇》。

1717年由于天主教传教士在祭祖拜孔等宗教礼仪问题上的做法,康熙帝下令禁止天主教在华活动,此后,雍正、乾隆也相继颁布禁教令,奉行闭关锁国之策。鸦片战争后,清政府被迫接受丧权辱国的《中英南京条约》,禁教令也被迫取消,大批传教士再次来华传教,编纂了一批汉外词典和外汉词典。如罗伯聃的《汉英字汇》,毕利干的《法华字典》,加略利的《汉语百科辞典》,马礼逊的《华英字典》和《广东土话字汇》,卫三畏的《英华韵府历阶》,麦都思的《华英字典》,罗存德的《英华字典》,翟理斯的《汉英词典》,司登得的《汉英合璧相连字典》,鲍康宁的《汉英字典》,赫美玲的《英汉官话口语词典》,富善的《北京方言袖珍词典》,马偕的《中西字典》,马修斯的《华英词典》,甘为霖的《厦门音新字典》,杜嘉德的《厦英大辞典》,蒲君南的《法华新字典》等。其中马礼逊的《华英字典》秉持实

---

① 马西尼《十七、十八世纪西方传教士编纂的双语字典》,卓新平主编《相遇与对话》,宗教文化出版社,2003年。杨慧玲《叶尊孝的〈汉字西译〉与马礼逊的〈汉英词典〉》,《辞书研究》2007年第1期。姚小平《早期汉外字典——梵蒂冈藏西士语文手稿十四种略述》,《当代语言学》2007年第2期。

用、教育和启蒙的原则，以西学融入传统语文辞书的编纂，开近代新式辞书编纂之先声。卫三畏的《英华韵府历阶》收字与体例以樊腾凤的《五方元音》为基础，注音兼顾官话、古音和主要方言，释义参照《康熙字典》，包括词源、组词和释义，涉及语言、文学、历史、地理、哲学、科学、宗教、风俗礼仪和经济贸易等学科，问世后被誉为"多年来新教与天主教传教士们工作的集大成之作"。翟理斯的《汉英词典》收汉字 13 838 个，采用改进的威妥玛氏注音法，按读音字母顺序编排，并注出多种方言读音，同形异音字互设参见项，且尤其注重文化负载词的解释，堪称 20 世纪上半叶最流行的汉英词典。富善的《北京方言袖珍词典》是当时西人学习汉语的重要参考书，收字较全，检索方便。① 又如俄罗斯东正教驻北京使团第八届使团学生加缅斯基编的《汉蒙满俄拉词典》，俄国驻京的东正教使团随团学生列昂季耶夫编的《俄满汉专题词典》，1831 年利波夫措夫编的《拉汉词典》，1867 年瓦西里耶夫编的《汉字的字形体系：首部汉俄词典试编》，1879 年波波夫编的《俄汉合璧字汇》，1888 年卡法罗夫编的《汉俄合璧韵编》等。② 这些辞书不仅仅在于有效地辅助了传教士学习汉语，③ 而且其编纂方式和体例也影响了我国近现代辞书的

---

① 董方峰《近现修西方汉英词典编纂》，《中国社会科学报》2012 年 4 月 11 日。

② 柳若梅《清代入华俄罗斯汉学家的满汉语词典手稿散论》，《辞书研究》2010 年第 4 期。

③ 马礼逊编完《华英字典》第二部分，在 1818 年 12 月 9 日给伦敦会的信中写道："我已经写完了字典的第二部分，即使是我现在死了，我也将留下一部完整的，就是这儿的人也会认为是非常有用的中文字典，供传教士和欧洲的学者们使用。"参见 Morrison, E. *Memoirs of the Life and Labours of Robert Morrison*, Vol.II. London, 1939.

编纂。

来华传教士未受儒家经学和中国传统忠君思想的影响，也不受当时朝廷的约束，所以能不落窠臼，以实用、教育和启蒙为原则，在汉外和外汉（主要是汉英）词典的编纂方面集中西词典学之大成，取得了卓越的成就。如马礼逊的《华英字典》篇幅巨大，内容浩繁，开创了汉英双语词典编纂与出版的新局面。《华英字典》的编纂始于1808年，1823年出齐，前后历时十五年，参考《康熙字典》《艺文备览》和叶尊孝的《汉拉词典》及陈荩谟和胡含一的《五车韵府》。① 封面上写有"博雅好古之儒有所据以为考究斯亦善读书者之一大助"。共有三大组成部分：

第一部分是1815年出版的三卷本《字典》。收释47 035个汉字，采用214个部首排序，从实用角度出发，首创自左至右横排的编排方法，方便中英的对照，又补充了一些字的行书和草书的字体，删略了《康熙字典》的一些解释和例证引文出处，最突出的一点是所有的词组、例证、短语都注了音，而且还收录了一

---

① 沙木编《艺文备览》一百二十卷，清嘉庆间刻本。参见杨慧玲《19世纪汉英词典传统——马礼逊、卫三畏、翟理斯汉英词典的谱系研究》，商务印书馆，2012年。杨慧玲《世界第一部汉英英汉词典的原创性——马礼逊的〈汉英词典〉、〈康熙字典〉和叶尊孝的〈汉拉词典〉的比较研究》，李向玉、张西平、赵永新主编《世界汉语教育史研究》，澳门理工学院，2005年。马礼逊的《五车韵府》中有不少例词和例句取自叶尊孝的书。如在"告"字头下两书都收了"原告""被告""告状""告假""告示""告祖"等词。但马礼逊在例词和例句中加上了自己独特的内容，特别是许多呈现出当时时代特点的用语。如在"公"字头下收列了"公司""公司船""英吉利国公班衙"等词语。此外还增加了许多四字成语和常用俗谚，如"车"字头下的"车载斗量"，"尺"字头下的"尺有所短寸有所长"。与叶尊孝的词典相比，马礼逊还在例词例句的拼音后面加上了汉字，使查阅者既能学汉语发音，又能学汉字书写。

些常用词的不同读音。马礼逊还根据自己的理解对义项的归纳和划分做了调整，释词既有文言词语和书面词语，也有口语和俚俗词语，有专名也有成语、谚语，增补了大量白话释义和例证，引文范围扩大到小说、戏曲等俗语。如"一"词条下有"第一、划一、他一听即答、专一、不一、均一、万一、逐一、太一、一致、一般、一经、一口水、一刻不息、一件小事、一劳永逸、一面、一品夫人、一生、一心、一霎时、一时、一时冒昧、一剂药、一箭路、一统、一统太平、一体、一次、一切、一概、一齐、一味、一样、一一、每一次拿出一个、一一扶起、得一望二"等；释"天"词条下有"天大事我办得来、今天、明天、昨天、天天、天天在学堂读书、成天讲、天晚、天亮"等；释"信"的词条下有"坚信、书信、失信、我不信、信口说"等；释"汁"选取了《康熙字典》"液也；雨雪杂下"等，又据自己的理解说到如何提取液状的"汁"以及常用的一个比喻义。书后还附有字母索引。

第二部分是1819年和1820年出版的两卷本《五车韵府》[①]，主要参考了清代陈荩谟和其门生胡含一编的《五车韵府》[②]。陈荩谟和胡含一的《五车韵府》内容丰富，包括同义词、多音词，以及草书、篆书等在内，收释有四五万个汉字。[③] 马礼逊的《五车韵府》选收了12 674个汉字，删略了大量古字和生僻字，内

[①] Morrison, R.《五车韵府》Vol.I, preface. The East Indian Company's Press, 1819.

[②] 陈荩谟、胡含一《五车韵府》，广东慎思堂，1708年。陈荩谟，字献可。胡含一为胡邵瑛的别字。

[③] 冯锦荣《陈荩谟之生平及西学研究——兼论其著作与马礼逊〈华英词典〉之中西学缘》，赵令扬编《明清史集刊（第九卷）》，香港大学中文学院，2007年。

容包括汉字的发音、结构、声调以及释义，且释义和例证多增以时代性强的词语、短语和俚俗语。如释"天"的中文例句有"天气好、天下一家"等；释"理"的中文例句有"普遍的理就如汪洋之水，每人各取一份，有人多些，有人少些，但仍有属于汪洋之水，汪洋之水是至高无上的""理会知晓或充分理解事物的原理或本理"等；① 释"折"的中文例句有"折扣、折服、折中、折损、折罪、折断"等。和《字典》不同，《五车韵府》按照汉字音序编排而成，但从本质上而言，《五车韵府》仍是一部汉英字典。马礼逊在序言中解释道："当学习者学习汉语时，对于陌生的汉字，他无法通过语音在字典中找到其相应位置，因为从汉字本身是无法断定其发音的，所以他必须使用部首检字法，《字典》正好满足了这种需要；但当学习者听到一个汉字的发音，又或他只知该字其声而不知其形时，按部首检字法编排的字典便失去其功效，因此，编纂一部按音序检字法排列的汉英字典就显得很有必要。"《五车韵府》按照马礼逊自己制定的英语注音表检索排序，从 A 到 Yung，共 411 个字音，后有按字母排序的英文索引表，既有"音检"又有"形检"，"音检"和"形检"有机结合，大大增强了检索功能和实用性。如 abacus 后对应的汉字编号 9521、9632，正文中分别在"数""算"汉字词目下，例证中有"算盘、他会算盘、这打算盘"等中文词句，附录中还把汉文书写体按拼音分别将楷书、行书、草书、隶书、篆书、古文六大

---

① 钟少华《从马礼逊的〈华英字典〉看词语交流建设》，钟少华《中国近代新词语谈薮》，外语教学与研究出版社，2006 年。钟少华《马礼逊的〈华英字典〉与〈康熙字典〉文化比较研究》，钟少华《中国近代新词语谈薮》，外语教学与研究出版社，2006 年。

类列出。①

第三部分是 1822 年出版的一卷本《英汉字典》，采用英文字母排序，内容包括单字、词汇、成语和句型的英、汉对照，解释颇为详尽，例句都有汉译。如 reason 的中文解释是：天所赋之正理也。例句有：道理；推论道理；论理；辩驳道理；明理之论；情虚理亏；理屈词穷；拿理去和他讲；有理压倒泰山；三人抬不动个理字；于情理尚无违碍；以理胜欲；理当制气；天理人欲交战不决。又如释"法"的中文例句有"犯法、把这个法律写出来悬挂在各城门上"等。

《华英字典》旨在为西方传教士学习中国语言文化、了解中国社会政治、熟悉中国风俗习惯服务，所以尤注重华夏文化的独特之处，释义涉及宗教、神话、哲学、科学、文学、文化、艺术、教育、体制、传统、礼仪和风俗等方面。例如，在"孔"之下详细介绍了孔明和孔子。在解释 actor 为"做戏的、装扮做戏的人"之后，进一步讲到"分作生、正生、武生、旦、丑、末、正旦、婆脚、花旦、跌旦"，并在 drama 一词后将传统戏曲的"十二科"也一一列出，以与西洋戏剧相对照。

---

① 按照英文字母顺序，对应汉语词语，再用英文发音拼出汉语词语，然后还举出一些使用这个汉语词语的例句。这些繁多的例句中，有大量成语、土语、俗语、佛经、四书五经、诗词、小说等内容，尤其以《红楼梦》内容居多；还有官职、度量衡；也有西方宗教、科学方面的词语等。据叶再生《中国近、现代出版通史》（华文出版社，2002 年）考证，《五车韵府》创下多项之最：该书是世界上第一部汉英字典（在 1815 年出版了该书的第一卷）；第一部语言直译本；第一部中文铅活字印刷本；第一部中文左右排列印本；中国境内现代意义的第一家出版社首刊的第一套书籍；该书在装订上第一次采用中西合璧（单面印刷）向左翻阅；第一次在中国境内采用机制纸印刷；同时，作者马礼逊又是将铅活字印刷术传入中国的第一人。

《华英字典》有上万条例证，除出自《康熙字典》外，多为马礼逊广泛采集所得。每一个词条都有丰富的例解，常引《论语》《红楼梦》为例证。如 learn（学习）的例证是"学而不思则罔，思而不学则殆"；face（脸）的例证是"平儿自觉面上有了光辉"。

《华英字典》早于《辞源》收录了成语和谚语。如收释了 53 个成语，其中"不三不四、诲人不倦、风流倜傥、兵荒马乱、一本万利、唯利是图、年富力强、佛口蛇心、夫唱妇随、忘恩负义、水底捞月"等 23 个《辞源》未收，多出自小说和戏曲。《华英字典》收释了 113 个谚语，其中"病从口入，祸从口出""近朱者赤，近墨者黑""百闻不如一见"等 8 个《辞源》亦收，"宁为鸡口，无为牛后""路遥知马力，事久见人心""巧妇难为无米之炊""纸包不住火"等《辞源》未收。还有一些《辞源》《汉语大词典》皆未收。如出自小说和戏曲的"好事不出门，恶事传千里""人善被人欺，马善被人骑"等。更有一些在民间口头流传的俗语，如"人凭神力，草望春生""是是非非地，明明白白天""大富由天，小富由勤""做得成不要喜，做不成不要怪""无冤不结夫妻，有债方成父子"等。[①] 当然，《华英字典》也有不足之处。马礼逊囿于其对中国文化的了解，他的有些评论存在不当之处；有些词句的汉译不准确甚至有错误。

马礼逊是来自欧洲的传教士，不受中土辞书编纂传统理念的约束，而以西学融入《华英字典》的编纂，注重实用、教育和启

[①] 朱凤《马礼逊〈华英字典〉中的成语和谚语》，《国际汉语教学动态与研究》2005 年第 1 期。

蒙的原则，开近代辞书编纂的新局面。马礼逊曾在1819年11月25日给传教会委员会的信中说："一向被中国文人所忽略的俗语，并不意味是低级趣味的措辞，只是对那种仅仅适合读书人的高雅、古典、佶屈聱牙的形式而言，是一种大众化的语言。就像欧洲的知识分子在黑暗时代认为每一本正统的书都应该使用拉丁文而不是俗语那样，中国的文人也一样。"他还指出"没有比简单的语言更能准确地表达新思想的了"（Morrison, 1939）。马礼逊指出："中国文人对于用俗语，即普通话写成的书是鄙视的。必须用深奥的、高尚的和典雅的古文写出来的书，才受到知识分子的青睐，因此只有极小一部分中国人才看得懂这种书。正如中世纪黑暗时期那样，凡是有价值的书，都必须用拉丁文写出，而不是用通俗的文字。朱熹在他的理学作品中，突破了这个旧传统，他很好地使用了简明的语体传达了他的新思想。"[①]马礼逊把自宋、元、明以来已经形成的白话文风引进辞书的编纂，且大量引进了过去不进殿堂的民间小说、戏曲、俗语等，如引用了不少《红楼梦》中的话语当作例证。解释词义也由"字"本位到"词"本位，打破了官方的馆阁体文风，深化了词义的解释。如"天"字的释义和例句比《康熙字典》多出112种，又如"理"字的解释融合了中西方的知识概念，大大拓展了词义的内涵，对现代汉语新词的创制和汉语从文言到现代白话的过渡也有先导之功。[②]尤其值得指出的是，马礼逊以西学知识对"天"和"理"等词义的梳理，

[①] 马礼逊夫人编《马礼逊回忆录》，顾长声译，广西师范大学出版社，2004年。

[②] 钟少华《略论近代辞书之文化传承与文化创新》，《中华字典研究（第一辑）》，中国社会科学出版社，2009年。

不仅是词义的简单对译，而且更是融合中西方知识概念的成功尝试，充分体现了语文辞书沟通古今中外的认知功能，适应了中西文化交流的社会需要。

就编纂体例而言，第一部分《字典》和第二部分《五车韵府》属于汉英字典，而第三部分《英汉字典》（*An English and Chinese Dictionary*）则是一部英汉字典。马礼逊在编纂《英汉字典》时，先列出英文单词及其英文解释，然后给出相应的中文，最后附上拼音。例如："Abandon, to leave; to relinquish; to leave and cast of. 舍弃 shayke"。在每个词条下，马礼逊同时还收录了一些句子、格言和习惯用法，以加深学习者对该词用法的了解。

在完成《华英字典》编纂工作后，马礼逊又着手编纂一部广东方言字典，目的在于帮助来华外国人掌握广东方言。1828年《广东省土话字汇》在澳门正式出版，① 这也是马礼逊最后一部有关汉语语言学研究的著作。全书由英汉字汇、汉英字汇和成语词组三部分组成，共收录词汇6100余条。英汉字汇部分将字汇按照英文字母顺序排列，每个英文单词后给出其汉语对应词以及该词在粤语中的发音，同时还附有例句加以说明；汉英字汇部分亦按英文字母顺序排列，先给出其粤语注音，再列出汉字及英文注释；成语词组则是该书内容最多的一部分，以广东话发音、汉字和英语释义的形式收录了大量民间俗语，分世务、天文气候、情分、亲谊、笑谈等二十四类。如"皂白不分""弄假成真""行得着方，企得着位""若要人不知，除非己莫为"（世务类），"只见锦

---

① 此书对于研究近二百年来粤语语音和词汇的历时变化很有用，2001年伦敦的Ganesha出版社重印发行。

上添花，唔见雪中送炭"（情分类），"相公肚大好撑船"（品格类）等。①

继马礼逊《华英字典》后，又有麦都思的《华英字典》、卫三畏编纂《汉英韵府》和翟理斯编纂《汉英词典》。

这些词典还引入西方辞书编纂先进的检索系统，采用汉语的部首检字法实现形、音、义的全面检索。马礼逊《五车韵府》中最重要的检索表是一个按部首排列的汉字表，所有汉字都有注音。卫三畏的《汉英韵府》也有注音索引表供检索汉字，还有一个按部首排列的总汉字表。翟理斯《汉英词典》又在按部首排序的汉字总表上添加了汉字编号，对应该词典正文中的汉字编号。

卫三畏的《英华韵府历阶》收词 14 146 条，每个词条下的译词为 1—2 个，以多音词为主。1856 年卫三畏在《英华分韵撮要》"序言"中说，没有一部汉语词典能充分满足外国学习者学习汉语的需要。汉语的一个字既可以是动词，也可以是名词、小品词或者形容词，而这些通常在辞典中都没有标出。这主要是因为汉语的语法学家们习惯上不做如此区分。这些定义是通过其他的词，比如同义词来予以解释的，而并非通过考察该词的用法来解说。如"礼"是汉语文献中一个非常重要的词，《康熙字典》是这样解说的："跟从（或行事）；人们所做的任何效忠于神从而获得幸福的事情；养成习惯，获得（或者展示）某种行为习惯；一个姓氏。"② 字典中没有给出重要和常见词语的隐喻义和派生义

---

① 一些传教士也编有方言词典，如麦都思编有《福建话辞典》。
② 《康熙字典》原文为：《说文》：礼，履也。所以事神致福也。《释名》：礼，体也。得其事体也。《韵会》：孟子言礼之实节文斯二者，盖因人心之仁义而为之品秩，使各得其叙之谓礼。又姓。

及其用法。①

翟理斯《汉英词典》收汉字 13 838 个,还收有大量口语,内容十分丰富。如在"爱"字条目中收了"爱抬杠""不爱理人",在"气"字条目中收了"气死人""一鼻孔出气"等口语。

这些辞书除马礼逊的《华英字典》第一部分三卷本《字典》收四万多字外,大多保持在一万多字,兼收标准楷书字形与异体字,酌收一些生僻字和古今字,还收有一些俗写字,释义除了列举英文对应词,还有描述性的句子释义,以及一些描述有关汉字文化信息和语法语用信息等的内容。② 马礼逊主要参考了《康熙字典》的释义,依据词性和语义上的区别,对它的义项重新进行了归类,这样的归类使得释文在形式和内容上更接近现代的词典释文方式。卫三畏的释义方式基本同于马礼逊,某些重复出现的义项显示出与马礼逊词典的关联性。翟理斯的释义方式基本同于马礼逊的做法,增删义项时多有他个人的理解。这些辞书注重收集当时时代性强的词语和表达用作例证,每个例证都提供了中英文对译。

---

① 沈国威编《近代英华华英辞典解题》,关西大学出版部,2011 年。

② 马礼逊《五车韵府》的释文包含了下述信息:送气符号和声调符号,汉字顺序编号,汉字的构字信息,汉字和例词都标注读音和提供英文释义,英文对应词的词性特征明显,在一些词的释文中包含了文化背景信息,词的释文中提供了语用信息,绝大多数词目都辅有例证等。

卫三畏《汉英韵府》的释文包含:声调符号,汉字的构字信息,汉语例词例句都是中英文对照,英文对应词的词性特征明显,在一些词的释文中包含了文化背景信息,词的释文中提供了语用信息,绝大多数词目都辅有例证等。

翟理斯《汉英词典》的释文包括:汉字顺序编号,声调,部分方言注音,一些汉字的构字信息,汉语例证双语对照,英语对应词的词性特征明显,一些释义中有文化信息和语用信息,绝大多数词目都辅有例证等。

马礼逊的《华英字典》在宏观结构与微观结构方面与叶尊孝的手稿《汉拉词典》有一定的渊源关系,而麦都思、卫三畏、翟理斯所编词典又与马礼逊的词典有渊源关系,可以说同源同法又各有特色,每一位词典作者都在词目编排、检索方式、译义、例证采选和翻译中做出了自己的贡献,在继承之外亦多有创新。①

这一类的辞书都含有大量西学东渐的新内容,如马礼逊的《华英字典》收有"单位""消化""水准""演习""小说"等词,鲍康宁的《中英字典》中收有"选举""法律""法制""保险""煤气"等词,季理裴《华英成语合璧字集》中收有"有限公司""公益""法制""保险""拍卖""自治"等词,禧在明的《英汉北京话字典》中收有"信用""真空""博物馆"等词。赫美玲编的《英汉官话口语词典》把词分为"俗""文""新""部定"四类,其中"部定"为标准科技术语,"新"为新词。1866年德国传教士罗存德在香港出版的《英华字典》②,内容包括政治、经济、地理、哲学、科学技术、语言、宗教等,涉及大量新词和新义。如自主、技艺、行为、法律、主权、照片、温度、审判、潮湿、亲嘴、单位、接吻、克服、新闻纸、写真景器、信托、厚面皮者等。③释义往往选择多个汉语词来对应一个英语词,如以羞耻、羞惭、含羞、惭愧、羞愧、羞恶、害羞、抱愧、羞恪、见

---

① 杨慧玲《汉英双语词典的诞生及其早期设计特征》,《外语教学与研究(外国语文双月刊)》2010 年第 5 期。杨慧玲《世界汉外双语词典史的缘起》,《辞书研究》2011 年第 3 期。

② 这是香港最早的双语字典。钟少华《从罗存德〈英华字典〉看词语交流建设》,《中华字典研究·第二辑(下)》,中国社会科学出版社,2010 年。

③ 其中克服、新闻纸、写真景器、信托、厚脸皮者的词义相当于征服、报刊、照相机、相信、无耻。

丑、怩怩、叼忝等对应 ashamed,帮助、辅助、辅相、赞佐、赞助、裨辅、裨助、佑助、翼助、翼赞、帮手、相助、相弼、辅弼、援助、救助等对应 assist。

  来华传教士一边传教,一边传授科学知识,而口头传授效率低下,所以他们需要将这些科学内容译印成册。有的传教士将石印、铅印等西方先进的印刷技术和印刷机带到了中国。1843 年,英国传教士麦都思在上海创建墨海书馆印刷出版中文书籍。1858 年,美国传教士姜别立在美华书馆用电镀方法制造汉字铅活字,大大提高了印刷速度和质量。传教士引进的铅印、石印技术的日臻完善客观上对辞书的出版也起到了促进作用。如 1869 年上海天主教会创办的土山湾印书馆最早将石印技术引入中国,印过《世界语字典》等辞书。又如北平俄国传教士团印刷厂铅印出版了帕拉季和波波夫编写的第一部《华俄词典》。

  明清传教士编写的这些辞书是承载中西词汇交流的最重要的载体之一,可以说是不同语言和文化接触和融合的产物。

第三节 罗存德和他的《英华字典》[①]

  在我国的英汉汉英词典编纂史上,来华传教士可谓功不可没。从最早的马礼逊(Robert Morrison)[②],到之后的麦都思(Walter

---

 ① 本节摘自高永伟《罗存德和他的〈英华字典〉》,《辞书研究》2011 年第 6 期。
 ② 马礼逊在 1815 年至 1823 年编写出版的《华英字典(六卷本)》堪称我国汉英及英汉词典嚆矢。

Henry Medhurst）[①] 和卫三畏（Samuel Wells Williams）[②]，再到后来的罗存德（Wilhelm Lobscheid）[③]，这些西方传教士都编写过汉英及英汉词典，为东西方语言文化的交流做出了重要的贡献。因而，国内外学者在谈论语言接触、汉语外来词等内容时常提到他们或引述他们的作品。例如：沈国威在《近代英华辞典的术语创造》[④] 一文中就着重探讨了罗存德的化学元素命名法。然而，作为词典编纂者，像罗存德这样的传教士却被词典史遗忘，在现有的英汉汉英词典史中很少得到评述甚至提及。例如：在雍和明等的《中国辞典史论》（中华书局，2006年）一书中，罗存德的名字只被提及两次：第一次提到了由他编写的《广东话华英词典》（*A Chinese and English Dictionary*）；另一次则是"1901年商务印书馆出版了《华英音韵字典集成》，以 W. Lobwheid 原著英语词典为蓝本，企英译书馆谢洪赉编译"[⑤]。但遗憾的是，罗存德最为重要的《英华字典》却被忽略了。本节以此为出发点，望能填补英汉词典史论中的这一大缺失，不仅介绍罗存德生平及其作品，而且从词典学的角度评介《英华字典》，并分析该词典所产生的影响。

---

① 麦都思在1842年至1843年编写出版了《华英字典（上下卷）》，后来在1847年至1848年又出版了《英华字典（上下卷）》。
② 卫三畏在1844年编写出版了《英华韵府历阶》，后来在1874年又出版了《汉英韵府》。
③ 亦可用 William Lobscheid 称呼。
④ 沈国威《近代英华辞典的术语创造》，《语言接触论集》，上海教育出版社，2004年。
⑤ 此处不仅罗存德的英文名被拼错，词典的出版年份被搞错（实为1902年），而且罗氏词典竟被认为是一部英语单语词典。事实上，谢洪赉只是最后一个附录（华英地名录）的编辑者。

一 罗存德的生平

罗存德 1822 年生于德国西北部的一个村庄。根据日本学者那须雅之的考证，[①] 罗存德七岁丧母，十一岁丧父，二十二岁进入 Rheinische Mission Gesellschaft（即 Rhenish Missionary Society，礼贤会）的神学院学习神学和医学。1848 年 5 月 22 日，罗存德受礼贤会的委派前往香港传教。两年后，他因健康原因离开香港回到欧洲。在加拿大长老会牧师（Donald MacGillivray）编辑的《基督教新教在华传教百年史》（1907）中也提到了此事："罗存德、R. 克朗、W. 路易斯，三位都是忠实热心的人，在一段时间后，加入了由叶纳清（Ferdinand Genähr）负责的传教工作，但罗存德由于身体原因被迫回家。当他再次回到中国时，他用的是另一个传教会的名义。"根据 1851 年《中国丛报》（Chinese Repository）的记载，罗存德曾去广东始兴（Saihéung）传教。《在华传教志》（Jonathan，1896）一书也曾提及他："罗存德在附近的村落传教布道的同时还治病救人。"1853 年 2 月 18 日，罗存德作为福汉会（Chinese Evangelization Society）的牧师偕妻子一同回到香港。1854 年年初，他的妻子患上了"香港热"（Hong Kong Fever）[②]，并于当年 8 月病逝。1856 年 5 月至 1859 年，罗存德出任香港的视学官（Inspector of Schools），期间他成为基督教伦敦会（London Missionary Society）的会员。1857 年，他脱离了福汉会，并于 1861 年取道南美洲的德默拉拉回到欧洲。次年

---

① 沈国威《西方新概念的容受与造新字为译词——以日本兰学家与在华传教士为例》，《浙江大学学报（人文社会科学版）》2010 年第 1 期。

② 实为一种疟疾。

9月，他又回到了香港。1861年至1866年间，罗存德还担任过移民顾问，为英国在西印度群岛的殖民地招募劳工。1869年，他因教义与中国传教大会（China Missionary Conference）对立，被剥夺神职，并于同年9月返回欧洲。1874年，罗存德作为牧师移居美国，于1893年12月在美国去世。根据罗氏词典扉页上的介绍，罗存德曾被授予"弗兰西斯·约瑟夫骑士团骑士"（Knight of Francis Joseph）的称号。

伟烈亚力（Alexander Wylie）在其《来华新教传教士纪念集》（*Memorials of Protestant Missionaries to the Chinese*，1867）一书中列举了罗存德在1867年之前的作品。其中中文作品共十二种，内容广泛：有宗教方面的，如《异端总论》①《福世津梁》等；有涉及医学和地理的，如《英吉利国新出种痘奇书》②《地理新志》等；更多的则与中华传统文化相关，如《千字文》《麦氏三字经》《四书俚语启蒙》等。英语类作品共九种，包括《英话文法小引》《英华行箧便览》《广东话短语和阅读课程》③《汉语文法》等。1864年，罗存德还翻译出版了俄罗斯沙发洛夫（T. Sacharoff）④有关中国人口的著作，即《中国人口变化史》（*The Rise and Fall of the Chinese Population*）。根据《中国百科全书》（*The*

---

① 美部会传教士卢公明（Justus Doolittle）在1858年修订了该书的部分内容，并将其称作《异端辨论》。
② 当时的"英吉利"三字均有偏旁"口"。
③ 该小册的前一部分 Select Phrases in the Canton Dialect 实为嘉约翰医生（John Glasgow Kerr）、丕思业牧师（Charles Finney Preston）、康迪特夫人（Mrs. Condit）所搜集，原本计划收入罗氏的 *Grammar of the Chinese Language* 一书，后来罗存德认为这一部分内容实用性较强，最好单独印刷，因而他在后面加入了诸如定冠词和不定冠词、如何造句、中国谜语等内容。
④ 亦可拼作 Zakharov。

Encyclopaedia Sinica，1917）的记载，罗存德还发表了多篇有一定价值的医学论文。①

罗存德在 1867 年之后还是比较多产的，陆续编写出版了《香港的罪恶及其治理方法》（1871）、《汉英字典》（1871）②、《波利尼西亚人、印第安人、中国人及亚洲其他民族相近性之根据》（1872）、《中国人：他们是谁及他们在干什么》（1873）等作品。

罗存德最为重要的作品当然是他的《英华字典》。

二 《英华字典》

罗存德在 1866 年至 1869 年之间陆续出版了四卷本的《英华字典》（*English and Chinese Dictionary, with the Punti*③ *and Mandarin Pronunciation*）。它们分别是：1866 年出版的第一卷（A—C），1867 年的第二卷（D—H），1868 年的第三卷（I—Q）以及 1869 年的第四卷（R—Z）。这部由香港《孖剌西报》（*Daily Press*）报馆印刷，尺寸为 34 厘米×34 厘米的词典共 2013 页，在篇幅上要远远超过之前出版的所有英汉词典，如卫三畏的《英华韵府历阶》、麦都思的《英华字典》等等。

（一）《英华字典》的内容和特点

这部词典除正文外还有三部分内容，即序言、补遗和勘误。

---

① 《近代来华外国人名辞典》（中国社会科学出版社，1981 年）只提到罗存德"编有几种医学书籍"，此说法似乎与史实不符。

② 这部词典由香港罗郎也父子公司（Noronha & Sons）出版，总共 592 页。

③ 《牛津英语词典》从未收录过这个主要用于香港的词。它是粤语中"本地"一词的音译，具体指广东的粤语人口，与 Hakka（客家）一词相对应。

词典共有四篇序言，即第一卷的两篇、第二卷的一篇以及第四卷的一篇。第一卷中的第一篇序言是长达 38 页、内容繁多的英文引言（Introduction），具体介绍了中国和中华民族的由来、汉语及其方言（如广东话、客家方言、闽方言、闽南语、厦门方言、官话等）。罗存德在该序中附上了多张较为实用的表格，如中国历代人口、广东话音节表①、广东话的确切字数、广东话发音、客家话发音、官话音节表②以及威妥玛音节表。第二篇是中文序言，由武功将军张玉堂③撰写。第二卷中的序言也是英文序言，罗存德在其中提到自己计划在 1868 年早春和年底前出版第三卷和第四卷。此外，他也提到了当时遇到的一些阻碍："有很多人向编者提出了建议，但这些建议中绝大多数却是负面的，或是蓄意想无限期推迟此词典的出版。"（Lobscheid，1866—1869）最后一篇序言类似跋文，对整部词典的编纂做了回顾，并提供了之前序言中缺失的必要信息，如词典的收词数等。关于《英华字典》的序言还有一个有趣的情况，那就是有些版本中序言的部分或全部内容已被删去。④据日本学者考证，删略行为出自一位英国外交官⑤之手，其原因是罗存德作为传教士观点偏激，有点儿倾向进化论。事实上，罗存德在有关中华民族的表述方面存在着谬误，例如"在有关中华民族起源方面的多种猜测中，有一种极有可能，

---

① 该内容选自卫三畏博士的 *Tonic Dictionary*（即 1856 年的《英华分韵撮要》）。
② 根据卫三畏博士提议的拼字法系统划分而成。
③ 张玉堂（1794—1870），字翰生，广东归善人，曾担任过右营都司之职。
④ 例如美国加州大学的藏本引言的第一页就被删除了，而上海图书馆藏书楼（徐家汇）的藏本却完好无缺。
⑤ 即英国汉学家、驻华外交官梅辉立（William Frederick Mayers）。

那就是含（Ham，诺亚的次子）的孙子哈腓拉向东北方向经昆仑山脉的南麓和青海湖，沿着黄河和长江行进，他的后裔向北向南扩散到如今的十八省、掸人国、暹罗以及安南"（Lobscheid, 1866—1869）。

在补遗部分（Additions and Omissions）中，罗存德不仅增收了一些词条，如"acorn, another general term for 栎子，橡子；edible ditto, of the quercus cornea, 石栗""algebra 代数，天方，天元""chemistry[①] 炼法""comma 一撇""councillor 议士"等，而且也补加了一些例证，如"break stones, to 打石仔""homicide, accidental, 误杀；a case of ditto, 命案""kill with intent, to 故杀""labels, to stick on ditto 插标""practices, to lead gradually into good ditto 循循善诱"等。在勘误页（Corrections），罗存德只列举了十多处错误，如 19 页上的 accross（应作 across）、480 页上的 ditte（应作 ditto）、931 页上的"毛骨耸然"（应作"毛骨悚然"）、1664 页上的 week（应作 weak）等。但事实上，词典中的各类错误远不止于此。由于下文有所涉及，此处不再赘述。

《英华字典》共收 53 000 词条，每个主词条包括词目、英文释文、汉语对应词、对应词的广东话和官话注音、汉语相关词条及其注音、例证及其注音。

从词典的总体结构来看，《英华字典》并未偏离马礼逊开创的汉英英汉词典的传统，其目的还是非常明确的，即辅助外国人学习汉语。这在词典中所提供的汉语词语的西文注音中得到了充

[①] 沈国威（2010）提到"罗存德在自己的《英华字典》中没有收入 chemistry"，显然与事实不符。

分印证。当然，这些颇占篇幅的注音却无益于中国人学习英语。第一部由中国人自己编写的英汉词典（1868年由邝其照编写的《字典集成》），由于其目的就是为了帮助国人学习英语，因而就不再有这些注音，词典编排亦显得更为简洁。

从词典的微观结构来看，《英华字典》有如下八大特点：

第一，尽管当时的英语单语词典（如约翰逊博士的《英语词典》、韦伯斯特的《美国英语词典》等）早已提供了诸如词性标注等必要的语法信息，《英华字典》却没有明确标注词目的词性。不过，对于具有两种词性用法的词语，《英华字典》还是通过一定的手段（如动词词条后加 to）进行区分，例如：

  Alternate 互相替代，相为代替；alternate changes 改易相继

  Alternate，to，to change 更迭

第二，《英华字典》沿袭了之前几部英汉词典的做法，给大多数词目提供了英文释文，如"avail, to turn to advantage""compliance, the act of complying, or yielding to proposals, demands &c.""discord，disagreement among persons""identification，the act of making to be the same""travail, to toil"等。在一些词条中，罗存德还设置了用于区分词目的英文提示词，如"conflicting, as testimony & c. 不合，相反""discharged, as cargo 起过货""halter, for a horse 马络头，马笼头""phenix，phoenix，male and female，凤凰"等等。

第三，罗存德开始为一些词目提供当时逐渐采用的汉语新词，如 electricity（电气；麦都思的译名是"琥珀磨玻璃发火之法"）、

liberty（自由；麦都思的译名是"自主之理"）、literature（文学；麦都思的译名是"文字，文墨"）等。罗存德采用在"行"字中间夹字的方式创造了二十二个汉字，用来指代化学元素的名称，如 bromine、carbon、chlorine、fluorine 等。这些新造字尽管后来并未得到推广，这种方法还是有着一定的积极意义。

第四，词条中的例证既包括用以体现用法的短语、习语或句子，又包括含有词头的复合词，例如：

Spanish，西班牙的，大吕宋的；inferior woolens and Spanish stripes，下等绒；Spanish brown，羊肝色；a Spanish horse，草蜢名；Spanish leather，幼皮名；Spanish coin，虚礼之言；Spanish gout，疳疗；a Spanish trumpeter，鸣嘅驴；a Spanish worm，板内之钉

第五，在一些词条中，罗存德设置了与词目对应词相近或相关的条目，而这些条目的英文解释中甚至不包含英文词头，例如：

Travail，to toil 苦劳；to suffer the pangs of child-birth 劬劳；to be in parturition 分娩

第六，罗存德在部分词条中用英语的 ditto（同上）一词来表示词头或之前出现的词语，例如：

Acorn，another general term for 栎子，橡子；edible ditto, of the quercus cornea，石栗

Presbyterian，a 长老；the principal ditto 会正

Supreme...minister of the supreme court of judicature 大理

寺卿 /assistant ministers of ditto 大理寺少卿

第七，词典内部已建立较为简单的参见系统，这种参见大多为单向参见，例如：

"Denotate, see Denote" "Souchong, see Tea" "Whampe, cookia 黄皮；see Wampe"

第八，在部分条目中用"*"[1]和"+"符号标明注解。例如：在 ragwort（鹤子草）条目中，另一对应词"泥胡菜*"的脚注是"Medhurst"，说明这一译法来自麦都思的词典；tranship（驳）条中的例证"to tranship goods, 驳货，拨货*"的脚注是"Wade. 剥 used in the Treaty of Nanking, is incorrect."，这说明威妥玛原先在《南京条约》中的用法是错误的。脚注有时也可以用来表明例证的出处，如 calling（称名者）条中的"usual employment of life 职分"就选自"1. Corinth, 7, 20. 哥林多前书七章二十节"。罗存德有时也在一些词条中加入了较为详细的注解，如在 weight（重）条中就列举了一张计量单位的换算表（如 100 斤 make one 担 =1331/3 lbs av.、120 斤 make one 石 [store][2] =160 lbs av.）。

（二）《英华字典》的不足

与之前的英汉词典相比，罗氏词典无论在收词还是在释文方面都要远胜一筹。然而，这部词典也不可避免地存在着一些缺陷和不足，具体表现为以下六点：

第一，收词标准较混乱。从收词规模来看，《英华字典》充其量只是一部中型英汉词典，因而它应收录英语中的常用词汇，

---

[1] 用此符号表明该页上已有一处用"*"表示的注解。
[2] 原文如此，实系拼写错误，应作"stone"。

而非一些生僻的词语。事实上，词典中收录了大量的拉丁物种名称，如 Aureum malum（番前）、Murraya exotica（九里香）、Tubernae montana coronaria（狗牙花）、Yucca rufocincta（玉加花）等等。一些更为常用的词却付之阙如，如 deadlock（单闩锁）、trauma[①]（外伤）等等。在同类词的收录方面，《英华字典》采用的标准不一。例如：就中国地名而言，词典收录了"Shansi, province 山西，晋""Shantung, province 山东，齐鲁""Whampoa 黄浦""Yunnan, province 云南省，滇"等词条，却未收 Hong Kong（香港）等同样常用的地名。

第二，译名不确切或不正确。《英华字典》收录了相当数量的英文物种名，但在其对应词的提供方面却极其宽泛，即只指出其类别名，而非给出确切的译名，例如 Lyra（星宿名）、raccoon（兽名）、spaniel（狗名）、steatoma（瘤名）、wake-robin（草名）、wall-creeper（雀名）等等。这一做法也同样应用到了一些化学元素的译名方面，如 bismuth（金类）、cerium（金类）、manganese（金类）、osmium（金类名）等。译名不确切还体现在过多采用字面直译的方式，以致所提供的译名让人觉得不知所云，如 demi-god（半上帝，应作"半神半人"）、wall-fern（墙上凤尾草，应作"水龙骨"）、viper's grass（蝮蛇之草，应作"雅葱"）等等。对应词过多也导致了词典中译名的不确切。例如：author 条下的第一个义项（originator，创始者）中共有十个对应词，即初造者、始造者、创造者、始作者、初作者、新造者、创制者、

---

① 词典中竟收录了由它派生出来的词 traumatic，即"traumatic 医伤；traumatic medicine 医伤的"。

首造者、使有者、致有者，这么多的译名反而使汉语中同义词和近义词之间的差异模糊化。同样的问题也反映在诸如 macaroni（通心粉，线面，本地线面）、native（本地人，本土人，土人，苗子）、rabble（下流，烂人，愚民，浊流）等词条中。对应词过多也会导致译名错误，如 monkey 条下的四个对应词（即马骝、猴、猴子、猕猴）中的"猕猴"实为"猴子"的下义词，因而不能放在 monkey 条下，而应归入 macaque 或 rhesus monkey 条下。例证中也同样存在此类译名问题，如将 demagogues（煽动家）译作"国氛"等。

第三，例证不妥。《英华字典》收录了不少动词的过去分词形式，然而在例证的设置方面，这些词条的例证无不显示其动词用法，而非形容词用法，如：confiscated（入过官），其例证为：the whole should be confiscated（尽没官）；insinuated（暗指了），例证为：he insinuated that he was a bad man（偷偷指他是不善）；transhipped（拨过），例证为：transhipped the goods here（拨货到嚟）；等等。有些词条下虽设有例证，但其应有的词义却未被收录。例如：institute 的两个例证为："the national institute of China 翰林院"和"the protestant institute 正教会"，但早在 1829 年就出现的"机构，组织"之义却被漏收了。

第四，词典缺乏严谨性。这体现在多个方面，如名同目不同：如均被译作"钱"的 coin 和 money、同样表示"金"的 gold 和 metal、都被译作"大西洋"的 Atlantic 和 Portugal；释文或译名与词目词词性不对等：如"pragmatically, impertinent 鲁莽，草莽""Salic law of France 在法国独男子能登位"等；形容词和副词条目译名相似：如"thankless 忘恩嘅"和"thanklessly 以背恩的，

第三节　罗存德和他的《英华字典》　211

以负恩"；等等。

第五，词典中的方言色彩太重。尽管词典的英文标题中标明了"本地注音"，这并不意味着汉语对应词来自本地语。《英华字典》有着浓重的方言色彩，有时让人觉得它更像是一部英粤词典，如形容词条目中与"的"通用的"嘅""clown 田佬，田夫，农夫，耕田佬""cock 鸡公""dissatisfied 唔中意""potter 缸瓦佬，缸瓦师傅""younger brother 细佬，阿弟，弟"等等。

第六，各类错误较多。首先，与当时的大多数词典一样，《英华字典》中的拼写错误相当多，如 attained（得过）条下 attained to（应删除 to）、halo（晕）条下 around the or moon（应作 around the moon）、mango（芒菓）条下的 fragrent（应作 fragrant）、Moutan flower（牡丹花）条下的 poeony（应作 peony）等等。其次，《英华字典》中一些词条的英文释文或例证有待改进，如 born 条下的"He is born in Japan. 他生于日本。"（is 应改为 was）、condense 条下的"to make more close 整更稠密"（more close 应改为 closer）、congee（粥）条下的"rice water"（应改为 porridge made from rice）等等。

（三）《英华字典》的影响

《英华字典》出版后，序文曾遭删除，但在此后的四十多年中从未停止销售。季理斐在《基督教新教在华传教百年史》一书中就曾提到过罗存德及其编写的词典，他说："罗存德是名多产的作者。然而他的杰作是一部英汉词典，至今还在坊间销售。"要说传教士词典中对我国英汉词典影响最大的，非罗氏词典莫属。这主要是因为他的词典对我国早期英汉词典的编纂产生了较大的参考和指导作用。首先，作为我国英汉词典编纂第一人的邝其照，在编写和修订其词典《字典集成》（1868，后改名为《华英字典集成》）时大量参考了罗氏词典的内容。辜鸿铭在 1902 年出版的《华英音韵字典集成》的序言中曾写道："邝氏词典的内容只不过是从罗存德博士的词典中选取和抄袭而来的。"这一说法虽值得商榷，① 但参考之实不容置疑。其次，明治十六年（1883 年），日本哲学家、东京大学教授井上哲次郎博士（Dr. T. Inouye）② 增订了罗存德的《英华字典》③，在词典原有的内容上增设词目词性一栏，删去了西文注音。1903 年，上海的作新社（Cho Sing Co.）也出版了这部词典 ④。再次，商务印书馆最早出版的两部英汉词典（即《华英字典》和《华英音韵字典集成》），与罗氏词典有着直接或间接的联系。前者是基于邝氏词典编辑而成的，而后者则是由企英译书馆增订的罗氏词典，除增设词目音标之外，也删除了本地话和官话的西文注音。最后，广东人冯镜如 ⑤ 1899 年在日本横滨出版了《新增华英字典》（*A Dictionary of the English and Chinese Language, with the Merchant and Mandarin Pronunciation*），该词典的蓝本也是罗存德的《英华字典》。与此同时，罗存德的词典对日本双语词典的编纂也产生了深远的影

---

① 这是因为邝其照的《字典集成》出版时，罗存德的词典才出版了一半（即从 A 到 H 的前两卷）。据笔者的考证，邝其照在编写词典时参考更多的是麦都思的词典。
② 周振鹤教授在《知者不言》（生活·读书·新知三联书店，2008 年）一书中提到当时在德国柏林留学的井上哲次郎向两位中国人（桂林和潘飞声）学习汉语。
③ 这部词典后来分别在 1899 年和 1906 年推出了第二版和第三版。
④ 在笔者收藏的一部词典中，其书脊处的名称已改为《英华大字典》。
⑤ 冯镜如，南海人，冯自由之父，早年赴日，于横滨开设文经文具店，英文名为"F. Kingsell"（经塞尔）。

响。像吉田贤辅的《英日字典》(1872)、柴田昌吉和子安峻的《附音插图英和字汇》(1873)等词典,在很大程度上都参考了罗存德的《英华字典》。《英华字典》的另一影响还在于它在现代汉语词汇形成过程中起到的作用。作为一种历史文本,《英华字典》在研究汉语词汇的确立方面具有较大参考价值。

第四节　俄罗斯早期汉语词典 ①

19—20世纪,俄罗斯汉学家编写了大量汉语词典。但由于当时出版经费拮据,缺少汉字字模,印刷条件简陋,也由于俄罗斯整体文化环境的限制,这些词典大都以手稿的形式保存着,有幸得以出版者寥寥。关于俄罗斯汉学家的早期汉语词典,苏联和俄罗斯学者在关于俄罗斯汉学史的研究论著中都有所论及,近年来随着汉语教学规模在俄罗斯的不断扩大,也有不少学者从历史学角度论及这一问题,国内关注俄罗斯汉学的学者也注意及此,既有总括性介绍,也有对手稿词典的社会语言学分析研究。但到目前为止,关于俄罗斯东正教驻北京使团成员所编汉语词典的研究,大都从历史学、社会学的角度出发展开研究。本节从词典编纂理论出发,分析这些词典所体现的词典类型和词条编排特点,并结合俄语词典的历史,发掘这些汉语词典与俄语词典史的关系,分

---

① 本节摘自柳若梅《俄罗斯汉学家出版的早期汉语词典》,《辞书研究》2013年第1期。

析这些词典与明清字书、韵书之间的内在联系，再现俄罗斯汉学家在词典编纂方面的成就和他们对中俄文化交流的贡献。

一 俄罗斯汉学家编纂的早期汉语词典

1715年起派驻北京的俄国东正教驻北京使团，被称为"俄罗斯汉学家的摇篮"，至19世纪末20世纪初共派出十八届，近二百年间东正教驻北京使团的团长、教士、学生在汉语学习、汉学研究方面取得了很大成就，为俄罗斯汉学在20世纪的发展奠定了坚实的基础。

俄罗斯汉学界把第九届东正教使团团长比丘林（Н. Я. Бичурин）尊奉为"俄罗斯汉学的奠基人"，因为自比丘林起，俄罗斯东正教驻北京使团成员在语言学习、中国研究方面所取得的成就较此前的近百年有较大的提升。比丘林本人也因其在汉语、中国历史文化研究方面的成就而于1829年被推举为彼得堡科学院通讯院士。在华生活的十余年间，比丘林编写了多部汉语词典。遗憾的是，受当时条件的限制，比丘林的汉语词典都未能出版。比丘林之后入华的第十届东正教使团，严格按科学周密的工作指南展开工作，其随行人员大都学有所成，在汉语学习、研究方面也多有造诣，俄国最早设立的汉语教研室——1837年设立的喀山大学东方系汉语教研室的第一任和第二任教授，都出自第十届东正教使团。1840年，喀山大学东方系派已获得硕士学位的瓦西里耶夫（В. П. Васильев）随第十二届使团入华，要求他利用在华的十余年时间"掌握西藏语，学习梵语、汉语和满语，补充蒙语方面的知识""研究中国，包括中国西藏、满族和蒙古族的文学、历史、地理和统计、宗教、科学和艺术、贸易和工业"①。在华十年的东正教使团生活为瓦西里耶夫日后的汉语词典编写奠定了基础。1850 年 11 月，喀山大学东方系汉语教研室的第二任教授沃依采霍夫斯基病逝。1851 年 1 月起瓦西里耶夫开始在喀山大学教授汉语和满语，1855 年喀山大学汉语教研室并入彼得堡大学东方系后，瓦西里耶夫一直主持汉语教研室的工作。他不仅编写了大量教材，还为了帮助学生的汉语学习于 1866—1867 年编写并石印出版了汉语词典《汉字的编排体系——第一部汉俄词典试编》②，这是在俄国出版的第一部汉俄词典。从 1869 年起，第十四届东正教使团随团大学生佩休罗夫（Д. А. Пещуров，1858 年入华）开始在彼得堡大学任教，教授汉语、中国概况等课程。19 世纪末叶前后，由于西方列强在中国的势力不断扩大，俄国也不甘示弱，加大了在包括中国在内的远东地区的扩张力度，因此汉语人才需求激增。此时对于欧洲和美国的汉语学习者来说，汉语词典特别是汉英词典并不鲜见。但在俄国，瓦西里耶夫的词典由于印数有限还是难得一见。为帮助彼得堡大学学生以及一些对中国感兴趣的俄罗斯人学习汉语，佩休罗夫利用彼得堡科学院印刷厂的汉字字模，编纂出版了《汉俄字汇》（1887）③；1888 年，佩休罗夫将五十二个词条补入《汉俄字汇》，出版了《汉俄字汇

---

① Скачков П. Е. *Очерки истории русского китаеведения*. Москва: издательство 《Наука》, Главная редакция восточной литературы, 1977.

② Васильев В. П. *Графическая система китайских иелографов. Опыт первого китайско-русского словаря*. Санкт-Петербургъ: литография Н.Тиблена и К°, 1867.

③ Пещуров Д. А. 汉俄字汇. *Китайско-русский словарь приват-доцента императорского Петербургского университета*. Санкт-Петербургъ: Типография Императорской Академии Наукъ, 1887.

补》。除新增的五十二个词条外，新词典还将新旧版本所收词条根据发音整理了一份总词表和勘误表。《汉俄字汇》及其补编共收录汉字4997个。1891年，为辅助彼得堡大学东方系的汉语教学，佩休罗夫继承瓦西里耶夫的汉字排列体系，在彼得堡再次编纂出版了一部汉俄词典——《汉俄合璧画法字汇》①。

　　19世纪下半叶中国处于复杂的国际关系中，俄罗斯人在华活动也日渐增多。1858年中俄《天津条约》的签订使俄国获得了在华自由传播东正教的权利，俄罗斯东正教驻北京使团成员的宗教活动不再仅限于为俄俘后代及在京俄罗斯人举行圣事，转而开始在中国人中传播东正教信仰。1861年中俄《北京条约》的签订使俄国与西方各国一样获得了向中国京城派驻公使馆的权利，俄罗斯东正教驻北京使团终止其俄国驻华外交代表处的职能，宗教活动成为其主要工作内容。第十四届使团司祭伊萨亚（Исайя Поликин）在传教和圣事汉语化方面投入大量精力，传教成果显著，他所翻译的东正教手册，在其去世后由其他教士整理出版。为方便与中国居民的交往，伊萨亚于1867年编写出版了《俄汉俗话词典》，"多年以来，这部词典一直是所有汉语初学者必备的案头工具书，是每一位来华旅行的俄罗斯人的必备书，也因此，该词典第一版很快就销售一空"②。驻俄公使馆翻译（1886年始任

---

① Пещуров Д. А. 汉俄合璧画法字汇. *Китайско-русский словарь. (по графической системе.)* Санкт-Петербургъ: Типография императорской Академии Наукъ, 1891.

② Попов П. С. 俄汉合璧字汇. *Русско-китайский словарь, составленный первымъ драгоманомъ императорской российской миссии в Пекине П.С. Поповымъ.* Санкт-Петербургъ: Печатано по способу М. И. Алисова въ Картографическомъ заведении Ильина, обложка и предисловие въ типографии Эттингера, 1879.

俄驻华总领事）波波夫（П. С. Попов），在伊萨亚词典一书难求之时，于1879年在彼得堡石印出版了《俄汉合璧字汇》，词典中所有的汉字由当时驻俄公使馆工作人员"桂荣、塔克什讷、赓善、王锡庚、石汝钧助其缮写"①，漂亮整齐。该词典针对俄罗斯人与中国人的日常交往，共收俄文词语1.5万个左右，与伊萨亚词典在选词和翻译上，都存在一定的承继关系。

《俄汉合璧字汇》的编纂使波波夫积累了汉语词典编纂经验，1882—1888年间，波波夫全力整理曾先后在华生活三十三年（曾任第十二届俄罗斯东正教驻北京使团司祭、第十三届和第十五届团长）的卡法罗夫（П. И. Кафаров，教称 Палладий，中文文献中称"巴拉第"）留下的汉语词典手稿②，后编为《汉俄合璧韵编》，于1888年在北京同文馆出版。该词典被公认为是俄罗斯人早期汉语词典的最高成就，是其编者卡法罗夫数十年来积累的汉语知识的总结。与俄罗斯人编写的其他汉语词典相比，该词典所针对的对象更为宽泛，编写目的也不再仅为应用于教学，而是要帮助俄罗斯人了解"世界上这个古老、独特、强大的国家"③，"该词典在19世纪末享誉欧洲，成为各国汉学家必备的工具书之一。

---

① Попов П. С. 俄汉合璧字汇. *Русско-китайский словарь, составленный первымъ драгоманоъ императорской российской миссии в Пекине П.С. Поповымъ.* Санкт-Петербургъ: Печатано по способу М. И. Алисова въ Картографическомъ заведении Ильина, обложка и предисловие въ типографии Эттингера, 1879.

② 该手稿现藏于俄罗斯科学院东方文献研究所档案馆：разр. I, оп. 1, No. 48（1—4）。

③ Попов П. С. 汉俄合璧韵编. *Китайско-русский словарь, составленный бывшимъ начальникомъ Пекинской духовной миссии архимандритом Палладиемъ и старшимъ драгоманомъ императорской дипломатической миссии в Пекине П. С. Поповымъ.* Пекинъ: Типография Тунъ-Вэнь-Гуань, 1888.

法国汉学家沙畹这样评价该词典：当中国的词典也不能提供帮助时，卡法罗夫的词典经常是最终的论据……伯希和在法兰西学院的教学中也使用该词典；俄罗斯当代汉学家谢缅纳斯认为，当其他词典难以对阅读历史文献有所帮助时，信息丰富的《汉俄合璧韵编》的百科性质使之成为无可替代的帮手"①。

19世纪后半叶以来西方各国在中国的利益瓜分，到19世纪末20世纪初愈演愈烈，甚至竞相推行起"机会均等""划分势力范围"等主张。在俄国日益活跃的对华活动中，语言障碍问题再次凸显出来。为解决这一问题，第十八届东正教驻北京使团团长英诺肯提乙（Иннокентий），集前人卡法罗夫《汉俄合璧韵编》、英国外交官翟理斯《汉英词典》等词典之大成，于1909年在北京出版了《华俄词典》②。1914年，作者又在《华俄词典》的基础上略做调整，于1914年缩编出版了《华俄便携词典》。

俄罗斯东正教驻北京使团存在近三百年，留下的汉语词典数量众多，以上所罗列的只是有幸得以出版的几种。东正教入华传教士编写的汉语词典，构成了俄罗斯汉语学习与应用的基础。

---

① Алексеев В. М. *В старом Китае.* Москва: Наука, 1958. Семенас А. Л. П. И. Кафаров как лексикограф. *П. И. Кафаров и его вклад в отечественное востоковедение: К100-летию со дня смерти.* Материалы конфреции. Ч. 1. Москва. Наука, 1979. Panskaya, L. *Introduction to Palladii's Chinese Literature of the Muslims.* Canberra: National Library Press, 1977.

② *Полный китайско-русский словарь, составленный по словарям: Чжайльса, Архимандрита Палладия (П. С. Попова) и другимъ, подъ редакцией Епископа Иннокентия. Издание начальника Пекинской Духовной Миссии.* Пекин. Типография Успенскаго монастыря при Духовной Миссии, 1909. 俄国主教英诺肯提乙编辑，耶稣降生一千九百零九年，华俄字典，大清宣统元年岁次己酉，北馆印字房印。

1838年比丘林在其汉语语法书《汉文启蒙》中，首次确立了汉字的俄文注音，卡法罗夫在《汉俄合璧韵编》中对比丘林的俄文汉字注音系统略加改造，后来在此基础上形成了汉字"传统的俄文注音法"，1955年鄂山荫（И. М. Ошанин）主编的《华俄词典》、1983—1984年出版的《大华俄词典》都沿用了这一注音系统。

俄罗斯人编纂出版的早期汉语词典以汉俄词典居多，瓦西里耶夫、佩休罗夫（两部）、卡法罗夫、英诺肯提乙（两部）所编的词典，都是汉俄词典，只有伊萨亚和波波夫的是俄汉词典。见表1：

表1　俄罗斯人编纂出版的早期汉语词典

序号	出版年	出版地	编者	词典名称
1	1866	彼得堡	瓦西里耶夫	《汉字编排体系——第一部汉俄词典试编》（译名）
2	1867	北京	伊萨亚	《俄汉俗话词典》（译名）
3	1879	彼得堡	波波夫	《俄汉合璧字汇》
4	1887—1888	彼得堡	佩休罗夫	《汉俄字汇》
5	1891	彼得堡	佩休罗夫	《汉俄合璧画法字汇》
6	1888	北京	卡法罗夫，波波夫	《汉俄合璧韵编》
7	1909	北京	英若肯提乙	《华俄词典》
8	1914	北京	英若肯提乙	《华俄便携词典》

二　词典类型

（一）小型词典多为结构类型单一的双语词典

词典学理论认为，双语词典的类型，取决于词典编纂的宗旨：有助于理解原语（Original Language）的文句；有助于理解对原语的描述；有助于造出译语的文句。[①] 俄罗斯人编纂出版的早期汉语词典的宗旨显然属于第三者。从词典类型上看，瓦西里耶夫的《汉字编排体系——第一部汉俄词典试编》、佩休罗夫的《汉俄字汇》和《汉俄合璧画法字汇》都是为彼得堡大学东方系的汉语教学服务的教学词典，在编纂时囿于科学院印刷厂的汉字字模数量，而导致其规模有限，结构单一。在俄罗斯东正教驻北京使团脱离了政治和外交功能后，《俄汉俗话词典》的编者伊萨亚在北京传教的过程中融入中国人的日常生活，为解决俄罗斯人与中国人的交往需要而编纂出版了该词典；《俄汉合璧字汇》的编者波波夫也是有感于中俄交往的日益密切，为方便俄罗斯人的在华活动而编写词典的。这两部俄汉词典的编写目的和词典类型也都比较单一。英诺肯提乙的《华俄便携词典》虽然是在北京出版，但只是为了在有限的场合满足来华俄罗斯人的实用需要，词典规模不大，结构简单。

（二）大型词典类型复杂，具有单语词典语言描写的特点或百科辞典的特性

卡法罗夫和波波夫的《汉俄合璧韵编》、英诺肯提乙的《华俄词典》考虑到了通用汉语的中国社会的文化和历史与俄罗斯存在着本质差异，原语与译语所处的文化背景差异使得这部词典在某种程度上承担了单语词典的语言描写任务，如在英诺肯提乙的《华俄词典》中，词条的词头中就包含语音信息——在右上角标明声调，如"道[4]"，在词目中第一项即以俄文注音"Дао"，词

[①] 拉迪斯拉夫·兹古斯塔主编《词典学概论》，林书武、宁榘、冯加方、卫志强、周绍珩译，商务印书馆，1983年。

条中还描述了词目的语法意义，还以注释的方式列出了"道"的量词词类特征：Числительное рек, мостов, стен, ворот, бумаг и т. п.（表示河、桥、墙、门、纸张等的数量）。语言是文化的载体，汉语和俄语所承载的文化背景之间差异巨大，如果一些内容在原语和译语之间难以找到合适的对应词，就必须做出详细的注释，而大量详细注释会使词典在某种意义上超越语文词典的内容，而具有百科辞典的特征。很多汉字的内容在俄语中不能找到对应词，这一问题只能通过注释解决。如在《汉俄合璧韵编》中的词条"东"，表示方向时与俄语"восток"完全对应，但在汉语中"东"还有"敬"义，这一含义在俄语中则没有对应词，因而该词条中有这样的注释：В древности почетная сторона была не южная, как ныне, а восточная.（中国古代以东方为敬，而不像现在以南方为敬。）该词典"东"的词条中还有这样的注释：По распределению Китайцев восток принадлежит к дереву, т. е. растительности.（中国人认为"东"从"木"，即植物。）《汉俄合璧韵编》体现了编者基于多年在华生活而对汉语和中国文化的深刻理解，因此后代学者谓之堪称"中国文化的百科全书"。

三 词条的排列顺序

俄罗斯汉学家编纂出版的早期汉语词典，在排列顺序上体现了中俄文化的交融。

（一）按俄文字母顺序排列并附214部检字表

现代词典学理论认为，"按原语字母顺序排列词条，这是双语词典词条排列的根本原则"（拉迪斯拉夫·兹古斯塔主编，

1983)。俄罗斯人早期编纂出版的词典,毫无例外地反映了该原则,不仅两部俄汉词典——《俄汉俗话词典》《俄汉合璧字汇》完全从译语出发按俄文字母排序,汉俄词典——《汉俄合璧韵编》《华俄词典》尽管是以汉字为词目,但每个汉字均用俄文注音,全书是按俄文字母顺序排列。不过,这些词典在按俄文字母顺序为词条排序后,大都在附录中设有汉语214部首表和部首检字表。这样,俄罗斯人从其母语俄语出发检索查阅,在得到俄语词语的汉语对应词后,需要了解中国字的字形结构特点时再查阅附录的部首表,这反映了俄罗斯人对汉字构成的认识。大多数外国人编纂的早期汉语词典都具有这一特点。

(二)结合偏旁部首原理与同根词编列方式独创主笔画排列法

中国字书的编排方式有三,即按"义"排列、依"声"排列、以"形"排列。前两者均要求词典使用者具有辨识汉字之"义"或"音"的能力。对于音义生疏的汉字,只有以"形"检索。自东汉许慎《说文解字》分析汉字字形,将9353个汉字归为540部后,这种以字形为原则的编检方式逐渐被广泛地用于字书编纂中。对于外国人学习认读汉语来说,面对生疏的汉字,通过字形特点检索是一种有效的方式。佩休罗夫在1887年和1888年相继出版的《汉俄字汇》,在词条排列上就采取了按汉字214部分部排列的原则。《汉俄字汇》按笔画数量从多到少,共收入汉字4997个(这大约是彼得堡科学院印刷厂当时所拥有的汉字字模数量)。词典使用者遇到生疏的汉字,可以根据汉字字形查找汉字,了解其意义。

将汉字的字形规律特点作为词典排列顺序的原则,除直接继

第四节 俄罗斯早期汉语词典

承中国语言学者的成果外,俄罗斯汉学家编纂出版的早期汉语词典,还反映了他们融合中俄词典编纂文化为一体的独创性成就。瓦西里耶夫于 1866 年石印出版的《汉字编排体系——第一部汉俄词典试编》便是这样一部词典。瓦西里耶夫考察汉字的构成后发现:汉字有单一结构和复合结构,复合结构的汉字大都由单一结构的汉字构成,即单一结构的汉字保持原样或经过变化,拥有意义,组成复合结构的汉字。单一结构的汉字,或由一画构成,或由多画构成,或一画和多画相交织,请看如下几组:一丄工土王主生圭住;丨丅十千干牛丰手手;丿厂厂广产;口日白目百自首;人大太犬夭天矢夫失耒。在每一组中,都有最主要的一画,这个主笔画是为汉字分类并建立排列顺序的基础。按这种汉字划分的体系,按照先下后上,先右后左,在主要笔画的确定出现疑问时,则看最后一画……"点"画和"捺"画,看其是否处于右下位,如"史"字,其主笔画就是"捺",而不是"撇"。如果复合结构汉字由几组笔画构成,则看其最下方或最右侧的属于哪一组,如"唐"和"后"因最后的笔画都是"口"而都属于"口"组,"旁"的末位笔画是"方"因而归于"方"组(《汉俄合璧画法字汇》,1891)……按照瓦西里耶夫教授的规则,汉字结构中共有如下十九个基本笔画:

　　一、丨、乚、丿、㇉、㇇、㇄、亅、㇙、㇀、丶、㇏、乙、㇂、㇐、㇉、乚、乙(㇉)、丁(乚)

瓦西里耶夫之后的俄罗斯汉学家佩休罗夫继承这种汉语词典词条排列方式,于 1891 年在彼得堡出版了《汉俄合璧画法字汇》。佩休罗夫认为,瓦西里耶夫的汉语词典排列系统,是承继了法国传教士汉学家加略利在《字声总目》①中的词条排列体系，同时把汉字的主笔画由加略利词典中的九个扩展到十九个，以收录更多的汉字。

瓦西里耶夫的汉字排列系统也是对《说文解字》以来中国字书以"形"排列的继承。他把中国明清字书已通行的从字形入手按214部编排词条的方式，按着外国人所便于接受的数量，将部首归为十九类。中国字书的214部排列法和瓦西里耶夫的主笔画排列法，都是从字形入手，以部首为关键手段，识别汉字。当然，这种相近只是表面的，其内在的机理完全不同。瓦西里耶夫的体系只是单纯地由观察字形而来。在每一部首内部，瓦西里耶夫的排列规则是先下后上、先右后左、末笔决定，而《说文解字》则是按汉字书写的笔顺原则。因而形成了瓦西里耶夫、佩休罗夫的"一丄工土王主生圭住"，而《说文解字》则是"一丄示三王玉"的顺序。瓦西里耶夫单纯从汉字字形中找有特征的主笔画，主笔画从第一个的"一"到第十九个的"刁（乚）"之间，没有内在的联系；而《说文解字》的部首系统则是从"一"而始，以"亥"而终，其中体现了"亥而生子，复从一起"的中国传统思想。②

按字形排列词条的词典编纂方式，不是汉语词典或中国古代语言学家独有的，也非瓦西里耶夫的独创。俄语词典的编纂史上

---

① 加略利（Joseph Marie Callery），意大利传教士，1833年入华，中文修养很好，留下的汉语语言成果有：1841年澳门出版的《字声总目》（*Systema Phoneticum Scripturae Sinicae*），1842伦敦出版的《中国语言百科》（*The Encyclopedia of the Chinese Language*）及1842年巴黎出版、1844年在澳门—巴黎出版的《中国语言的百科字典》（*Dictionnaire encyclopédique de la langue chinoise*）。

② 赵振铎《中国语言学史》，河北教育出版社，2000年。

第一部国家编纂出版的词典——1789—1794 年间出版的《俄罗斯科学院词典》[①] 和俄语词典编纂史上最重要的词典——弗拉基米尔·达里 1863—1866 年出版的《大俄罗斯语详解辞典》[②]，都不是按字母顺序排列，而是按词根，将同一"词族"或"派生词群"归并成一个词条组合。

达里认为词典中按照词群编排词条的顺序，有助于理解词语的精髓，展现词的构成规律。[③] 他试图揭示词与词之间的语义联系，在整体上呈现词语和整个语言的语义特性和构词特性，有利于词典使用者学习和掌握同族词。从第一部俄语词典的诞生到达里词典的出版，按词根排序在俄国已有半个多世纪的历史，赴华前就已经在喀山大学取得硕士学位的瓦西里耶夫，在着手为俄罗斯人学习汉语编写词典、解决汉字识记困难时，很自然地想到自己的母语词典中是怎样在词语之间建立联系，从而回避零散逐个识记汉字的乏味与艰难。在瓦西里耶夫《汉字编排体系——第一部汉俄词典试编》和佩休罗夫的《汉俄合璧画法字汇》两部词典中，其"主笔画"就如同达里词典中的词根，将一类汉字集合为一个

---

① *Словарь Академии Российской, в 6 т.* Въ Санкт-Петербургѣ при Императорской Академии Наукъ, 1789-1794. 这是第一部俄语详细词典，由专门从事语言收集研究的俄罗斯科学院编，共六卷，收词 43 357 个。1783 年开始词典编纂工作，1794 年结束，历时十一年。

② Даль В. И. *Толковый словарь живаго великорусского языка*, 1863-1866. 该词典的出版是俄罗斯文化史上的重大事件，达里第一次将生动、简单、清晰的民间词语纳入词典，共收入词语二十万条，其中有八万条是达里由民间收集而来。这部词典被认为超越了俄国 1789—1794 年官修的《俄罗斯科学院词典》和 1847 年出版的颇具影响的《教会斯拉夫语俄语词典》，是俄语词典编纂史上的里程碑。

③ Даль В. И. *Толковый словарь живого великорусского языка*. Москва: Издательство 《Русский язык》, 1999.

字的组合，而所有的汉字加在一起，只有十九个组合。组合的数量很少，使俄罗斯人不再觉得汉字过于繁难，这全都得益于瓦西里耶夫的创举。

四 结语

尽管中国与俄国分处欧亚，汉语与俄语所承载的文化有着质的不同，但从词典编纂上依然可以发现相通之处。自东汉末年许慎分析字形结构，挖掘汉字的本义，根据字义确定部首、排列词条，至宋代郑樵完善"六书"理论，字书编纂与"六书"本义相辅相成，中国词典编纂史上挖掘字形结构与字义之间关系的研究日见成熟。而在俄国，以词根为核心，探寻词与词之间的派生关系和词源联系。中俄之间对于词典编纂理论的理解，虽有千年之隔，但却又相通相融，俄语词典中的词根、汉语词典中的部首，举一而牵一族。这种不同文化之间的内在相通，被俄罗斯汉学家充分地运用在了汉语词典的编纂上，在倡导文化互通共生的今天看来，有着颇为精彩的意趣。

第五章

早期西方人的汉语学习与汉语研究

第一节　来华美国人的汉语学习[①]

　　1784年8月28日美国商船"中国皇后号"（Empress of China）停靠在黄埔港，中美之间开始了直接的交往。在此后的五十多年间，尽管有不少美国商人和外交官来中国进行贸易和考察，但愿意认认真真学习汉语的只有亨德（William C. Hunter）一个人。亨德1824年被一家美国公司（Thomas A. Smith and Sons Co.）派遣来华，目的是学习汉语以便服务于该公司在广州的办事处。亨德于1825年2月11日抵达中国，由于发现很难找到合适的汉语老师，很快便离开广州前往新加坡，希望能进那里的一所学校学习汉语，但那所学校的情况也不理想，于是他再次转往马六甲，进入当地的英华书院（The Anglo-Chinese College）学习，直到1826年12月底。亨德于1827年初回到广州，并很快见到了第一位来华的英国伦敦会传教士马礼逊（Robert Morrison）。1824年离开美国时亨德曾带着一封公司写给马礼逊的介绍信，但由于马礼逊1824—1826年回英国休假（1826年9月返回广州），

　　[①]　本节摘自顾钧《鸦片战争以前来华美国人的汉语学习》，《江苏大学学报（社会科学版）》2012年第4期。

亨德直到 1827 年 1 月才得以见到这位最早来华的英国传教士。如果当初马礼逊没有离开，亨德也许就不需要舍近求远地远赴马六甲了，在中国已经生活了近二十年（1807 年来华）的马礼逊无疑是最好的汉语老师。两人见面后马礼逊测试了亨德在英华书院一年半的学习成果，结论是"优良"（good）。在其后给亨德父亲的信件中，马礼逊报告了这个好结果，并说亨德在汉语这样一门非常难学的语言上的进步"不仅是他个人的荣耀，也是英华书院的荣耀"①。

马礼逊对亨德的测试同时也是为了了解英华书院的教学水平，因为这所书院正是在他提议下创办的（1818 年），为此他捐助了 1000 英镑用于校舍的建设。书院实行中外学生兼收的政策，既教中国人英文和西学，也为外国人学习汉语提供培训。马礼逊建立这所学校的重要目标之一是为英国以及其他西方国家培养紧缺的汉语人才。

亨德来到英华书院时，书院的院长是伦敦会传教士汉弗莱（James Humphreys），他是第二任院长，首任院长是协助马礼逊创办学院的伦敦会传教士米怜（William Milne），在担任院长四年后于 1822 年去世。亨德在英华书院的汉语老师柯利（David Collie）是一位著名的汉学家，代表成果有《〈四书〉英译》（1828）。亨德的另外一位老师是一个广东人（Choo Seen-Sang，担任柯利的助手），他不仅熟悉中国经典，而且能说一口准确流利的官话（Hunter, 1911）。有这样中外高水平老师的指导，难怪在不长的时间里亨德的汉语学习就能够取得良好的效果。

---

① Hunter, W. C. *Bits of Old China*. Shanghai: Kelly and Walsh, 1911.

如果考察柯利最初的中文基础，就会发现是来自1823年马礼逊访问马六甲时对他的指导，这样一来，亨德就应该算是马礼逊的"徒孙"了，虽然在英华书院一年多的学习成果得到了"师祖"的肯定，但亨德并不就此满足，他在广州当地又找到了一位中国老师（Lee Seen-Sang）继续学习。但不久之后他所供职的公司破产，于是他不得不中断学习返回美国。1829年他乘坐新雇主奥立芬（D. W. C. Olyphant）的商船"罗马人号"（Roman）重返广州。在这条船上他结识了最早来华的美国传教士裨治文（Elijah Coleman Bridgman），并每天教授裨治文中文。正是从马礼逊的"徒孙"那里，裨治文获得了最初的汉语知识。英、美第一位传教士之间的这层关系虽然有点儿巧合，但事实本身既说明了马礼逊作为汉语教师的广泛影响，也说明了美国汉语人才的缺乏。从1784年以来，美中之间的贸易不断发展（至1792年贸易额仅次于英国），但半个世纪当中能够熟练掌握汉语的美国商人却只有亨德一人。

商人追求的是商业利益，一般都来去匆匆，对于那些有机会长期居留的人来说，汉语的复杂难学也使他们或无心问津或裹足不前。美国商人不愿意和不积极学习汉语的另外一个重要原因，是一种特别的交流工具的存在。它不是汉语，也非标准的英语，还夹杂着一点儿葡萄牙语，就是所谓"广州英语"（Canton English）。它起源于广州人在与英国商人打交道的过程中无师自通学习英语的实践（开始于1715年前后），其特点是完全不顾读和写的训练，只关注听和说——把听到的英文单词用汉语记录下声音，再根据汉语注音说出来。这种看似简单易学的方法带来两个问题，一是由于注音不准确（常常把英文单词的多音节缩减为汉字的单音节）而导致发音走样，二是由于缺乏系统的训练而使说出来的句子完全不符合语法规则，毫无逻辑性可言。但这样一个非常不理想的交流工具却不妨碍做生意，甚至是大笔的生意。①

中美直接贸易开始后，美国政府于 1786 年向广州派驻了首任领事山茂召（Samuel Shaw），1794 年山茂召去世后他的职位由斯诺（Samuel Snow）接替，斯诺 1804 年年底离职后由卡灵顿（Edward Carrington）接任（1806—1808 年），马礼逊 1807 年从英国经纽约来广州时带着的正是美国国务卿给卡灵顿的信件。卡灵顿离任后这一职位一直空缺，直到 1814 年才由韦尔考克斯（B. C. Wilcocks）接任。但所有这些人都是商人出身，实际上，直到 1854 年，这一职位一直由商人充任。② 但身份的转变没有为这些外交官带来汉语学习态度的改变。1844 年当顾圣（Caleb Cushing）代表美国政府前来和清政府谈判时，他只能请传教士帮忙做翻译。此后传教士被借用的情况一直延续到 19 世纪 60 年代，正如列卫廉（William B. Reed，1857—1858 年美国驻华公使）在给美国政府的信中所说："传教士们在中国的工作和研究直接关系到了我们的在华利益。如果没有他们担任翻译，我们的各项工作都无法进行；如果没有他们的帮助，我在这里既不能读，也不能写，无法与中国人信函往来，更无法与中国人谈判。总之，如果没有他们，我根本无法开展工作。他们为我们解决了很多困难。1844 年顾圣先生在中国的时候，为他做翻译和帮助他的都是传教士；1853 年马沙利（Humphrey Marshall）先生和 1854 年麦

---

① Williams, S. W. Jargon Spoken at Canton. *Chinese Repository*, 4, 1835-1836.
② Dennett, T. *Americans in Eastern Asia*. New York: Barnes & Noble, Inc., 1941.

莲（Robert M. McLane）先生在中国任职时，担任他们翻译的也都是传教士。我们这次在中国工作期间，裨治文博士给予了我们莫大的帮助。现在他们仍然在尽他们所能为我们分忧解难。我要向他们表示真诚的谢意，感谢他们给了我那么多帮助，为我们提出了那么多宝贵的意见和建议。我还要感谢来自印第安纳州的长老会传教士丁韪良（William A. P. Martin）先生。他懂中国北方话，为我做口译工作。"① 英国的情况也并不更好，1816年阿美士德（William Amherst）勋爵率团访问北京，翻译工作主要由马礼逊负责，到了鸦片战争谈判期间，主要的翻译一个是马礼逊的儿子马儒翰（John Robert Morrison），一个则是德国传教士郭实腊（Karl Friedrich August Gützlaff）。

同样是难学的汉语，为什么传教士就能够掌握呢？问题的关键在于动力与目标不同。传教士来中国，志在改变中国人的信仰，这就要求他们了解中国人的心理，知道中国的历史与文化，而这一切的基础便是掌握汉语。第二位来华的伦敦会传教士米怜这样表白自己的心迹："我认为要学好这门语言是非常困难的（我至今都没有任何理由改变这一看法），并且确信，对于一个才能平庸的人，需要长期努力，需要勤奋、专注和坚持不懈，因为掌握汉语知识后就能够为基督教事业做出更大的贡献。因此，我下定决心，只要上帝赐给我健康，我将竭尽全力，即使进步缓慢也不灰心沮丧。"② 米怜的这段话也道出了其他来华传教士的心声。

---

① Williams, F. W. *The Life and Letters of Samuel Wells Williams*. New York: G. P. Putnam's Sons, 1888.

② William, M. *A Retrospect of the First Ten Years of the Protestant Mission to China*. Malacca: The Anglo-Chinese Press, 1820.

1829年裨治文来华时，美部会（American Board of Commissioners for Foreign Missions）给他的指示的第一条就是要求他把开始的几年投入到汉语学习中，并说如果发现广州的学习环境不理想，可以考虑到马六甲的英华书院。[①] 裨治文后来没有去英华书院，而是在广州跟随马礼逊学习。1833年另一位美部会传教士卫三畏（Samuel Wells Williams）到达广州后，也就顺理成章地把裨治文当作了自己的汉语启蒙老师。本来学习汉语最好是找中国人做老师，但当时清政府的极端文化保守主义政策（教外国人汉语有杀头之祸）使这一点很难实现。即使能找到个别不怕冒险的老师，在师生双方都精神紧张的情况下教学效果也一定不会太好。美部会的指示中担心广州的"学习环境不理想"，应该就是指此而言。这种不理想的状况直到1844年才得以改变，中美《望厦条约》中约定："准合众国官民延请中国各方士民人等教习各方语音，并帮办文墨事件，不论延请者系何样人，中国地方官民等均不得稍有阻挠、陷害等情；并准其采买中国各项书籍。"[②] 裨治文是《望厦条约》谈判时美方的主要翻译，其时他已经来华十多年，但据中方人员的看法，他的口头表达能力仍十分有限，"以致两情难以互通，甚为吃力"[③]。1844年是马礼逊去世十周年，这位最早的汉语教师晚年的境遇不佳，估计去世前几年能够用来指导裨治文的时间和精力都很有限，多年来裨治文主要是通过马礼逊

---

① Bridgman, E. J. G. *The Pioneer of American Missions in China: The Life and Labors of Elijah Coleman Bridgman.* New York: Anson D. F. Randolph, 1864.
② 梁为楫、郑则民主编《中国近代不平等条约选编与介绍》，中国广播电视出版社，1993年。
③ 文庆等《筹办夷务始末（道光朝）》，台湾文海出版社，1970年。

编写的工具书来学习汉语，口语不佳也很难求全责备了。经过多年学习，裨治文的汉语阅读和写作能力得到长足进步，1836年他用中文独立撰写了介绍美国历史的《美理哥合省国志略》，就是明证。卫三畏在回顾条约签订前的中外交往时，特别强调了掌握汉语的重要性，他说："无论是商人、旅行者、语言学者，还是传教士，都应该学习汉语，如果他们的工作使他们必须来中国的话。说以下这句话是一点儿也不冒昧的：如果所有的人都掌握了汉语，就可以避免外国人和中国人之间的恶感，也同样可以避免在广州造成人员财产损失的那些不愉快的事件；中国人对于外国人的轻视，以及过去一个世纪以来双方交流的备受限制，主要原因是由于对汉语的无知。"①

对于学习一门语言来说，教师固然重要，教材也同样重要。19世纪早期的情况是，不仅汉语教师稀少，用于学习汉语的教材也很有限，而有限的几种教材皆是欧洲人的作品。为此裨治文和卫三畏在19世纪40年代陆续编写了三部工具书，不仅增加了汉语学习者的选择范围，而且也打破了欧洲人的作品一统天下的局面。

裨治文主持编写的《广东方言读本》（*Chinese Chrestomathy in the Canton Dialect*）②首先于1841年出版（印量为800册），这是美国人编写的第一部学习汉语的工具书，也是第一本专门用于练习广东方言的实用手册，具有重要的历史意义。为了表彰裨

---

① Williams, S. W. *The Middle Kingdom*. New York: Wiley & Putnam, 1848.
② 该书没有固定的中文译名，日本学者曾使用《广东语模范文章注释》《广东语句选》等译名，参见 Shen, Guowei. The creation of technical terms in English-Chinese dictionaries from the nineteenth century. Lackner, Michael, et al. (eds.) *New Terms for New Ideas: Western Knowledge and Lexical Change in Late Imperial China*. Leiden: Brill, 2001.

治文的这一大贡献,纽约大学于 1841 年 7 月 14 日授予他神学博士学位。

裨治文之所以要编写《广东方言读本》,是因为想学广东方言的外国人日渐增多,但自马礼逊的《广东省土话字汇》(*Vocabulary of the Canton Dialect*) 1828 年问世以来,"一直没有其他有价值的工具书出版,对这一方言的忽视显然难以适应日益增长的中外交流"[①]。正如书名所标志的那样,该书以简易语句的形式提供练习,每页分三列,分列英文、中文及罗马字母拼音,并附注解。全书共分十七篇,分别是:(1)习唐话;(2)身体;(3)亲谊;(4)人品;(5)日用;(6)贸易;(7)工艺;(8)工匠务;(9)耕农;(10)六艺;(11)数学;(12)地理志;(13)石论;(14)草木;(15)生物;(16)医学;(17)王制。可见作者的意图不仅在帮助读者学习广东口语,也在帮助他们获得有关中国的各类信息,将语言的学习和知识的学习结合起来。

马礼逊的《广东省土话字汇》共分三部分,第一部分是英汉字典,第二部分是汉英字典,第三部分是汉语词组和句子,汉英对照。《广东方言读本》可以说是对第三部分的扩大和补充,与前书相比,篇目的设置更贴近日常生活,例句更为丰富和精当,注释的加入也是特色之一。《广东方言读本》的出现无疑为广东方言的学习提供了有力的帮助。但是大 8 开本、693 页的部头使这本工具书使用起来不太方便。简单实用的《拾级大成》(8 开本、287 页)的适时出版满足了需要。

---

① Bridgman, E. C. Introduction. *Chinese Chrestomathy in the Canton Dialect*. Macao: The Press of Chinese Repository, 1841.

《拾级大成》(Easy Lessons in Chinese, 1842)[①]是卫三畏独立编写的第一部汉语工具书。在此之前他参与了《广东方言读本》的编写。在《拾级大成》"前言"中卫三畏说:"本书是为刚刚开始学习汉语的人编写的,读者对象不仅包括已经在中国的外国人,也包括还在本国或正在来中国途中的外国人。"全书的内容如下:(1)部首;(2)字根;(3)汉语的读写方式介绍;(4)阅读练习;(5)对话练习(与老师、买办、侍者);(6)阅读文选;(7)量词;(8)汉译英练习;(9)英译汉练习;(10)阅读和翻译练习。相对于《广东方言读本》偏重于说的练习,《拾级大成》更侧重读、译的练习,显然是为了和《广东方言读本》互补。在阅读练习中,作者的编排是先给出中文,然后是拼音,然后是逐字的英译,最后是符合英语习惯的翻译。阅读练习遵循由易而难、逐级提升的编写原则,先是单句练习,然后逐渐过渡到成段的文字。翻译练习的安排也是如此,从字句的翻译到成段的翻译,从提供参考译文到最后不再提供参考译文,作者显然希望通过这些练习能够使学习者比较快地掌握汉语。如果像卫三畏所设想的那样,一个学习者通过前面的操练最终能够完成书末成段的中译英练习(选自《聊斋》《子不语》《玉娇梨》《圣谕广训》《劝世良言》),那么他确实可以说已经"大成"了。

在《拾级大成》出版两年后,卫三畏又推出了另一部工具书《英华韵府历阶》(An English and Chinese Vocabulary)[②]。这是一部

---

① 该书中文书名页的内容是:"咪唎坚卫三畏鉴定,《拾级大成》,香山书院梓行,道光辛丑年镌。"印刷量为 700 册。

② 该书中文书名页的内容是:"卫三畏鉴定,《英华韵府历阶》,香山书院梓行,道光癸卯年镌。"印刷量为 800 册。

英汉词汇手册，按照英语字母顺序依次列出单词和词组，并给出中文的解释和官话注音。之所以用官话注音，是为了适应中国内地已经逐渐开放的形势。由于广东、福建仍然是当时传教士和其他外国人活动的主要区域，所以在书后的索引中，除了官话注音，卫三畏还给出了该词汇表中出现的所有汉字（按照214部首排列）的广州话和厦门话注音。《英华韵府历阶》可以看作是马礼逊《广东省土话字汇》第一部分"英汉字典"的扩大和补充。马礼逊的词汇手册出版于1828年，早已绝版，鉴于这一情况，卫三畏编写了这本工具书。

以上三本工具书的出版标志着美国人的汉语学习和研究已经脱离了最初的筚路蓝缕的阶段，开始走上了一条逐渐成熟和发达的道路。

第二节　清代来华西方人的汉语水平[①]

京师同文馆初设英文馆、法文馆、俄文馆，所以又称"同文三馆"，始建于19世纪60年代初，是晚清学子学习英、法、俄等西方语言的场所；嗣后又设德文馆和东文馆（即日文馆）。冠以"京师"，是为有别于上海、广州等地的同名语言机构。建立之初，学生仅为家道中落的八旗子弟。因在旗之人不愿意放弃可

[①] 本节摘自施正宇《试论清代来华西方人的中国语言水平——从京师同文馆的建立说起》，《清华大学学报（哲学社会科学版）》2014年第6期。

令子弟跻身仕途的科举考试，所以京师同文馆又设汉文科目。因此，就性质而言，京师同文馆是为中国人学习外国语言而建立的双语或多语学校。京师同文馆固然是晚清政府为培养外语人才而设立的，然笔者以为，其肇始、建立，还与晚清时期西方人的汉语优势密不可分。

一 筹建京师同文馆的直接原因

明清以来的中国士大夫向来不重视西方语言，同文馆毕业生、著名剧作家及戏剧理论家齐如山曾经撰文说：

> 中国人夙来自大，没有人肯学外国文字或语言。中国政界的意思，是外国人来到中国，都应该说中国话，何况同政府办公事呢？……他们的思想是，外国人不懂中国话，他们便应该自己预备翻译人员，倘没有会中国话的人，就不必来交涉事情，堂堂中国政府，不能给他们代备这种人才，因自己国家的威严体面的关系，自己也不能设翻译人员。因为这种思想，所以从前与外国交涉的公事，无论来往都是用汉文。①

可到了1861年，总理各国事务衙门大臣奕䜣等人忽然奏请气若游丝的咸丰皇帝，提议筹建"外国语言文字学堂"，也即后来的同文馆：

> 闻广东、上海商人，有专习英、佛、米三国文字语言之人，请敕各该省督抚，挑选诚实可靠者，每省各派二人，共派四人，

---

① 齐如山《齐如山回忆录》，台北"中央文物供应社"，1956年。

携带各国书籍来京，并于八旗中挑选天资聪慧、年在十三四以下者各四五人，俾资学习。①

谈及这一提议的历史背景，有学者认为，是中西语言障碍迫使清朝政府下决心培养西方语言人才的，特别是此前不久签订的中英、中法《天津条约》中有关文本文字的规定，是促成京师同文馆建立的直接原因。②1858 年签订的中英《天津条约》是这样规定的：

> 嗣后英国文书俱用英字书写，暂时仍以汉文配送，俟中国选派学生学习英文、英语熟习，即不用配送汉文（此句英文本无）。自今以后，遇有文词辩论之处，总以英文作为正义。③

同时签订的中法《天津条约》也有类似的条款：

> 凡大法国大宪、领事等官有公文照会中国大宪及地方官员，均用大法国字样，惟为办事妥速之便，亦有翻译中国文字一件附之，其附件尽力以相符，候大清国京师有通事谙晓且能译大法国官员照会，大法国官员公文应用大清国字样。自今以后，所有议定各款，或有两国文词辩论之处，总以法文作为正义……其两国官员照会，各以本国文字为正，不得

---

① 《筹办夷务始末（咸丰朝）》，中华书局，1979 年。
② 司佳《从"通事"到"翻译官"——论近代中外语言接触史上的主、被动角色的转移》，《复旦学报（社会科学版）》2002 年第 3 期。季压西、陈伟民《从"同文三馆"起步——语言障碍与晚清近代化进程（三）》，学苑出版社，2007 年。除此之外，苏精认为魏源、姚莹、郭嵩焘等有识之士的呼吁也是促成京师同文馆建立的原因之一。参见苏精《清季同文馆及其师生》，台湾上海印刷厂，1985 年。
③ 王铁崖编《中外旧约章汇编（第一册）》，生活·读书·新知三联书店，1957 年。

将翻译言语以为正也。(王铁崖编,1957)

英法两国提出以自己的母语文字为条约文本的法定文字,双方如有疑义,也只能以英、法文为"正义";清朝政府无人通晓西方语言,也就无法顾及自身的话语主权和国家尊严。谈判桌上,语言不通成为清朝政府维护本国利益的最大障碍,奕䜣对此深有体会:"臣等每欲借彼国事例以破其说,外国条例,俱系洋字,苦不能识。"[①] 不通西方语言,以及由此带来的谈判桌上的窘迫,的确是清朝政府筹建同文馆的直接原因。但是,这仅仅是问题的一个方面。语言的平等在于谈判各方语言的双向或多向交流,就晚清时期中外谈判而言,由于俄、英、美等国已先期培养了能够熟练掌握汉语的翻译和外交人员,清朝政府在与之交涉过程中时时处于劣势。第二次鸦片战争期间,英法联军攻陷大沽炮台,直逼天津,咸丰委派老臣耆英与之交涉。耆英抵津后,英法使臣不与相见,出面调停的俄国使臣普提雅廷也提醒耆英"如上英船,必须小心"(《筹办夷务始末(咸丰朝)》,1979)。耆英正疑惑之际,却发现美方谈判代表列卫廉手中握有自己多年前写给两广总督叶名琛的函件。耆英问其故,方知1857年英军攻入广州城时,在总督府内截获了大量公文信函,列卫廉手中的函件正是那时所获。不日,英国翻译李泰国、威妥玛面见耆英等人,言语之间,李泰国、威妥玛拿出这些函件,当面斥责耆英语多欺瞒鄙薄不敬之词,函中曰:

> 海外各夷,情形不同,而赋性则同一险鸷。至逆夷英吉利,尤属万分狡黠,异常桀骜。喜则似有人心,怒则竟同犬

---

① 《筹办夷务始末(同治朝)》,中华书局,2008年。

豕；宽之则求请无厌，拂之则毒螫相加。既智取术驭之则穷，亦理喻势禁之不可。①

这令耆英一时面赧语塞，此时他才明白，广州总督府的公文密函，不仅被英军悉数截获，而且被李泰国、威妥玛等人全部读懂。列强摸清了清朝政府的御敌方略，也完全读出了中国人对西方人由来已久的轻蔑。此次的不与相见与诘问，不过是英法使臣的回敬而已（《筹办夷务始末（咸丰朝）》，1979）。能够读懂政府公文及饱读诗书的士大夫之间的信函，可知那时中方谈判对手的汉语已经达到了很高的水平，从而占有了语言上的绝对优势，真正做到了知己知彼；反之，清朝从上到下，不仅没有"熟悉夷情、可以驾驭夷人之员"②，且都还对洋人西语不屑一顾，谈判焉有不败的道理。好在奕䜣等人终于明白了，认识到筹建外语学堂的必要性："查与外国交涉事件，必先识其性情。今语言不通，文字难辨，一切隔膜，安望其能妥协！"③事实上，除了中英、中法《天津条约》外，晚清诸多中外条约中，还有不少关于汉语学习与应用的条款，这些条款的提出不仅与京师同文馆的建立有着直接的联系，还和清代来华西方人中国语言学习密切相关。因此，我们有必要梳理清代，特别是晚清时期中外条约中关于语言文字的条款，以期对清代西方人的汉语水平及京师同文馆的建立做出客观的评价与分析。

---

① 中国史学会主编《鸦片战争（第三册）》，神州国光社，1954年。
② 《史料旬刊（第35期）》，故宫博物院文献馆，1931年。
③ 朱有瓛主编《中国近代学制史料（第一辑上册）》，华东师范大学出版社，1983年。

二 清代中外条约中有关文本使用文字条款的分析

清代中外条约中有关语言文字的条款，依据具体内容的不同，可分为三种类型。一是关于条约文本文字的条款，即条约签署国均要求以其母语文字或通行的欧洲文字如英文、法文为文本文字，清朝政府则提出暂以中文配送的补救方式；就连一向谙熟汉语汉字的日本，此时也提出了以英文为文本文字的条款。将上述条约签订时间、条约文本文字条款及同文各馆的建立联系起来考虑，就会发现，同文馆的建立，与上述条约条款的存在有着直接的关系（见表1）：

表1 中外条约的签订与同文各馆的建立

年代	条约	文本文字	同文馆的建立
1858	中英《天津条约》	英文	
1858	中法《天津条约》	法文	
1861	中德《通商条约》	德文、法文	
1862			英文馆
1863	中丹《天津条约》	英文	法文馆、俄文馆
1863	中荷《天津条约》	荷兰文	
1865	中比《通商条约》	法文	
1866	中意《通商条约》	中文、意大利文	
1869	中奥《通商条约》	德文	
1871			德文馆
1874	中秘《通商条约》	中文、西班牙文和英文	
1887	中葡《和好通商条约》	中文、葡萄牙文和英文	
1895	中日《马关条约》	中文、日文和英文	
1897			东文馆

条约签订之际，英、法、丹、荷、比、意、奥等国提出以本国母语文字为文本文字；德国在以德文为文本文字的同时，要求以欧洲通行的法文为参照文字；秘、葡、日等国虽然提出以双方文字为条约文本文字，但又要求以英文为参照文字。从时间上看，同文各馆当是为应付此类条款而仓促开馆的，由此也可以看出晚清政府在对外交涉过程中的"被动语态"。与上述各国不同的是，1858年中俄《瑷珲条约》关于文本文字的条款却显得"友善"得多：

> 俄国……岳福缮写俄罗斯字、满洲字，亲自画押，交与中国将军宗室奕山，并中国将军奕山缮写满洲字、蒙古字，亲自画押，交与俄罗斯国……岳福，照依此文缮写，晓谕两国交界上人等。（王铁崖编，1957）

同年中俄《天津条约》还规定：

> 今将两国和书用俄罗斯并清（即满文）、汉字体抄写，专以清文为主。（王铁崖编，1957）

在这两个条约中，俄罗斯在文本文字的规定上没有如其他列强般"唯我独尊"，是因为早在1728年中俄签订的《恰克图条约》就已加入了俄罗斯人中国语言学习的有关条款（详见下文）。经过一百三十年的韬光养晦，俄罗斯已经培养了足够的汉语、满语人才，他们当中的很多人还成了翻译家和外交官，至于条约文本采用何种文字，已经不重要了。清朝政府没有俄语人才，这才想起在废弃的俄罗斯馆的基础上建立同文之俄文馆，其时大势已去，为时已晚矣。

三 清代中外条约中关于往来公函用词条款的分析

晚清中外条约中有关语言文字条款的第二种类型,是关于中外政府及民间往来文书中文用词的规定(见表2):

表2 晚清中外条约关于公文用词的条款

条约名称	签署国	签约年份	条约有关内容
《南京条约》	英国	1842	规定两国官方、士民、商贾之间公文信函的中文用词(王铁崖编,1957)
《望厦条约》	美国	1844	
《黄埔条约》	法国	1844	
《五口通商章程:海关税则》	瑞典、挪威	1847	
《天津条约》	法国	1858	
《天津条约》	丹麦	1863	
《通商条约》	比利时	1865	
《通商条约》	意大利	1866	

上述条约条款规定了中外官方、民间往来公文、信函的中文用词,是中国近代汉语公文书写的最初规范,其影响延续至今。这种规范本应是国家主权之下的内部事务,但却出现在一系列不平等条约之中;不仅如此,在中英《天津条约》中还出现了如下条款:

> 嗣后各式公文,无论京外,内叙大英国官民,自不得提书夷字。(王铁崖编,1957)

对照这一条款的英文,就会发现,英国人把"夷"字译成了barbarian:

> It is agreed that, henceforward, the character "I" 夷[barbarian],

shall not be applied to the Government or subjects of Her Britannic Majesty in any Chinese official document issued by the Chinese Authorities either in the Capital or in the Provinces. ①

1863 年签订的中丹《天津条约》及 1866 年签订的中意《通商条约》（王铁崖编，1957）也出现了同样的条款。自先秦以来，中国人已经习惯了以"夷""狄""蛮""戎"等字眼来指称周边民族。近代以来，"夷""番"更是清朝政府指称西方各国的专用字眼。国势式微之际，政府朝臣以"夷"指称强敌，很有一点儿"儿子打老子"的意味。不过，早期来华的基督教传教士和商人并没有读懂"夷"字的感情色彩。英国东印度公司的对华贸易档案资料显示，该公司自 1730 年到 1831 年，一直用 foreigner 翻译"夷"字，用 foreign merchant 对译"夷商"。② 基督教新教第一位来华传教士马礼逊（他同时也是东印度公司的中文翻译和汉语老师），在其所编多部汉语教材和工具书中，也把"夷"看作一个指称外国人的中性词（见表 3）：

表 3　马礼逊关于"夷"字的译法 ③

书名	时间	释词
《通用汉言之法》	1815	foreign
《华英字典》	1815	foreigner generally
《五车韵府》	1819	foreigner generally

---

① *Treaties, Conventions, etc., Between China and Foreign States.* Shanghai Statistical Department of the Inspectorate General of Customs, 1917.

② 刘禾《帝国的话语政治：从近代中西冲突看现代世界秩序的形成》，杨立华等译，生活·读书·新知三联书店，2009 年。

③ 马礼逊《通用汉言之法　英吉利文话之凡例（影印版）》，大象出版社，2008 年。

第二节　清代来华西方人的汉语水平

但是，至少到了1822年，马礼逊已经有所醒悟，他说：

> "夷"——外国人的中文译名，但这个字有"不属于中国的"、卑微的意思，就像古希腊人用的野蛮人这个词一样。为此，英国人以前在翻译给中国官府的公文中从来不使用这个字。①

显然，马礼逊意识到"夷"是一个专用于外国人的不敬的字眼。1827年，针对广东海关的回函，马礼逊再次对"夷"字的用法提出了质疑：

> 拟稿人，非常固执地用"夷"字。它是一个可疑的字，我们自己从来不用。②

较早读懂"夷"字感情色彩的还有效力于英国的德国传教士郭实腊。1832年6月24日，郭实腊在日记中这样写道：

> 我们努力说服所有的朋友不要使用"夷"这个称谓，它的意思是 barbarians（野蛮人）。对所有的外国人都不分青红皂白地用这个词，语气里总是带着狡诈和暗算。到这里来经商的外国人一直忍气吞声，被他们这样称呼，被他们当作 barbarians 来对待。我们抗议这个称谓是非常必要的，我们向他们指出这个词在中文的书面表达有斥责的含义。打这以后，他们就不再使用这个词了，而是称我们为"外国人"，

---

① 艾莉莎·马礼逊编《马礼逊回忆录（第2册）》，大象出版社，2008年。
② 马士《东印度公司对华贸易编年史中文版（1635～1834）·第四、五卷》，中山大学出版社，1991年。

或者"英国人"。①

自此以后,围绕着"夷"字的解读,中英两国龃龉不断、畛域难消。第一次鸦片战争后,英方曾力主将禁用"夷"字的条款列入《南京条约》,由于中方的坚决反对而未果。在此,我们姑且不论将"夷"字译作"barbarian"是否准确,但从 foreigner 到 barbarian 的译法可知西方人对汉语的掌握已经超乎语言的层面了。

用战争的手段、条约的形式去禁止一个字的使用,这在古今中外的历史上实属罕见。将禁用"夷"字的条款,与领事外交、传教、贸易及战争赔偿等条款赫然并列,可见"夷"字的"野蛮人"译法是怎样激怒了英国的贵族和绅士。对此,着汉服、说汉话、读懂"夷"字的郭实腊"功"不可没,因为他既是鸦片战争中英军的随军翻译,又全程参与了《南京条约》的签订;相比之下,朝廷的命官却连郭实腊姓甚名谁、何方人士都没有搞清楚。1842年,兵败定海三镇的奕经上奏朝廷:

> 至夷人姓名互异,尤为踪迹诡秘,或一人而有数名,或数人而共一名,即如郭立士,又名甲士立,或又称为郭老也,是否系广东人,抑系红毛人,亦不能知其的确。其时常出入收理民间词讼者,亦称郭士立。②

由此,胜败应在交手之前就已见了分晓。事实上,在战场上和谈判桌前,英方拥有的不仅仅是郭实腊(见表4):

---

① 郭实腊《1831年及1832年两次中国沿海航行日记》,转引自刘禾(2009)。
② 《筹办夷务始末(道光朝)·第四卷》,中华书局,1964年。

表4 两次鸦片战争期间英方汉语人才

姓名	学习中文简历、水平
李太郭（George Tradescant Lay，约1800—1845）	通汉语、汉字。
郭实腊（Karl Friedrich August Gützlaff，1803—1851）	师从传教士麦都思学习汉语。通汉语官话、粤语和闽语，中国通。
罗伯聃（Robert Thom，1807—1846）	通汉语，识汉字，具有较强的口语能力。
马儒翰（John Robert Morrison，1814—1843）	马礼逊长子。生于澳门，精通官话、粤语及文言，曾研习满文，中国通。
威妥玛（Thomas Francis Wade，1818—1895）	通官话、粤语，中国通。所撰汉语教材影响遍及欧美，其所创制的汉语拼音系统也随之风靡世界。剑桥大学首任中文教授。
费伦（Samuel Turner Fearon，1819—1854）	六岁到澳门，通粤语，中国通。英国国王学院首任中文教授。
麦华陀（Walter Henry Medhurst，1796—1857）	麦都思之子。十六岁随父来华，通汉语。
马理生（Martin C. Morrison，1826—1870）	马礼逊次子，自幼居住澳门，中国通。
巴夏礼（Harry Smith Parkes，1828—1885）	十三岁来华，师从马儒翰、郭实腊学习汉语。通粤语、北京官话，中国通。
李泰国（Horatio Nelson Lay，1832—1898）	李太郭之子。十五岁师从郭实腊、威妥玛等人学习汉语、汉字，具有较强的口语能力，中国通。

李太郭、郭实腊、罗伯聃等人，皆因传教而进入中国，学习汉语成了立足中国的首要条件，为英国政府充当翻译，实属机缘巧合。中英商贸纷争、民事龃龉乃至战事频发，为他们展示自己的汉语能力提供了广大的空间。相对于日渐增长的贸易数额和绵

延的战线,屈指可数的汉语人才显得捉襟见肘,因此几个青葱弱冠的少年便被推上了历史舞台,其中费伦成为东印度公司翻译时十九岁,出任侵华英军翻译时也不过二十二岁;麦华陀成为义律中文秘书时十八岁;马理生任福州领事馆翻译时二十岁;李泰国担任商务监督处见习翻译时十七岁,担任港英政府粤语翻译时也不过二十一岁;巴夏礼见证《南京条约》签订时年仅十四岁;等等。由于战事紧急,英军甚至等不到他们学成的那一天,麦华陀、巴夏礼效力英军时学习汉语不过一年左右;二十三岁的威妥玛更是在来华作战的航行中才开始学习汉语的,由于是军中不可多得的会说中文的军官,威妥玛很快便被任命为翻译官。这些少年因其超人的语言天赋而在此后中英关系的历史上扮演了重要的角色,惨烈的战场俨然成了他们操练、提升汉语的大课堂。

上述英方汉语人才中,佼佼者当属马儒翰。马儒翰,出生于澳门,自幼随父马礼逊学习中文;1827年至1830年曾就读于马六甲的英华书院,跟随柯利院长(David Collie,?—1828)和吉德教授(Samuel Kidd,1799—1843)学习中文。柯利曾师从马礼逊于英华书院,其汉语发音——据时任英华书院的华人中文教师评价——"听不出外国腔调";[①] 吉德曾师从马礼逊于伦敦语言传习所,英华书院卸任后又任职于伦敦大学,是英国本土的第一位中文教授。学成再回中国后,马儒翰曾任在华英商翻译,并于1832年作为美国贸易使团的中文翻译出使安南和暹罗。与其他来华学习汉语的西方人不同,马儒翰不仅能说一口流利的官话和粤语,而且精通文言。第一次鸦片战争时期英方的汉语人才中,郭

---

① 苏精《中国,开门!马礼逊及相关人物研究》,基督教中国宗教文化研究社,2005年。

实腊汉语娴熟但非英籍,费伦精通粤语但不习官话,罗伯聃口语流利但不通文言,1839年来华的麦华陀此时才刚刚开始学习汉语,马儒翰由此成为中英《南京条约》首席翻译的不二人选。相比之下,中国人却连马儒翰的确切身份都不甚明了,耆英等人视之为"夷酋""夷目",坊间的传言则更不靠谱:

> 马礼逊(引者按:即马儒翰)通晓汉语,有传其为汉奸之仕于夷者。①

联想到马儒翰为英国攫取最大在华利益立下的汗马功劳,就不难理解其在二十九岁暴病而亡时中英双方截然不同的反应。英使璞鼎查下令香港降半旗致哀,称马儒翰之死为"无可挽回的国家灾难"(苏精,2005)。耆英则曰:

> 夷目马礼逊(引者按:即马儒翰)生长广东,居心狡诈,善能窥伺内地一切情形,又能通汉语、习汉字,连年以来,阴谋诡计,支持其事者,虽不止伊一人,而多半听其指使,实为罪魁。今因积恶贯盈,竟伏冥诛。凡有知识者,无不同声称快,从此消除一害,无虞出我范围。(《史料旬刊(第35期)》,1931)

四 晚清中外条约中关于中国语言学习条款的分析

明清以来,西方人学习中国语言,抑或中国人教西方人学习汉语,始终是一个十分敏感的话题。据利玛窦记载,明代末期的

---

① 夏燮《中西纪事》,岳麓书社,1988年。

广东香山县城曾贴过这样一则告示：

> 据各方严讼，现在澳门犯罪违法之事所在多有，皆系外国人雇用中国舌人所致……尤为严重者，现已确悉彼辈竟教唆某些外国教士学习中国语言，研究中国文字……上项舌人倘不立即停止所述诸端活动，将严行处死不贷。①

将外国人的违法行为与中国人教其研习汉语汉字联系在一起，并苛以极刑，此等愚见一直延续到有清一代。1759年，两广总督李侍尧上奏乾隆皇帝，将"洪仁辉事件"归咎于中国人教洋人学习汉语：

> 查夷人远处海外，本与中国语言不通，向之来广贸贩，惟籍谙晓夷语之行通商事为之交易，近如夷商洪仁辉于内地土音官话，无不通晓，甚至汉文字义，亦能明晰，此外夷商中如洪仁辉之通晓语言文义者，亦尚有数人，设非汉奸潜滋教诱，何能熟悉？如奸民刘亚匾始则教授夷人读书，图谋财物，既则主谋唆讼，代做控辞，由此类推，将无在不可以勾结教诱，实于地方大有关系。②

教洋人汉语，代为文字，以及由此引发关于内外勾结的臆想，是刘亚匾获罪的缘由。1792年，英国特使马戛尔尼抵达京城，欲物色一名汉语翻译，很快，一个中国基督徒来到了他的面前：

> 从文字技术上说，他是力能胜任的。但中国人一向怕参

---

① 《利玛窦中国札记（上）》，何高济、王遵仲、李申译，何兆武校，中华书局，1983年。
② 郭廷以《近代中国史》，商务印书馆，1947年。

第二节 清代来华西方人的汉语水平

与国事得罪官方,尤其是他怕钦差查对出他的笔迹来招致祸灾。他不愿意把他的笔迹送到外面去,许多中国人都知道,过去一个广东人就是因为替英国人写了一个呈文而被处死刑。①

这个被处死刑的广东人就是刘亚匾。另据 1814 年 3 月 19 日马礼逊日志记载,马礼逊曾想请一位销售遍及中国所有省份及交趾支那的书商协助散发中文版《新约圣经》未果:

> 因为二十年前广州有人替英国人给官府写中文请愿书被砍头了,坦白说他很害怕。(艾莉莎·马礼逊编,2008)

从这段表述看,若非另有其人,便是刘亚匾之事被马礼逊记错了时间。从刘亚匾问斩到马戛尔尼来华,再到马礼逊传播福音,半个多世纪过去了,广州的中国人仍然心有余悸、言之色变,刘亚匾事件之影响可见一斑。1842 年,奕经将屡次失败的原因归结为汉奸与洋人的勾结,汉奸的忤逆言行即有教洋人习汉语一项:

> 方锡洪,即王一成,萧山县人,因不安本分,为伊父驱逐出外,因贪夷人财贿,即行自投教夷人书写汉字,并代逆夷探听大兵动静……凡逆夷此等行为,大半系该汉奸等帮助唆使……方锡洪……等五犯,现已讯有确供,党奸助逆,罪不容诛,自应即行正法,枭首示众。(《筹办夷务始末(道光朝)·第四卷》,1964)

从广东香山县城的告示,到刘亚匾被正法,再到方锡洪被枭首示众,前后相隔约二百年,举凡教授洋人读书写字者,都有一

---

① 斯当东《英使谒见乾隆纪实》,叶笃义译,上海书店出版社,2005 年。

个共同的罪名：汉奸！政权更迭，江山易主，都没能改变朝廷命臣的思维模式；兵败之时，教洋人习汉语汉字更是成了推脱罪责的说辞。坚船利炮之下，国门洞开，西方人中国语言学习的合法化，也就提到议事日程上来，这也是清朝政府与列强签订的条约中出现西方人中国语言学习条款的原因所在。与上述两种类型的语言条款不同的是，这一类型的条款最早见于1728年签订的中俄《恰克图条约》：

> 在京之俄馆，嗣后仅由来京之俄人居住……留京学习外文之四名学生及两名较年长者（伊等懂俄文及拉丁文），则均置于俄馆，由俄皇皇室供其膳费，学成后，即允其如愿回国。（王铁崖编，1957）

《恰克图条约》签订之时，清朝鼎盛，俄国羽翼尚未丰满。条约签订的主要目的在于通商与传教，因此是一个平等的条约。在《恰克图条约》中，俄罗斯人提出了学习满汉语言的要求，并得到了清朝政府的应允；两国政府不仅在馆舍建设和师资上予以支持，而且还为来华学子提供了日渐丰厚的资金支持，这在整个清朝的历史上是绝无仅有的。这一条款的签订，使得俄罗斯独享此后百余年间在清朝的首都合法学习汉语、满语的便利，培养、造就了大批翻译和外交人才，他们之中还出现了藏语、蒙古语的专门人才。这些学子学成后，不仅开办了多个汉满语言学习班，如外交部满汉语言学习班、皇家科学院满汉语言学习班、恰克图汉语学校等，一些高校如圣彼得堡大学、海参崴东方学院、喀山大学等也相继设立了汉语教席，建立了俄罗斯本土的中国语言学习基地；还翻译出版先秦典籍、蒙学书籍，研究中国社会的风土人情、农业经济、国土资源、典章制度,并撰写出版相关书籍,成就了兴旺发达的俄罗斯汉学。在晚清中俄诸多条约的签订过程中,俄罗斯馆学子的身影亦随处可见,他们任职于俄罗斯的外交部门,担任翻译及驻华领事官员,多方收集中国政治、经济、军事等方面的情报,俨然成了俄罗斯国家利益的代言人。至此,俄罗斯人已经拥有了足够的汉语人才,不再需要以条约的形式来保障他们语言学习的权益,因此就有了1858年中俄《天津条约》的如下条款:

> 俄国人习学中国汉、满文义居住京城者,酌改先时定限,不拘年份。如有事故,立即呈明行文本国核准后,随办事官员逻回本国,再派人来京接替。所有驻京俄国之人一切费用,统由俄国付给,中国毋庸出此项费用。(王铁崖编,1957)

此项条款结束了延续一百三十年的中俄合作办学方式。

在《恰克图条约》之后,条约中再次出现类似条款,则是1844年以后的事了(见表5):

表5 晚清列入中国语言学习条款的中外条约

条约名称	签署国	年代	条约基本内容
《望厦条约》	美国	1844	1. 允许外国人聘请中国人教授汉语; 2. 允许外国人购买中文书籍; 3. 允许中国人学习西方语言,购买西文书籍。 (王铁崖编,1957)
《黄埔条约》	法国	1844	
《五口通商章程:海关税则》	瑞典、挪威	1847	
《天津条约》	法国	1858	
《通商条约》	德国	1861	
《通商条约》	比利时	1865	
《通商条约》	意大利	1866	
《通商条约》	奥地利	1869	

从此以后，西方各国的传教士和商贾、士民可以公开、合法地学习汉语了；此类条款的签订，得益于先期来华的各国传教士及商贾的汉语学习。以第一个提出此类条款的中美《望厦条约》为例，条约签订之前，先期来华的美国传教士裨治文（Elijah Coleman Bridgman，1801—1861）、伯驾（Peter Parker，1804—1888）和卫三畏（Samuel Wells Williams，1812—1884）等人，以其对传播基督福音的虔诚，在极其艰苦的环境下，冒着生命危险，以常人难以想象的毅力，学会了汉语汉字，撰写了汉语学习的教材、工具书及大量中文宣教手册。至中美望厦谈判之际，他们受命于美国政府，担任美方特使顾盛的翻译或秘书，以其汉语能力履行自己的职责。此后，伯驾又先后担任美国驻华代办、全权公使；卫三畏嗣后干脆辞去了教会职务，担任美国驻华一等参赞，并参与了1858年中美《天津条约》的谈判与签订。不仅如此，法、德、比、意、奥等国也提出了学习汉语、购买中文书籍的要求。至此，西方人学习中国语言文字的坚持与成就终于让清朝政府尝到了自闭的苦果：

> 通市二十年来，彼酋之习我语言文字者甚多，其尤者能读我经史，于我朝章、吏治、舆地、民情类能言之，而我都护以下之于彼国则瞢然无所知，相形之下，能无愧乎？[1]

奕䜣等人也猛然醒悟：

> 窃查中国语言文字，外国人无不留心学习……往往辩论事件，援引中国典制律例相难。[2]

---

[1] 冯桂芬《采西学议》，《校邠庐抗议》，上海书店出版社，2002年。
[2] 宝鋆等修《筹办夷务始末（同治朝）》，台湾文海出版社，1971年。

各国均以重赀聘请中国人讲解文义，而中国迄无熟悉外国语言文字之人，恐无以悉其底蕴。（《筹办夷务始末（同治朝）》，2008）

历史的车轮行至19世纪60年代，清政府要想不建同文馆，也难！

综上所述，晚清中外条约中以西方文字为条约文本法定文字的条款，只是清朝政府建立京师同文馆的一个表层原因。晚近以来，西方人以其对宗教的虔诚和利益的追逐，冒着生命危险学习中国语言文字，最迟至两次鸦片战争时期，一批精通汉语的西方人来到列强军队和特使的身旁，以其流利的口语交际能力、精准的书面表达能力及对中国社会风土人情、典章制度的了解，延续并扩大了西方列强在军事战场上的战果，使清朝政府在遭受军事上的巨大失败之后，再一次遭受了精神上的羞辱与折磨。这才是建立京师同文馆不可言说的深层原因。

第三节 16—18世纪传教士与汉语研究 [①]

"语言是文化的符号，文化是语言的管轨"[②]，不同民族的语言"凝聚"着不同民族的"思维方式"，反映和记录了不同民

---

① 本节摘自许光华《16至18世纪传教士与汉语研究》，《国际汉学》2000年第2辑。

② 邢福义主编《文化语言学》，湖北教育出版社，1991年。

族的"价值体系"①和"特定"的"文化风貌"（邢福义主编，1991）。世界上任何两种语言都不会"相似到"令人难以分别，被看成"代表同一社会现实"的程度。②因此，当两种文化发生交流时，首先产生碰撞的，也许就是由"语言的阻隔"所引起的，学习异族语言，就是"接受异族文化"的起步，了解、学习和研究异族语言的过程，实际上也就是把异族文化和本民族文化进行"比较""琢磨""研究"，从而"潜移默化、互相交融"的过程。③西方传教士在中国的传教，从本质上来说是一种"异质文化"的"渗透"和"传播"，同时也是一种相互间的"比较"和"交融"，而汉语作为一种"纽带和桥梁"，恰好在这一中西文化沟通中起到了一种"不可或缺的重要作用"。④16—18世纪的欧洲传教士的汉语研究，正是这一文化背景下的产物，它跟西方传教士的传教宗旨和方式有着密切的联系，同时，也随着他们传教宗旨和方式的演变而发生着变化。

一 回顾和背景

16世纪之前，欧洲人对汉语并无研究，不要说没有一本专门的著作，就是在他们的报告、回忆录之类的作品中，也只是一些零星、很不起眼的记录。据有关资料记载，意大利传教士柏朗

---

① 潘文国《汉英语对比纲要》，北京语言文化大学出版社，1997年。
② 萨丕尔语，转引自潘文国（1997）。
③ 朱静编译《洋教士看中国朝廷》，上海人民出版社，1995年。
④ 董明《明代来华传教士的汉语学习及其影响》，《北京师范大学学报（社会科学版）》1996年第6期。

嘉宾（Plano de Garpine）在他的《蒙古行纪》中提到中国语言，法国汉学家韩伯师认为他是西方"第一位介绍中国语言和文献的人"，但是，柏朗嘉宾是在介绍中国寺庙文化和文献时提到的，且很不具体，谈不上研究。① 继他之后，1253年法王派往蒙古的传教士鲁布鲁克（Guillaume de Rubruck）留下了有关的记载，内容虽然丰富了些，但也是印象式的。这位使节在他的《东行纪》中这样写道："他们（即契丹人）使用毛刷写字，像画师用毛刷绘画。他们把几个字母写成一个字形，构成一个完整的词。"② 再接下去有传教士孟高维诺（J. de Monte Corvino）、学者拉施特（Khodja Rashid-cddin）、旅行家马可·波罗等。拉施特是个学者，他已经谈到一些比较实质性的问题，如认为汉字是一种"表意"而不是"标音"的文字，还说，中国有许多方言，可写出来却是一样，不要翻译等。可见他的考察已经比较深入，但也只是在他的《史集》（既《世界史》）中提及，并不是专门论述。③ 孟高维诺和马可·波罗是16世纪以前在中国停留时间较长的传教士和旅游家，他们对中国的历史、现状、风土人情都观察得十分细致，但在语言观察和研究上，仍然粗浅。孟高维诺被认为可能是"最早"的"中国通"（忻剑飞，1996），曾在"中国传教三十八年，授洗三万人"④，并能用"当地的语言"进行传教，但据考证，他

---

① 《柏朗嘉宾蒙古行纪·鲁布鲁克东行纪》，耿昇、何高济译，中华书局，1985年。

② Jan, Michel. *Le Voyage en Agie centraleet au Tibet, Guillaume de Rubruck.* Laffont, Robert. 1992. 中译文见《柏朗嘉宾蒙古行纪·鲁布鲁克东行纪》（1985）。

③ 忻剑飞《世界的中国观——近二千年来世界对中国的认识史纲》，学林出版社，1996年。

④ 徐宗泽《中国天主教传教史概论（影印）》，上海土山湾印书馆，1990年。

所使用的实际是"蒙语"和"蒙文",而不是"汉语"和"汉字"(忻剑飞,1996)。马可·波罗是举世闻名的欧洲中世纪伟大旅行家,拥有丰富的中国知识,可有关汉语和文学,他在《马可·波罗游记》中却只是一笔带过,很不具体,而且中外许多学者已用大量资料证明,这位伟大的旅游家并不懂汉语。① 由此,我们可以说,16世纪以前,西方人对汉语并没有给予足够重视,介绍也十分粗浅,只不过是在总体介绍中国时涉及一笔而已。

西方人对汉语真正加以重视始于16世纪,虽说,最初的时候,传教士们寄回去的有关汉语的资料仍然"零碎""粗浅",但是已非他们的前辈可以相比,尤其是从17世纪开始,他们所得到的资料,已"越来越丰富和精确"②,到了18世纪,更具相当的规模和深度。可以说,16至18世纪,是西方人汉语研究摆脱感性认识向着理性阶段迈进的时期,这一时期他们汉语研究所取得的成绩,为19世纪欧洲"汉学学科的确立"在语言研究方面打下了厚实基础。因此,我们说,16至18世纪是西方汉语研究史上一个重要阶段,也是整个汉学发展史上重大转变的时期,而在这一转变过程中起主导作用的正是东来的传教士,主要是耶稣会士。

何以从这一时期开始西方人对汉语研究有较大的突破?有一点我们不能不看到,那就是,16世纪之前的传教士或旅行家,无

---

① 余世雄《〈马可·波罗游记〉中几个主要问题评述》,中国国际文化书院编《中西文化交流先驱——马可·波罗》,商务印书馆,1995年。

② Alleton, Viviane. L'oubli de la langue et l'〈invention〉 de l'écriture Chinoise en Europe. *l'Etudes Chinoises*, Vol.XIII, No.1-2. Printemps-automne, 1994. 中译文见艾乐桐《欧洲忘记了汉语却"发现"了汉字》,龙巴尔、李学勤主编《法国汉学(第一集)》,清华大学出版社,1996年。

论从总体文化素质还是从来华的人数来看，都远不及后来的传教士。从总体素质来说，16 至 18 世纪的传教士，尤其是后来法国派来的传教士，与其说是传教士，倒不如说他们是培养有素的学者更为合适，不仅整体素质大大超过了他们的前辈，就是从语言的功底来看，也是前者所难以项背。从人数来看，前者毕竟还是少数，而且大都在中国停留较短，所以对中国的观察和了解，还只停留在走马观花、浮光掠影的阶段，谈不上深入考察，更无暇进行语言研究。而后来的传教士，不仅文化素质较高，人数较多，而且大都在中国逗留时间较久，加上在传教的过程中，为了更有效地宣传教义，还有意识地加强了语言的训练，这就为他们深入研究汉语创造了良好的条件。方豪曾有个统计，他列举了二十名来华的传教士，其中在中国生活了四十年、三十年或者二十年以上的就各有六名，十年和不上十年的各有一名。[①] 他还在引证有关资料时做了这样的记载："利玛窦航海入广东，居广东二十年"，"尽通中国语言"，"其他西士入中国后，亦皆须专攻汉文至少数年，多则十余年不等"（方豪，1948）。利玛窦在《札记》中也多次提到传教士刻苦学习汉语的情况。他指出，神父们同中国人交流之余，就把时间用于研习中国语言、书法和人们的风俗习惯，[②] 他还这样写道：石方西（Francesco de Petris）神父被任命为中国教团的成员，"在孟三德（Edouard de Sande）神父的帮助下，马上在澳门开始学习中国语言文字"（《利玛窦中国札记》，1983）。由此，我们不难理解，为什么 16 至 18 世纪，西方人对

---

① 方豪《中国天主教史论丛·甲集》，商务印书馆，1948 年。
② 《利玛窦中国札记》，何高济、王遵仲、李申译，何兆武校，中华书局，1983 年。

汉语研究会有一个大的突破。

16至18世纪，传教士在汉语研究上所取得的成绩是多方面的，如着手编写有关汉语语音、词汇和语法方面的著作，就汉语的起源展开激烈讨论，学习、教授汉语并尝试编写学习汉语书籍等。所有这些，在当时和后世都产生了巨大的影响。在这里，笔者将仅就第一和第二个方面问题做一些探讨，以求同行指正。

二 从随感到专书

16世纪开始，传教士汉语研究的一个明显特征是，他们不仅在书信、报告或一些综合性的著作中给我们留下珍贵的资料，而且，许多传教士已致力于撰写有关汉语论文，甚至编写专门的著作。尤其引起我们注意的是，即便是在一些书信、报告或综合性著作中提及的，也不再是表面的随感，而是深入到汉语本身的特征及其规律。让我们看几个例子。

"新航路开辟后，第一个提到中国语言文字"的西方人，是到过广州的葡萄牙多明我会士克鲁兹（Gaspar da Cruz）（吴孟雪，1996a）[①]，他在1569年出版的《中国情况记》中对汉语做了这样的记载："中国人在书写方面没有固定的字母"，他们"有数量极多的文字，用文字来标明每件事物"，"因而只用一个字就可以标明'天'或'地'或'人'，以及其他的东西"。他还提到中国有许多方言，不同地区的人不明白彼此在讲什么，但如

[①] 吴孟雪《从门多萨的〈大中华帝国史〉看欧洲早期的汉学和中国明代社会（上）》，《中国文化研究》1996年第1期。

果用书面文字,就能了解。例如"天"字,写法一样,读法却各异。他还介绍了在安南东京的一次亲身体会,看到中国人在以字代语跟当地官员沟通。他要求他们写几个"最简单"的汉字,接着又要求对方把"所有"简单的汉字写出来,但当他知道这将有"5000"多个字之后,便发现这种要求是无法实现的。同时,通过这一时期的观察,他还了解到中国字不像别国文字那样"横着"写,而是"上下"书写(吴孟雪,1996b)[①]。克鲁兹这一段对于汉语的记述,虽然是在介绍中国概貌中提及的,但显然已涉及一些实质性的内容。

再看1769年10月15日,晁俊秀(François Bourgeois)神父给某夫人的一封信中谈到学习汉语困难时,做了这样的叙述:

> 汉语很难。我可以向你保证,它跟我们所知道的任何一种语言都没有相同之处。同一个词永远只有一个结尾,我们以性数来区别所讲东西的类别和数量,而汉语却没有这种变化。汉语的动词不表明谁在做事,怎么做和什么时候做,是单独做的,还是跟别人一起做的。总之,中国人说话的时候,同一个词,既可以做名词、形容词,也可以当动词或副词,也不分单数、复数、阳性、阴性。你必须听仔细,密切关注并揣度说话的场合才行。还得注意,汉语所有的字,一共只有三百多个音节,但却可以发出表示八万种不同事物的声音,并有同样数量的词汇来表达这些事物。
>
> 更有甚者,这些所有单音节的组合排列,好像没有任何

[①] 吴孟雪《中学西渐第一页——16世纪欧洲汉学概述》,阎纯德主编《汉学研究(第一集)》,中国和平出版社,1996年。

规律制约似的。因此,为了学会这种语言,学了所有词汇以后,还必须弄懂特定的每一句话。稍有改动,就有四分之三的中国人听不懂你的话。

　　对任何一个欧洲人来说,汉语的发音永远是个障碍。简直无法攻克。首先,每一个词都可以发出五个不同的声调,不要以为每个声调都是清晰可辨的。这些单音节的词,在你的耳边一晃而过,好像怕被人抓住似的。中国人还省掉不知多少个元音,几乎听不到双音节的词。从一个送气音的词接着就是一个平平的调;一个嘘音接着就是一个凹陷的音;一会儿气流通过嗓子,一会儿气流通过上腭,几乎总是有鼻音。①

这里引的虽然只是晁俊秀神父一封信中的若干内容,但不难看出,它已涉及汉语的发音、词汇和语法等问题,还对汉语的一些主要特征和规律性,提出了自己的看法。因此,我们与其说这是一封通常的信件,倒不如把它看成一篇有见地的"中西方语言比较"文章更为合适(朱静编译,1995)。

此外,如马菲(Giovanni Pietro Maffei)、门多萨(Mendoza)、基尔歇(Athanasius Kircher)等人的作品,虽然不是专门论述汉语的著作,但对汉语都有着比较详细的论述,显然比他们的前辈掌握更多的中国语言资料,并有所研究。

当然,重要的是这一时期许多传教士已着手编写较为系统的

---

　　① Du, P. François Bourgeois à madame de xxx. *lettres édifiantes et curieuses de Chine*, 1702-1776. par des missionnaires jésuites, Issabelles et Jean-Louis Vissière, Garnier-Flammarion, 1979.

汉语书籍和就汉语问题展开了激烈的讨论。尽管这些著作大都在当时并没有出版，且不无粗糙疏漏的弊病，甚至某些论点还有荒谬之处，但其规律之大，成绩之卓著，在当时和后世所产生的巨大影响，在欧洲的汉语研究史和汉学发展史上都是不能忽视的。

三 着手编著汉语书籍

这一时期传教士所编写的汉语书，内容涉及语音、文字和语法等各个方面。其成绩主要是：

（一）用罗马拼音注汉字

传教士中最早对汉语音韵进行研究的是利玛窦（Matteo Ricci）、郭居静（Lazare Cattaneo）、钟鸣仁（Sébastien Fernandez）等。雷慕沙（Abel-Rémusart）指出：最先编辑中国字书而附以欧洲语言解释者为利玛窦的说法没有错。[①] 利玛窦在《札记》中也记载了他由北京返回南京途中与郭居静神父和钟鸣仁修士等共同谈论编写语音的事。

> 整整用了一个月的工夫才到达临清城。这看来似乎是浪费了一个月的宝贵时间，但实际上却不是。钟鸣仁擅长使用中国语言，由于他的可贵帮助，神父们利用这个时间编制了一份中国词汇。他们还编成另外几套字词表，我们的教士们学习语言时从中学到了大量汉字。在观察中他们注意到整个中国语言都是由单音节组成，中国人用声韵和音调来变化字义。不知道这些声韵就会产生语言混乱，几乎不能进行交谈。

---

① 费赖之《在华耶稣会士列传及书目》，冯承钧译，中华书局，1995年。

因为没有声韵，谈话的人就不能了解别人，也不能被别人了解。他们采用五种记号来区别所用的声韵，使学者可以决定特别的声韵而赋予它各种意义，因为他们共有五声。郭居静神父对这个工作做了很大贡献。他是一个优秀的音乐家，善于分辨各种细微的声韵变化，能很快辨明声调的不同。善于聆听音乐对于学习语言是个很大的帮助。这种以音韵书写的方法，是由我们两个最早的耶稣会传教士所创作的，现在仍被步他们后尘的人们所使用。如果是随意书写而没有这种指导，就会产生混乱，而对阅读它的人来说，书写就没有意义了。（《利玛窦中国札记》，1983）

关于最初一起研究汉语音韵的，金尼阁（Nicolas Trigault）在《西儒耳目资》中还提到庞迪我（Diego de Pantoja），[①] 但是许多材料又证明庞迪我没有参加这一工作。费赖之说：协助利玛窦编纂音韵字典者，"乃居静而非庞迪我"（费赖之，1995），罗常培也认为：庞迪我在音韵方面的著作，"已经无从考见"[②]。看来庞迪我有没有参加最初的语音制定工作，难以证实。16 至 18 世纪传教士编写语音方面的书主要有：郭居静和利玛窦合编的"词汇表"，也译成"词典"（Vocabularium Sinicum Odine Alphabetico Europaeorum more Concinnatum et per Accentus suos de Digestum），利玛窦和罗明坚（Michele Ruggicri）合编的《葡汉辞典》（Dizionario Portoghese-Cinese），利玛窦的《罗马字

---

① 金尼阁《西儒耳目资（上）》，文字改革出版社，1957 年。
② 罗常培《耶稣会士在音韵学上的贡献》，《历史语言研究所集刊·第一本·第三分》，1930 年。

注音》,也叫《西字奇迹》(Procédé des caractères de l' Extrême Occident),金尼阁的《西儒耳目资》(Vocabulaire disposé par tons suivant l'ordre des mots européens)和何大化(R. P. Antonius de Gouvea)的《昭雪汤若望文件》等。郭、利的"词汇表"和利、罗的《葡汉辞典》,在用西文字母标明中国字读音方面,比利玛窦的《罗马字注音》和金尼阁的《西儒耳目资》都来得早,所以在汉语音韵学上有其特殊的意义。前者被认为是"西方研究中国音韵学的第一部著作"①,后者则是"汉语最早的拉丁字母拼音方案","后世一切汉语拼音方案的鼻祖"②。至于何大化的《昭雪汤若望文件》则问世较晚,清康熙十年(1671年)刊出于广州,拉丁文原名叫"Innocentia Victrix"。文件的汉字旁边都附着拉丁字对音,各文件的字体都照原来的式样摹印。共有文件十二种,计2666个字,另外还有夹在拉丁文里的26个字,共计2692个对音材料,除去重复的汉字不算,还有666个对音,比利玛窦的拉丁字对音约多了一倍,但拼音系统规模"大致不离",只有"大同小异"的出入。原件现藏伦敦不列颠博物馆。③

这几部西方传教士早期的语音著作,就其系统性和在音韵学上的影响深远来说,应是利玛窦的《罗马字注音》和金尼阁的《西儒耳目资》。

---

① 林金水《利玛窦与中国》,中国社会科学出版社,1996年。
② 杨福绵《罗明坚、利玛窦〈葡汉辞典〉所记录的明代官话》,《中国语言学报(第五期)》,商务印书馆,1995年。
③ 罗常培《汉语拼音方案的历史渊源》,《人民日报》1957年12月18日。

利玛窦的《罗马字注音》，1605年北京刻版，[①]陈垣先生曾据通县王氏鸣晦庐藏本影印刊行于世，题名《明季之欧化美术及罗马字注音》，后文字改革出版社重印，改名为《明末罗马字注音文章》。利氏的这部作品实际上是用罗马字给汉字注音的四篇文章，即：（1）信而步海疑而即沈；（2）二徒闻实即舍空虚；（3）媱色秽气自速天火；（4）述文赠幼博程子。全文共有387个不同音节（不计声调）的汉字，按拼音系统，分析出"字父"（即声母）26个，"字母"（即韵母）44个，声调符号5个，即—（阴平）、∧（阳平）、\（上声）、/（去声）、∨（入声）（罗常培，1957）。

金尼阁的《西儒耳目资》，1926年在杭州出版。全书共分三编：第一编《议引首谱》，第二编《列音韵谱》，第三编《列边正谱》。第一编是总论，第二编是从拼音查汉字，第三编是从汉字查拼音。全书共分析出29个元音，即29个字母。29个中又分为三类："自鸣音"5个，"同鸣音"20个，"不鸣音"4个。自鸣音，就是元音，同鸣音就是辅音，不鸣音，就是"他国用，中华不用"的辅音。书中又分"字父"（声母）、"字母"（韵母），因为声母和韵母配合可生出一个字音来，所以金尼阁把它们称为"父"和"母"。此外还有"子母"（复合元音和单元音带鼻音韵尾）、"孙母"（三合元音和复合元音带鼻音韵尾的音）、

[①] 费赖之（1995）记载《西字奇迹》一卷，一六〇五北京刻本，第40页。布瓦耶（Théoph Boyer）《中国文法》四页称利玛窦刻有汉字译写之拉丁字母曰《大西字母》者，殆指此书。然而，尹斌庸在《〈西字奇迹〉考》一文中证明，利玛窦1605年在北京并没有出版过此书。参见尹斌庸《〈西字奇迹〉考》，《中国语文天地》1986年第2期。

"曾孙母"（三合元音加鼻音韵尾）。声调分清（一）、浊（∧）、上（\）、去（/）、入（∨）。该书是为当时在中国的西儒们所作的一部汉语学习手册，因经过"中国学者的指示"，而且又根据"中国音韵原理"，经过一番"整齐划一的功夫"，所以比起先前利玛窦和以后何大化"顺手拼写"的注音都"更为系统"（罗常培，1957）。在中国音韵史上的价值也更为重要，被称为金尼阁把利氏等人的罗马字注音方案加以"修改补充"后写成的一部用"罗马字注音"的"专书",[①] 它"完整系统地记录了明末官话音系"，所以为我们"了解研究汉民族共同语自《中原音韵》到清时期乃至现代的发展演变规律"提供了"很有用"的"帮助"。[②]

16至18世纪传教士汉语语音的研究，是中西文化交流史上一件大事，尤其是明末耶稣会士所做的工作，在当时和后世都引起许多学者的重视，产生巨大影响。因此，罗常培在谈到我国音韵学发展史时，对明季耶稣会士在音韵学上的贡献给以很高的评价。他认为，利玛窦的罗马注音和金尼阁的《西儒耳目资》，在中国音韵学发展史上，"跟以前守温参照梵文所造的三十六个字母"，后来"李光地《音韵阐微》参照满文所造的'合声'反切"，应"具有同等的地位"（罗常培，1930）。他说："自从印度文化东来，一班译经的沙门，受了梵语'体文'（Vyañjanam）的启示，归纳《切韵》和《唐韵》里头的反切上字，造成'见溪群疑'等三十六字母，辨别七音，分'转'列图，以为沙门'唱韵'的准则，这是中国音韵学接触外来文化后的第一度演进。但是直接用罗马

---

① 《中国大百科全书·语言文字》，中国大百科全书出版社，1992年。
② 曾晓渝《〈西儒耳目资〉音韵系统研究》，《汉语史论文集（第11期）》，西南师范大学出版社，1995年。

字母注音，使后人对于当时各个字的音值比较得到清晰的印象，并且给音韵学的研究开辟一条新蹊径的，明季的耶稣会士（Jesuits）要算是'筚路蓝缕，以启山林'的功臣了。"

由于传教士们的努力，尤其是《西儒耳目资》的出现，"把历代认为神秘的音韵学弄得浅显多了"，所以当时的士大夫在"欢迎""西学"的时候，也"很欢迎这书"①，如明清的音韵学者方以智、杨选杞、刘献廷等都受到了很大的影响。方以智在《通雅》中说："字之纷也，即缘通与借耳；若事属一字，字各一义，如远西因事乃合音，因音而成字，不重不共，不龙愈乎。"杨选杞作书动机，"因为旧韵书的反切，有难有拗，并且所用上下字也没有一定"，后来他读了《西儒耳目资》，便"顿悟切字有一定之理，因可为一定之法"（《同然集纪事》）。刘献廷作《新韵谱》，虽然不能确定他曾参考过金尼阁的书，但他参考过"泰西腊顶语"（即拉丁语）是肯定的（罗常培，1930、1934②）。因此可见，拉丁字母的输入对当时的学者来说，是"一种新的兴奋剂"，启发了他们研究中国音韵新的思路。

明末耶稣会士在音韵学上的贡献，还影响到近现代西方汉语研究和我国文字改革。罗常培指出：近代西洋人，J. Edkins、Z. Volpicelli、Kühnert、S. H. Schaank 以至马伯乐（H. Maspero）、高本汉（B. Karlgren）等，对于中国音韵学研究的逐渐进步，罗马字标音从威妥玛式（Wade System）、邮政式（Posta System）演进到国音字母的第二式，如果"推溯远源，都可以说，三百年

---

① 王力《汉语音韵学》，中华书局，1956年。
② 罗常培《国音字母演进史》，商务印书馆，1934年。

前已经播下了种子"(罗常培,1930)。20世纪50年代,我国文字改革时,文字改革出版社还重出了《西字奇迹》和《西儒耳目资》这两本书,并在内容说明中指出:利玛窦的《西字奇迹》是中国第一个"拉丁字母的拼音方案",而利玛窦和金尼阁的拼音方案是"后来教会和外国汉学家所拟拼音方案的鼻祖"。[1]

(二)编写汉外对照字典

16世纪开始,西方人对编写汉语和汉外对照词典也持极大热情,用力最勤的主要也是东来的传教士。据统计,从1575年至1800年间,曾出现过六十多种汉语或汉外对照类辞书,其中大都是抄本而不是印刷本,约有五十种保存至今,[2]只是从已有资料看,保存下来的辞书,其编写日期、作者、流传过程等,常有争议,往往难以得出一致的看法。

欧洲人编写的第一部中外合璧字典可能是拉达(Martín de Rada)根据泉州土音(闽南话)用西班牙文编著的《华语韵编》。拉达是一位学识渊博的奥古斯丁教修士,曾就读于巴黎,年轻时便显露语言才华,他在埋头研究中文、翻译中国材料的同时,编写了这部小字典,1575年附在他的同乡门多萨的《中华大帝国史》中传到了欧洲。[3] 有评论认为,拉达的这一工作是西方人编写中西字典的"首次尝试"(吴孟雪,1996b)。但方豪认为郭居静和利玛窦合编的"词汇表"是西人编写汉语辞书中之"最早者"[4]。

---

[1] 利玛窦《内容说明》,《明末罗马字注音文章》,文字改革出版社,1957年。金尼阁《内容说明》,《西儒耳目资》,文字改革出版社,1957年。

[2] 王立达编译《汉语研究小史》,商务印书馆,1959年。

[3] Demiéville, Paul. Apersu historique des éeades sinologies en France, I. Acta Asiatica, *Bulletin of the Institute of Easeen Culture*, No.11, The Tôhô Gakkai, Tokyo, 1966.

[4] 方豪《中西交通史》,岳麓社,1987年。

早期的辞书中,研究资料相对较多,影响较大的是利玛窦和罗明坚合编的《葡汉辞典》。

《葡汉辞典》编于万历十二年至十六年(1584—1588年),手稿写在中国纸上,共189页,并没有完成。手稿没有封面,也没有书名和作者姓名。1934年天主教耶稣会史学家德礼贤(Pasquale D'Elia, S. J., 1890—1963)在罗马耶稣会档案室发现该书,并将其书名译成中文:《平常问答词意》,但美国乔治城大学学者杨福绵认为,应译成《宾主问答辞义》更为合适。其理由是,该辞典用罗马字标的题名是这样的:Pin ciù ven ta ssì gnì,而德氏把其中的 Pin 误读为 Pim(平),把 ciù 误读为 ciã(常),把 gnì(义)误读为 yi(意)。原来这是一本会话小册子,是帮助新到中国的传教士学习会话用的。在对话句子前面都标有 ciu gin iuo(主人曰)、chè iuo(客曰)、tũ iuo(童曰)、ven iuo(问曰)、ta iuo(答曰)。"主人"是指传教士,"客人"是指来访的中国文人和官员,"童"是指传教士雇佣的童仆。所以应是"宾主问答"而不是"平常问答"(杨福绵,1995)。

该辞书按拉丁字母 A、B、C 顺序排列,先列葡语词条,后列罗马字汉语拼音,最后列汉语对应词。如:

葡语词	罗马字	汉语词
Escarnar	co gio	割肉,切肉,剖肉
Espantadigo	chijin pa	惊怕,骇然,惊骇
Estudar	to sciu	读书,看书,观书

但在葡语一栏里,作者不但收了单词,有时也兼收词组和短语,如 Aguoa(水),作者还收了 Aguoa de frol(甑香水)、Aguoa de poso（井水）、Aguoa de fonte（泉水）、Aguoa de rio（河水）等十七条词组；辞典中也并不是每个汉字和词组都有注音，一般是第一个词有罗马字注音，其他没有，如 Escarnar，"割肉"有注音（co gio），而"切肉，剖肉"则没有（杨福绵，1995）。

辞书前后还附有内容零散不一的附页，包括拉丁拼音、学习汉语笔记、词汇、天干地支等。

杨福绵指出，《葡汉辞典》"可能是学习中国官话的第一部双语"辞典，因为，明代虽然已有《华夷译语》一类的"番汉对照分类词汇"，但"不能成为狭义的双语辞典"，其中的"非汉语"，只是"中国少数民族及邻国的语言，并没有包括欧洲的语言"，而这一部辞典却把欧洲的语言包括在内，这种的"双语"词典，当时在中国"尚属首创"（杨福绵，1995）。这样，杨福绵就给予了这部辞典在西方汉语发展史上非常重要的地位。

荷兰新教徒赫尔尼俄斯（Justus Heurnius）也曾编过一本字典，名为《荷汉字典》，是他在巴达维亚（荷兰殖民者曾把印度尼西亚雅加达改为此名）任职期间向一位懂拉丁文的中国天主教徒学习汉语后编写的。字典现藏伦敦大英博物馆，荷兰仅存拉丁文翻译副本。1628 年 11 月 2 日，赫尔尼俄斯给荷属东印度公司董事的信中提供了编写该字典的一些情况，信中说："在一位懂拉丁文的中国人的帮助下我们编写了一本字典，先列出荷兰文和拉丁文，然后注明汉字及其用法。"字典在流失之前曾一度保存在莱顿大学东方学者雅各布·戈利耶斯（Jacob Golius）私人图书馆，后来，荷兰的法兰西教派人员菲利普·马松（Phillippe Masson）得到过。马松在向著名东方学者雷兰（Reland）请教后，凭借该字典，对希伯来语和汉语进行了比较。①

之后有德国蒙采尔（Mentzel）编写的《拉汉小词典》（Sylloge Minutiarum Lexici Latino-Sinico-Characteristici）和《中文词汇》（Lexicon Sinicum）（该书共九卷，但没有完成）。研究者对蒙采尔编写的字典存有疑点，并颇有微词，雷慕沙怀疑，蒙采尔的字典（九卷本）"应出诸传教士手，尤应以属应理"（费赖之，1995）。莫东寅认为蒙采尔的研究"皆甚幼稚"②。

1733年意大利方济各修士叶宗贤（Basilio Brollo）编有一部汉名叫《汉字西译》（Dictioniarium Sinico-Latinum）的中拉字典，方豪指出，该字典很受后人重视，抄本"颇多"（方豪，1987），据考迪考察，在梵蒂冈图书馆就存有六种。③

汤执中（Pierre d'Incarville）编的一部《法汉字典》（Dictionnaire Francais-Chinois），其流传过程颇为曲折。稿本共1362页，内有执中题词，提供一些编写字典的情况："余初编此字典时，汉语程度甚浅，所以前半部错误较后半错误为多。自是以后仍从事于校改，已改百余页。若再假我十年，继续校改，应可观矣。"书后题：1752年2月20日脱稿（费赖之，1995；Bibliotheca

---

① 熊文华《荷兰的汉学研究》，阎纯德主编《汉学研究（第二集）》，中国和平出版社，1996年。
② 莫东寅《汉学发达史》，上海书店，1989年。
③ 即Filippo Telli 1726年着手进行、1733年在罗马进行过修改的本子，Dono Abbatis Mezzafalce 1732的注释本，Castrono的本子，出自Titsingh之手（编号为Borgia Cinese 392—393）的本子，来自Montucci的本子（编号为Borgia Cinese 423，书前有克拉勃罗德Klaproth 1815年12月26日写的一篇长信，说明得到该抄本的经过。该抄本材料丰富、全面，无疑是最重要的本子）和编号为Borgia Cinese 495本子（该本子有一些附件）。参见Cordier, Henri. Bibliotheca Sinica. pp.3906-3907.

Sinica, p.1628)。第佩尼(Perny)在他撰写的《字典》中说:"此佳稿曾落于随英国使臣马戛尔尼(Macartney)赴北京之副使斯当东(John Staunton)手。由彼携归英国,隐藏迄于 1866 年。拍卖时为波蒂埃(Pauthier)所得,先有抄本数部,人皆未详撰者名,此本复出后,始悉为此本之抄本。"稿本今藏巴黎国家图书馆中国新藏 3596 号(费赖之,1995)。

当时还编有多种语种词典,如孙璋(Alexandre de la Charme)、钱德明(Jean Joseph Marie Amiot)、魏继晋(Florian Bahr)等人编的辞书就属于这一类。

孙璋编的一部叫《汉蒙法对照字典》,其中法文语句大致横写,满、汉、蒙语译文都是直书。原稿上题有 1731 年 2 月 2 日,可能是完稿的日期(费赖之,1995)。

该书的第一页反面有遣使会教师南弥德(Lamiot)用铅笔写的几句法文题记:"《法汉满蒙四种语言字典》。六厚册。用力虽勤,然撰写者孙璋神父,在其同辈中无隽才之名也。"从南弥德这句话看来,他对该字典为孙璋所作并无异议,只是对其语言才华颇有微词。然而也有持不同看法者,如考迪谈到该字典时,就没有发表这样的看法(费赖之,1995;*Bibliotheca Sinica*, p.1626),费赖之更明确表示,孙璋"精研汉、满语言",能用这两种语言"编辑书籍",而且在中俄交涉中担任过"译员",所以"无隽才"之说,略显苛刻——"微苛"(费赖之,1995)。该书的六册"巨稿"藏北京遣使会图书馆,此外该馆还藏有两册"别一稿本",每册有五六百页(费赖之,1995)。

钱德明编的是一部"数种语言对照的字书"。所谓数种语言,其实是梵、汉、藏、满、蒙五种语言。钱德明自称:"是书在宫内纂辑,命精通满、蒙文之人,与中国翰林、藏文博士合纂。"说明此书有一定的分量。但该书到底是"字典"还是"文选"?似乎看法不一。雷慕沙在引用钱德明自己的话时就有这样一句:"是编与其谓字书,勿宁谓为一种佛徒所用之神学、哲学、道德学选录。"(费赖之,1995)这样看来,该书应更像一部多种语言对照的"文选",而不是"字书"。

跟钱德明的数种语言对照字书相似,但内容更加明确的是魏继晋的《六种语言大辞典》(*Grand Dictionnaire en Six Langues: Chinoise, Latine, Française, Italienne, Portugaise et Allemande*),这六种语言是:汉、拉丁、法、意、葡、德。该辞典是北京教士奉高宗谕旨撰写的,魏继晋承担德语部分,至于其他的编写者是什么人,没有看到有关资料。该辞书的稿本藏北京遣使会图书馆,但考迪未见此书(费赖之,1995;*Bibliotheca Sinica*,p.1626)。

方豪认为,钱德明和魏继晋的辞书"同为巨著"(方豪,1987)。

跟前三名传教士不同,巴多明(Dominique Parrenin)和赫苍壁(Julien-Placide Hervieu)所从事的则主要是把达内特(Danet)的拉丁字典译为汉文。

巴多明的译本没有刊行,巴耶(Bayeri)藏有一部抄本,英国格拉斯哥城亨特博物院也藏有一部,但不知英国这一部是"原本"还是"抄本"(费赖之,1995;*Bibliotheca Sinica*,p.1633)。

赫苍壁的译本叫《拉丁文汉文对照字典》(*Dictionnaire Latin-Chinois*),四开本两册,第一册共936页,第二册的页数跟第一册差不多相同。每册的第一页都题有"赫苍壁神父从达内特氏拉丁语词典翻译"这样的话。马若瑟(Joseph Henri Marie de

Prémare）神父是积极的合作者。该字典当时并没有出版,傅尔蒙（Étienne Fourmont）曾自称手上"有此字典"。现藏斯德哥尔摩王室图书馆（费赖之,1995）。

赫苍壁神父曾两度来华,共计生活了四十五年,有着丰富的中国知识,合作者马若瑟更是中国通,但他们的这一工作还是受到傅尔蒙的批评。傅尔蒙认为他们的字典,只不过是达内特字典的翻译,没有新的内容,所列的汉字也都没有注音和声调。傅尔蒙还指责他们,做这一工作缺乏思考,没有什么用处,至少,他们的工作是令人讨厌的。然而,持不同观点者认为,该字典是为将成为传教士的中国人学习拉丁语用的,对于中国字,他们都已经熟悉,且会读会念,为什么非要标上注音和声调不可？（*Bibliotheca Sinica*,p.1636）

到底哪部词典最早刊行于世？又有多少词典在当时已经刊印？大都没有明确说法。根据戴密微的看法,最早刊出的应是1575年附在《中华大帝国史》中传到欧洲的拉达的《华语韵编》（Demiéville,1966）。看来,有关资料认为最早刊出汉语词典是波兰籍神父卜弥格（Michel Boym）编的两部作品不甚可靠,这两部指的《汉语拉丁文辞典》（*Chinese-Latin*,1667）和《汉法词典》（*Chinese-French*,1670）（王立达编译,1959）。卜弥格之后有德国穆勒（Andreas Müller）1684年在柏林出版的《北京官话辞典标本》（*Specimen Lexici Mandarinici*）（莫东寅,1989）和德国的蒙采尔于1685年出版的《拉汉小词典》。法国耶稣会士钱德明神父编写的字书,费赖之有"1783年将北京印行之数种语言对照字书一部,寄送给王室图书馆"（费赖之,1995）这样一句话,可惜没有指明印行的日期,但以此推测,应在 1783 年之前。恩理格（Christian Herdtrich）撰写题名为《文字考》的字典，费赖之的记载是："柏应理神父在 1682 年曾谓理格所撰汉文拉丁文大字书"，"行将付印"，"然今未见此本，不知是否尚存于世"（费赖之，1995）。"行将付印"，是否付印？没有确定说法。关于郭居静和利玛窦合编的"词汇表"，方豪有这样的记载：原稿为基尔歇收存，他在《中国图说》中说，"其书原稿为余所藏，俟筹得印刷之资，即可出版"，但是否刊出，也没有明确说明（方豪，1987）。总之，当时编写的字典，刊出的并不多，即便刊出的，大都出版日期也说法不一。

当然，这时期传教士们所编写的辞书，还可以举出许多，但情况与上面所列举的大同小异，除少数说法比较一致外，大都疑点颇多，说法不一。如：马若瑟就编有两本，一本叫《耶稣会士适用之拉丁语汉语对照字汇》（*Vocabularium Latino-Sinicum ad Usum Missionaricorum S. J.*），手稿，四开本，共 314 页，现藏巴黎邮政街图书馆，另一本叫《汉语西班牙语成语》（*Arte de l'Idioma Sinico，En espagnol et en Chinois*），手稿，四开本，曾在伦敦经里布利（Libri）出售（费赖之，1995；*Bibliotheca Sinica*，pp.1052, 1668）；曾德昭（Alvarez Semedo）编写的《字考》（*Tse K'ao Vocabulaire*），内有"葡萄牙汉文字书及汉文葡萄牙文字各一卷"，是否刊行情况不明（费赖之，1995）；白晋（Joa chim Bouvet）的《汉法小字典》（*Petit Vocabulaire Chinois-Français*），手稿，藏法国研究院图书馆，但考迪没有找到（费赖之，1995）；卡斯特拉诺（Castrano）于 1732 年完成的《拉丁意大利语和汉语词典》，据他自己说，该词典着手于 1703 年，中间一度中断，1728 年在北京时再次着手进行，第一个本子有他自己亲手写的汉字，但最后稿本的汉字是请中国人写的，是否正式出版也不明了（*Bibliotheca Sinica*，p.3908）。除此之外，还要提一下的是，整个18世纪，巴黎一直在计划着编写一部《汉语大词典》，当然，这一工作要等到第一帝国时期（1813年）才得以问世，它是由译员兼领事的小德经（Guigue fils）完成的，德经以叶宗贤的遗稿资料为基础，加以编辑得以完成，显然，其基本的资料也是前代传教士辛勤劳动的结果。

（三）撰写汉语语法书

语法书的编写，没有语音和词典那么声势浩大，但传教士们的努力和成绩仍然显然可见。

方豪认为，以拉丁文撰写中国语法书的，卫匡国（Martin Martini）"或为先河"（方豪，1987），但方豪并没有指出编写的具体年份。卫匡国的汉语语法书叫《中国文法》（*Grammatica Sinica*），在格拉斯哥大学的亨得尔（Hunterian）博物院存有手稿，可能柏应理增订过此书（方豪，1987；*Bibliotheca Sinica*，p.1650）。

有文章认为，外国人所著的汉语语法书，最早的可能是多明我会士西班牙人万济国（也译作瓦罗 Francisco Varo）的《官话技术》（*Arte de la Lengua Mandarina*），[①] 这里的"技术"，

---

① 笔者只是在两篇文章中看到，认为瓦罗的作品是欧洲最早印行的汉语语法书，但这两篇文章并不是专门论述这部书的，所以也难以为据，考迪也没有明确指出是否是第一部出版的汉语语法书。参见白乐桑《法国汉语教学史浅论》，《中国文化研究》1993年总第2期；杨福绵《罗明坚、利玛窦〈葡汉辞典〉所记录的明代官话》，《中国语言学报（第五期）》，商务印书馆，1995年；Cordier, Henri. *Bibliotheca Sinica*. pp.1657-1658. 此外，考迪列出几篇专门论述的文章，可惜笔者无法获得。

即语法的意思。①此书用西班牙文写成，1684年完成于福州，后万济国将该书带到广州，由方济各会士毕多伯神父（Pedro Piñuela, O. F. M.）加以修订，于1703年在广东出版，②是一部用拉丁语法结构为模式来分析汉语语法的书（白乐桑，1993）。

但是，费赖之记载的意大利传教士殷铎泽（Prosper Intorcetta）编写的《汉语语法》（*Grammatica Linguae Sinensis*）的情况，跟上面"最早"的说法有出入。该书的手抄本现藏里尔图书馆，编号为840（费赖之，1995）。费赖之指出，该书在17世纪曾经印行，应附在作者所译的《中庸》译本后（费赖之，1995）。至于《中庸》的翻译出版日期，他记有这样两段资料，第一段是：殷铎泽曾与郭纳爵等十七名传教士共同翻译一部书，共有三编：《大学》《中庸》和《论语》，"第二编《中庸》译本，1667年铎泽先刻一部分于广州，后二年续刻于果阿，故亦称为果阿本……"。第二段是："索默尔沃热尔《书目》（642栏）"所引的"《中庸》译本，1667年7月31日经成际理神父核准刻于广州"（费赖之，1995）。从这两段材料推测，该书的出版时间应是1667年，显然比万济国的要早得多，但他并没有指出，该书是不是欧洲人最早刊出的中国语法书。

这一时期西方人编写的汉语语法书大都没有刊行。卫匡国《中国文法》没有出版（*Bibliotheca Sinica*, p.1650），蒙采尔的《汉语入门》（*Clavis Sinica*）也没有刊行，他是在柏应理回欧洲期

---

① "技术"（Art）实应译为"文法"更为合适。
② 考迪特别指出1703年出版的《官话技术》已不是瓦罗的最初的编写本，他的最初编写本我们只能在傅圣泽的复本中看到，现藏 Vaticane 图书馆（*Bibliotheca Sinica*, p.3912）。

间,得到指导后编写的,柏应理回欧洲的时间为 1681 年(方豪,1987),编写语法书应在这之后。在蒙采尔之前,即 1674 年,德国的穆勒提出要编一本《中文之钥》(Clavis Sinica),也没有出版。他宣称要找到一条掌握中文口头和阅读能力的捷径,"即使妇女也只花一年或更短的时间学习中文字母,就能阅读中文"。他的计划没有引起重视,而且受到宗教的攻击,他也因此被迫离开柏林。死后手稿被付之一炬,此书究竟什么样子,始终是个谜。穆勒的研究引起后人的兴趣,先是德国学者巴耶对穆勒的研究加以注意,但对穆勒的书"很不以为然"。有趣的是到了 19 世纪后期和 20 世纪,穆勒的构思颇受西方学者"重视"。1949 年,美国学者雷契(Donald F. Lach)在《美国东方学会学报》(*Journal of the American Oriental Society*)上发表文章论述穆勒汉学成就时,还"特别"提到"《中文之钥》及其影响"。[①]

马若瑟编写过一本汉语语法书,书名叫《中国语言志略》(*Notitia Linguae Sinicae*)[②]。他于 1728 年在广州编成此书之后,寄回法国请傅尔蒙校阅,但一直没有出版,直到 1813 年,才由金斯博鲁(Kingsborough)出资于马六甲面世(费赖之,1995;*Bibliotheca Sinica*,pp.1664-1665)。

据马若瑟说,他寄给傅尔蒙的稿本共有五册,但后者说只收到三册,其他两册在哪里?雷慕沙没有看到,考迪也没有明确指出(费赖之,1995;*Bibliotheca Sinica*,pp.1664-1665)。该书分绪论、白话和文言这样几个部分。在绪论里,作者概述了中国

---

① 张国刚《德国的汉学研究》,中华书局,1994 年。
② 该书也译成《汉语概述》《中国语文札记》等,本文采用费赖之(1995)中译本的译法。

书籍、读法、词典、音韵等；在白话部分，着重论述中国语言的特征，各种语助词，如否定、重叠、开始、结尾类等的使用，对仗、询问等字句的重要性，最后还附有谚语；在文言部分，作者对各种语助词、文体做了研究，并列举了许多成语。

该书的特点是，作者打破了法语和拉丁语语法的框架，力求用汉语本身的特征来分析汉语语法，这在当时尚属首创。因此雷慕沙说："昔人为此研究者，泥守拉丁文法原则，若瑟则不然。其所用者全为新法，勿宁谓其摒除一切方法，即以语句之结构代替文法规则，质言之，习华语者重实习而不重理论。"（费赖之，1995）

诚然，该书论述的主要是语法，但许多评论指出，其内容之丰富，使读者从中同时可以学到丰富的文学知识。雷慕沙指出，该书并不像作者"自谦"所言，只是一部"寻常"的"文法书""修辞学"，实际上是"一全部文学讲义"。他说，为此书，"若瑟不仅搜辑华语之一切文法规则与夫语助词，而且对于文体、古今成语、俗语、常用之比喻广事引证，并加必要之说明"，世人只把它看成为"适用于""商人初习语言之课本"，其实在此书中也可求得"文学之深造"（费赖之，1995）。

该书在西方汉语研究史上的地位和学术价值得到了很高的评价。

雷慕沙认为，此书是马若瑟"著述中之最重要"者，也是欧洲人此类著作中"最佳"作品。费赖之认为，雷慕沙的这一看法，"迄今（1884年）尚能适用"（费赖之，1995）。

日本汉学家石田干之助认为，作为马若瑟的"一代大著"，他的《中国语言志略》是"非举出不可"的，因为这部著作"最先将中国语的性质与其构造，正确地传于欧人"①。

方豪也认为：该书"博大缜密"，对于汉字的构造及其性质等，"论列颇详"，"列举达一万三千余则，为西人研究我国文字学之鼻祖"。他还引用艾约瑟（Joseph Edkins）《上海方言中所见之中国谈话文法》（*A Grammar of Colloquial Chinese, as Exhibited in the Shanghai Dialect*）一书序中这样一句话：马若瑟"深悟中文特具之美，非其他研究此道之学者之所能及也"，并指出，艾约瑟的这一说法"绝非过誉"（方豪，1987）。

无疑，马若瑟的《中国语言志略》是这一时期第一本有学术价值的汉语语法书，也是这一时期最主要的成就。也可能正因为此，该书的译本很多。

最后要提一下的，是跟一个叫阿尔卡德·黄（Arcade Hoang）②的福建年轻人编写语法书有关的事。1702年，这个姓黄的中国人，受传教士委派来法国进修并准备接受神父职位。他的到来，引起法国著名学者、思想家尼古拉·弗雷烈（Nicolas Fréret）的注意，后者便聘他在王家图书馆工作，让他管理耶稣会士从中国寄来的大量图书。王家图书馆馆员毕纽（Bignon）是一位对中国颇有研究的修道院院长，他便利用这一机会，接受撰写汉语语法和汉语词典工作，于是在黄的周围聚集了一批学者和教士（当然包括弗雷烈和毕纽等人），准备编写有关汉语书籍（包括词典）。但是，他们编写汉语语法和字典的事，因黄氏的去世

---

① 石田干之助《中西文化之交流》，张宏英译，商务印书馆，1941年。
② 其中文名字叫黄嘉略（1679—1716），福建莆田县凤山人，汉语方面的著作主要有《汉语语法》和《汉语辞典》，后者没有完成。

而受到挫折，没有取得预期的成果。① 有趣的是，黄氏本人则在法国教士与学者的协助下，完成了一部书《汉语语法》（*Essay de la Grammaire Chinoise*）。这部书的手稿现存巴黎国家图书馆抄本部，编号为280，另外巴黎天文台图书馆、巴黎外方传教会档案室也有这部书的部分稿件。这部书稿除序言外有两大部分，第二部分与汉语无关，主要是介绍中国概况、政府现状、中国文人、食品等。第一部分则主要是关于汉语语法的内容。在这一部分，作者先从总体上论述了汉语的语法，然后对汉语词汇、汉字的起源、官话与方言、礼仪用语、对话，以及书信、收据、悼词等举例做了介绍。该书的主要贡献并不在理论上，而在于"实用"。因为，黄本人对汉语语法并无深入研究，而且，他写这部书的目的，也主要是向欧洲人介绍有关汉语知识，并无意做深入研究，这从黄完成书稿后呈送给摄政王奥尔良公爵的一段呈文中可以看出。这段呈文是这样写的："……兹者修成通中语一书，兼夫小录，以佐西方志士学习中土语言风俗礼统者也……"有评论认为，实际上黄氏的语法书，是一部"以欧洲读者为对象"，"实用性很强"的"汉语常识简介"。②

上面所述例子，无论是语音、字典还是语法方面的，显然极不完全，只是传教士们汉语研究工作的一部分，但从中已可以看出，当时的传教士除了中国哲学、历史和现状研究之外，已开始对汉语研究给予相当的重视，而且用心很勤，成绩斐然，为后人提供了许多宝贵的资料。

---

① 弗雷烈只写过一篇"汉语语法论文"，后面还附有"汉语词汇表"，但没有发表（Demiéville，1966）。

② 许明龙主编《中西文化交流先驱》，东方出版社，1993年。

四 发生汉语"起源"的论争

从 17 世纪起,欧洲发生了一连串有关汉语问题的论争,其中最引人注目的是关于汉语的"起源"问题(Alleton,1994)。

有学者认为,由于汉语本身具有"悠久的历史",所以当时的欧洲学者中间有人把汉语认为是"最理想"或"人类最早"的语言(王立达编译,1959)。实际上,有关汉语"起源"问题的争论并不那么简单,而是跟这一时期东来传教士的传教政策和当时欧洲语言学界关于"人类语言起源"问题的争论有着密切的联系。

当时的欧洲,曾经围绕着"《圣经》的年代"和"埃及问题"发生过一场争论(Alleton,1994)。问题是《圣经·创世记》第十一章第 5—9 句的记载所引起的,5 至 9 句的中译文如下:

> 耶和华降临要看看世人所建造的城和塔。耶和华说,看哪,他们成为一样的人民,都是一样的言语,如今既作起这事来,以后他们所要作的事,就没有不成就的了。我们下去,在那里变乱他们的口音,使他们的语言,彼此不通。于是耶和华使他们从那里分散在全地上,他们就停工不造那城了。因为耶和华在那里变乱天下人的语言,使众人分散在全地上,所以那城名叫巴别。①

根据这一段的记载,于是这些学者便认为,汉语很可能就是上帝所教授亚当的这种语言的"残存部分",而且很有可能是从

---

① 《新旧约全书》,中国基督教协会、中国基督教三自爱国运动委员会印,1982 年。巴别,也作巴别塔,源于希伯来语 balal,意为混乱、变乱。

埃及的象形文字"派生出来"的。这也就是人们称之为的汉语文字"犹太式"的读法（Alleton，1994）。

1667年，基尔歇神父以拉丁文出版的《中国图说》，发表了西安府《大秦景教流行中国碑》，对汉语做了介绍，并提出了汉语方块字是从埃及的象形文字派生而来的看法，代表了当时整整一派学者的观点。他认为，挪亚居住在印度，他的后裔生了中华民族，从文字上来说，汉语方块字和埃及象形文字，二者都表现自然事物，但汉字则不够直接，因而处于次要地位（Alleton，1994）。基尔歇之后，影响比较大的是英国的约翰·韦伯（John Webb）。他在基尔歇发表《中国图说》后两年，在伦敦出版了一部《关于证明中华帝国之语言很可能为人类最初语言的历史评说》（*A Historical Essay Endeavoring a Probability that the Language of the Empire of China Is the Primitive Language*，1669），试图证明汉语是人类最初的语言。他在肯定汉文字重要性的同时，又强调汉语音质的甜美、单音节性、陈述的简单性等因素。在他看来，汉语是当今我们所知道的全世界言语中最甜美、最圆润的语言。约翰·韦伯认为，在上帝变乱语言之前，人类讲的语言就是汉语（Etiemble，1988/1992[①]；Alleton，1994）。

在那个时代，认为原始的语言可能保存在远东的人并不少，理由很简单，因为早在巴别塔事件以前中国人可能已经跟其他民族分开，既然建塔时中国人不在现场，也就避开了这场混乱（Alleton，1994）。

---

① Etiemble, Rene. *L'Europe Chinoise*, I. Gallimard, 1988. 中文版译名为《中国之欧洲》，许钧、钱林森译，河南人民出版社，1992年。

严格地说，汉语文字"犹太式"的读法，是少数耶稣会士创造的，这些教士掌握了很多有关汉语的资料，但因受传教使命的束缚，始终无法越出"旧约象征说"的轨道，而试图"通过分析汉字"来"找到基督教信仰的象征"（Alleton，1994）。利玛窦、马若瑟、白晋、傅圣泽（Foucquet）等耶稣会士，都有这样的情况。利玛窦说："我曾着意把中国文人的先师孔子拿来为支持我们的观点，须知我也曾模棱两可地翻译过几篇文章拿来为我所用。"[1] 白晋在《中国语言中之天与上帝》一文中，为证明中国古今书籍称"真主曰天曰上帝"这一看法，便"引古代载籍，士夫情绪与俗谚"加以佐证（费赖之，1995）。像马若瑟这样当时以"语法家成名"且"只有宋君荣一人能与其媲美"的传教士，也犯了在"汉籍中寻找耶稣教信仰"理论和根据的毛病。[2] 他在致傅尔蒙的信中明确地表明："余作此种疏证及其他一切撰述之目的，即在使全世界人咸知，基督教与世界同样古老，中国创造象形文字和编辑经书之人，必早知有天主。余三十年来所尽力仅在此耳。"（费赖之，1995）在这批传教士中，陷得最深以致达到"迷乱"程度的是傅圣泽。雷慕沙说："诸教师中最盼在中国文字中发现基督教之秘迹者，莫逾于圣泽，彼谓其眩惑之极至于迷乱。不特以中国诸经中载有明言预言，而且以为有时在其中发现基督之根本教理。竟谓中国古籍中之某山，即是耶稣被钉十字架之山。誉文王周公之词，即是誉救世主之词；中国之古帝，即是《圣经》中之族长。"（费赖之，1995）

---

[1] 转引自莫里斯·罗宾《近代欧洲的"中国神话"》，耿龙明、何寅主编《中国文化与世界》，上海外语教育出版社，1992年。

[2] 《近代来华外国人名辞典》，中国社会科学出版社，1981年。

这些观点延续了很长一个时期，约翰·韦伯著作第二版问世后的六十年，一个叫塞缪尔·舒克福特（Samuel Shuckford）的，在他的《世界宗教与世俗史》（*Sacred and Profane History of the World*，1731—1737）中，还表明这一观点，认为人类最初的语言是汉语。他说，挪亚很可能就居住在这些地区，要是人类光荣的祖先和复兴者是在这儿走出方舟并在此居住下来的话，那就有可能在这儿留下了世界上普遍使用的语言（Etiemble，1988）。此外，还有些走另一极端的看法，如一个叫罗伯特·霍克（Robert Hook）的，在一部名为《关于汉字的某些看法与猜想》的论著中，认为中国人目前使用的语言和汉语的方块字没有姻亲关系，因为真正的原始的或最初的语言已经失传。有关这一看法，法国比较文学家艾田蒲（Etiemble）认为，人们只要看看写在甲骨文上的汉字，就可知道这一看法是不值一驳的（Etiemble，1988）。

当然，并不是所有的传教士都同意汉语文字"犹太式"的读法，如宋君荣（Antoine Gaubil）、巴多明、钱德明、韩国英（Pierre-Martial Cibot）等，就是一些持反对意见者。

宋君荣指出：多少传教士试图告诉人们，多亏了挪亚，汉族的子孙们才有了他们的知识，他们的道德，他们的上帝，直至他们的出生。这样的做法，其目的就是"篡改"中国思想和语言（Etiemble，1988）。

费赖之（1995）还提供了巴多明、钱德明等传教士在这场争论中所做的工作以及有关的情况，证明他们也是一些持反对意见者。他是这样记载的：赛索斯特利人（Sésostris）侵略亚洲的时候，是否有埃及移民从尼罗河畔迁徙至极东？因为埃及象形文字与中国古象形文字有若干相类点，是否就可以证明，中国人是埃及人移民的后裔？所有这些有关的说法，本来巴多明神父早已加以驳斥，事情已经平息，但后来都灵城发现阿伊西斯（Isis）半身像，上面有埃及象形文字，一些人又将这些问题重新提起，于是钱德明被推为仲裁，并于1764年10月20日写了一封信，对此事加以证明并指出，"此半身像上之文字与汉文毫无关系"。费赖之说，该信（1773年在布鲁塞尔发表）解决了"当时英、法学者争持甚久而未能解决之一问题"①。可见，巴多明、钱德明等神父，跟宋君荣一样，在这场争论中也是举足轻重的人物。

传教士关于汉语起源问题的讨论引起社会广泛的注意，法国大学问家弗雷烈，在1750年之前，就不同意汉语文字"犹太式"的读法，而同意宋君荣神父的观点，并把宋君荣"视为特别喜欢的通信者"（Etiemble，1988）。1760年，哥尔德斯密斯（Olivier Goldsmith，1730—1774）在《世界公民》（*A Citizen of the World*）的第八十九封信中，对有关伏羲和挪亚的争论也加以了嘲讽（Etiemble，1988）。尤其是莱布尼兹，对这场争论，更给以极大的关注。这位德国大哲学家一直重视汉语研究，他在穆勒试图撰写《中文之钥》和蒙采尔准备编撰《汉语入门》时，就曾利用机会向他们请教询问有关问题，他不同意基尔歇神父关于汉语方块字源于"埃及象形文字"的说法，尤其他在跟拉克洛兹（Mathurin Veyssière de la Croze）的通信中，明确地表明了他的观点，这里转引两段有关内容："我高兴地得知，您正在致力于汉字的研究，并有希望取得进展。我以为，您的这一研究比我想

---

① 费赖之（1995）第844页注①认为此信并"非出钱德明手笔，乃韩国英神父所撰"；又第900页也指出："此信札为国英手笔，有以属钱德明神父者，误也。"

象的要重要得多，要是人们能够揭开汉字秘密的话，那我们就找到了有助于思想分析的某种东西。圣奥古斯汀修会尊敬的意大利籍神父西玛（R. P. Cima）对我说过，人们相信，汉语的基本字大约只有四百个，其他的都由这些字组合而成。""显然，开初是对事物的描摹，但最后为了简化和扩展这种文字，他们只保存了几个简单的象形笔画，并用这些笔画来组合和表达其他大部分无法描绘的事物，渐渐地就有了今日的方块字。"（Etiemble，1988）艾田蒲认为，这两段文字已足以证明，莱布尼兹是多么善于"捕捉""构成汉字独特性与历史渊源的实质性内容"（Etiemble，1988）。

汉语文字"犹太式"的读法，在当今的人们看来是十分荒谬可笑的，但却真实地反映了当时部分学者和传教士对汉语的一种看法和认识，所以争论的意义是重大的。"旧约象征说"在欧洲并没有市场，汉语文字"犹太式"的读法也最终被人否定，但是这场争论在学术界留下了"难以磨灭的痕迹"（Alleton，1994），直到19世纪才有所减弱。有关汉语"起源"争论的影响，也不只是在语言学上，而是涉及整个汉学的发展，它是当时西方人对中国历史、哲学、现状认识的有机而且是重要的组成部分。

五　传教士的失误与遗憾

这时期的传教士，虽然在汉语研究方面做出了努力，并取得可喜的成绩　但他们在汉语研究方面所留下的失误和遗憾也是显然可见的。戴密微认为，这一时期的传教士，虽然编写了许多词典，但无论是出版的还是没有出版的，"差不多都是"一些"内容贫乏，难以理解"的"小词典";他们尝试编写的语法书,也是令人"相当"地"失望",尽管马若瑟写了一部有分量的《中国语言志略》,但也要等到"1831年才出版"。他指出,传教士在汉语研究上最大的失误,是没有花大力气编写出一本"精良"的"汉语词典和语法书",巴黎对此深有感触,整个18世纪,甚至直到19世纪初,一些汉学家的主要心事之一就是试图努力"填补"这"两大空白"(Demiéville,1966)。戴密微的看法似乎过于悲观,我们暂且不论,但他的看法有一点值得注意,即这一时期的传教士在汉语研究上的确留下遗憾和不足之处,的确不难发现,且不可忽视。

其主要的失误和遗憾之处,归纳起来有如下几点:

其一,从语言的研究水平来说,由于当时欧洲的语言学还不发达,而传教士的汉语研究又大都只是把分析欧洲语言的一套方法搬用过来。基于这一总体水平,当时的欧洲人难以编写出高质量的汉语语言著作是可想而知的(王立达编译,1959),传教士当然也不例外。

其二,有意无意地篡改,致使以误传误,造成恶果。笔者在"发生汉语'起源'的论争"一节中已经指出,一些传教士因受"旧约象征说"的影响,在翻译或解释中国文献时,都有不同程度的曲解和篡改,这里再举一个翻译上的例子。

《道德经》的第十四章有这样的一段话:"视之不见名曰夷,听之不闻名曰希,搏之不得名曰微。此三者不可致诘,故混而为一。"我们知道,"夷""希"和"微"三个字的发音,要是用拉丁文(实际上是法文)标出,则分别为"yi""hi"和"ouei",传教士出于传教的需要,把这三者合在一起,就成了"Jéhovah",即"耶和华"的名字,从而获得了"三位一体"的教理概念

(Etiemble，1988）。

以上是一种情况，此外还有比"旧约象征说"者"更缺乏严格认真态度"的篡改，实际上是有意制造混乱，艾田蒲所指的尼科拉·G.克莱尔克的做法就是这样一个典型的例子。克莱尔克竟然把孔子其人、儒家著作的内容等，都任意地加以歪曲、杜撰，其荒谬之程度达到"令人惊奇"的地步。

1750年前，克莱尔克在苏瓦松发表了一部重头著作《大禹与孔子》。在这部书中，他竟把"书"与"五"混为一谈，并因此断定《书经》就是《五经》。他翻译《中庸》，暗示自己的译本是最佳的，却随心所欲，任意进行篡改和诠释。有时他把"中庸"译成"平庸"，有时又译成"靶中心"。为什么把"中庸"译成"靶中心"呢？其理由是，在第十四段中有这样一句话："射有似乎君子；失诸正鹄，反求诸其身。"于是他便断定，"中庸"就是"靶中心"的意思（Etiemble，1988）。更有甚者，他还杜撰一篇《由其弟子 Sai Ngo[①] 看孔子的物理学》长篇导言。因为他要劝导、鼓励一位俄国君王实现现代化，便炮制了一位"物理学家"孔夫人这样荒谬的做法（Etiemble，1988）。艾田蒲不无感叹地写道："可怜的真理"常常就是这样被人们"传播"的，怎能不被弄得"面目全非，难以辨认"（Etiemble，1988）。

这些有意或无意的歪曲和篡改，其后果十分恶劣，不仅为那些有意把中国文化纳入基督教文化的错误观点提供了方便之门，同时使得那些严肃学者的科学思考大大地打了折扣。这些学者，在没有中文课本、词典、语法书的情况下，因无法有效地掌握汉

---

① 实际没有这个人，纯系克莱尔克杜撰。

语,所以也就无法通过阅读原文来判别传教士、旅游家所提供资料的"真伪",并无意中把错误的观点进行了传播。当时的作家、哲学家、经济学家,如培根、孟德斯鸠、伏尔泰、杜尔阁[①]等,都曾对中国发生过兴趣,但是,他们的思考,都有某些"不正确"的地方,因为他们有关中国的知识都获之于传教士或旅行家寄回来的资料,其中有一部分就是经过这样"删改"和"歪曲"的,又由于这些学者都是一些有影响的人物,所以造成的恶劣影响也就更大。

孟德斯鸠在他的《法意》第七部分第六章写到,一个叫 Kia-yventi 的人申言:"我们的奢侈够大了……"这个叫 Kia-yventi 的人是谁呢？实际上,这里讲的是一个叫 Kiay (贾谊) 的人向 Ven-Ti (文帝 Wen-ti) 进言。由于孟德斯鸠是从杜哈德神父那里获得这方面的知识,而杜哈德神父自己对这一点也并没有弄明白,于是便因译音上的混乱,出了差错 (Etiemble, 1988)。伏尔泰有关中国的知识也获之于传教士或旅行家寄回来的资料,因此,他著作中所涉及的中国内容,也有许多错误。他赞成耶稣会士认为中国人的"天"就是"天主"的观点,把中国的"天"与西方的"上帝"等同了起来。总之,当时的历史学家和哲学家,是在几乎无人懂得中文的情况下,完全依靠多明我会或方济各会,特别是耶稣会士的书信、回忆录和译作来评判来自中国的消息得出他们的结论,所以错误就在所难免了。

其三,由于"文人相轻",致使科学的成果不能得到及时的

---

① 杜尔阁 (Turgot, 1727—1781),法国著名经济学家,重农学派的主要代表之一。

传播，从而影响了汉语水平的提高。

法国当代汉学家艾乐桐（Viviane Alleton）指出，马若瑟的《中国语言志略》手稿，1728年就存放在王家图书馆，但直到1815年雷慕沙在法兰西学院任教时才利用它写讲义，他的《汉语语法基础》明显地参考了马若瑟的《中国语言志略》。事实证明，马若瑟的语法书是一部优秀的作品，但是为什么在这段时期内，一直没有引起重视？而且，人们始终认为汉语是一种"没有语法的语言"？其实，马若瑟的语法书并不是没有引起重视，而是有人出于"妒忌"，"有意"将其"束之高阁"。因此艾乐桐不无感叹地责问："这部作品的命运不禁令人产生怀疑，有现成的资料而不加以传播，到底居心何在？"（Alleton，1994）

马若瑟的语法书为什么在当时不能出版呢？根据日本学者石田干之助的分析，主要有两个原因。一是客观原因，因为本书列举众多条例句，需五万个汉字的印刷活字，在当时的条件下，这样的工程是不易办到的；二是有人"有意作难"。石田干之助指出，马若瑟曾好意将稿本送给学者傅尔蒙，而后者却出于"妒忌"，不仅"剽窃"了他的稿本，"自著中国文典"，同时还"频频"放出风来，"非难"这本著作的"价值"，因而"妨碍"了它的"公开刊行"（石田干之助，1941）[①]。

[①] 傅尔蒙撰写有《中国文典》（*Grammatica Sinica*, 1741），但一般认为，他的这部语法书，是一部"大量地利用了"西班牙瓦罗的《汉语语法》和"剽窃了"马若瑟的《中国语言志略》而写成的一部书。由此他的学识和人品，都受到指责，认为"颇无足取"。

六　结语

16至18世纪,尤其是17、18世纪,是"我国文化之西传"的"重要关键"时期,是中西文化交流史上"决不能忽略"的重要一页(方豪,1948),同样,作为沟通中西文化的纽带和桥梁的汉语,也在这一时期受到了西欧人极大的重视,并在研究上取得可喜的成绩。而在这一研究工作中,用力最勤,取得成果最为显著的,是来华的耶稣会士。当然,尽管我们不得不指出,这一时期传教士的汉语研究还留有很大的"空白"和"遗憾",但是瑕不掩瑜,我们仍然无法否认他们在西方汉语研究史和国外汉学发展史上所做的重大贡献,以及这一研究所具有的划时代意义。他们的研究,不仅促进了西方的汉语研究,同时也极大地充实和丰富了汉学的研究内容,为19世纪汉学学科的确立,在汉语研究方面打下了厚实的基础。

第四节　《马氏文通》以前的西方汉语语法书[①]

第一本专门论述汉语特点的书对汉语在世界语言界语言学上的地位非常重视。作者认为汉语是上帝创造世界时的世界通用语:

---

① 本节摘自何莫邪《〈马氏文通〉以前的西方汉语语法书概况》,《文化的馈赠——汉学研究国际会议论文集·语言文学卷》,北京大学出版社,2000年。

1. 康熙八年。John Webb, *A Historical Essay Endeavoring a Probability that the Language of the Empire of China Is the Primitive Language*，《论汉语之为人类原始语言的可能性》，London，1669。

这本共 212 页的书颇为有趣，很值得翻成中文。

第一部真正的语法书是一本比较薄的册子：

2. 康熙四十二年。Francisco Varo, *Arte de la Lengua Mandarina*，《官话语法》，Canton，1703。

这本语法书不引用汉字，而用拉丁文写汉语。不流行。影响不大。

汉语语法史上的第一部巨作是用拉丁文写的：

3. 雍正六年。Prémare, *Notitia Linguae Sinicae*,《汉语短论》(1728)，first published Malacca，1831。作者用拉丁文语法系统和范畴分别讨论官话和文言文。这部书直到现在仍值得参考。作者 Prémare 熟悉古汉语经典，在中国住过几十年，从事传教活动。他是汉语语法学史上的英雄，历史影响很大。

在欧洲出版的第一部语法书是：

4. 雍正八年。Theophili Sigefridi Bayeri, *Museum Sinicum in quo Sinicae Linguae et Litteraturae ratio explicatur...*，《中华博物馆：详论汉语和中国文学的道理》，St. Petersburg，1730。Bayeri 不熟悉汉语，手头汉语资料不多，又没有中国人可问。因此他的书虽然分量很重，但是影响不大。

法国的第一部语法书是：

5. 乾隆七年。Stephanus（Étienne）Fourmont, *Linguae Sinarum Mandarinicae Hieroglyphicae Grammatica Duplex*，《中华官话和

文字的双重语法》，Paris，1742。

该书抄袭 Prémare 的地方很多，远远赶不上 Prémare 的学术水平。后来法国变成了 19 世纪欧洲汉学的中心。

最早的英文版汉语语法书是在印度殖民地出版的：

6. 嘉庆十九年。J. Marshman，*Elements of Chinese Grammar Clavis Sinica*，《汉语语法要素，汉语的钥匙》，Serampore，1814。

7. 嘉庆二十年。Morrison，*A Grammar of the Chinese Language*，《汉语语法》，Serampore，1815。

第一部科学地从普通语言学的角度论述汉语语法的学术性著作是：

8. 道光二年。J. P. Abel-Rémusat，*Élémens de la Grammaire Chinoise*，《汉语语法要素》，Paris，1822。

这部书在当时欧洲的大学里影响特别大，而且为期特别长。最近仍有复印本。

Abel-Rémusat 的《汉语语法要素》启发好多学者继续致力于汉语语法的研究。例如：

9. 道光九年。J. A. Goncalves，*Arte China Constante de Alphabeto e Grammatica*，《汉语文字语法入门》，Macao，1829。

俄国最早的汉语语法书有一部创造性比较大，是 20 世纪俄国汉语语法研究传统的前锋：

10. 道光十四年。Yakinf，*Kitayskaya Grammatika*，《汉语语法》，St. Petersburg，1834。

第一部专门写方言语法的书，一直到现在仍具有历史语言学的作用：

11. 咸丰三年。Joseph Edkins，*A Grammar of Colloquial Chinese, as Exhibited in the Shanghai Dialect*，《上海方言中所见之中国谈话文法》，Shanghai，1853。

Joseph Edkins 是英国关于汉语语法研究的最有成就的学者。他写了很多关于汉语语言学的著作。

法文版最早专门写官话语法的是：

12. 咸丰六年。A. Bazin，*Grammaire Mandarine, ou Principes Généraux de la Langue Chinoise Parlée*，《官话语法：汉语口语的基本法则》，Paris，1856。

英文最早的写官话语法的语法书是：

13. 咸丰七年。Joseph Edkins，*A Grammar of the Chinese Colloquial Language, Commonly Called the Mandarin Dialect*，《所谓官话及汉语口语之语法》，Shanghai，1857。

德文这方面的著作虽然有，但是国际影响不大：

14. 咸丰七年。Wilhelm Shcott，*Chinesische Sprachlehre, zum Gebrauche bei Vorlesungen und zur Selbstunterweisung*，《汉语教学课本，演讲、自修时可以用的》，Berlin，1857。

英文本的教科书是给英国殖民地官僚编写的，计有：

15. 同治二年。J. Summers，*A Handbook of the Chinese Language, Parts I and II: Grammar and Chrestomathy, Prepared with a View to Initiate the Student of Chinese in the Rudiments of This Language, and to Supply Materials for His Early Studies*，《汉语手册（上、下）语法及文选：为汉语学生并为其提供初级学习材料而编写》，Oxford，1863。

16. 同治三年。W. Lobscheid，*Grammar of the Chinese*

Language, *2 Parts*,《汉语语法(两部)》, Hong Kong, 1864。

17. 同治六年。Thomas Francis Wade, *A Progressive Course Designed to Assist the Student of Colloquial Chinese as Spoken in the Capital and the Metropolitan Department*,《为协助学生学习在首都使用的口语而编写的渐进课本:语言自迩集》, Shanghai, 1867。

Lobscheid 和 Wade 收的资料渊博、丰富,特别有趣味,今天还可使用。

欧洲第一部专门写汉语句法的书有:

18. 同治八年。Stanislas Julien, *Syntaxe Nouvelle de la Langue Chinoise*,《汉语的新句法》, Paris, 1869—1870。

这部书的参考价值现在还很高。Julien 应该算是欧洲汉学史的重要的人物。他的语法分析能力远远超过当时的其他语法教科书。

19. 同治十二年。P. Pemy, *Grammaire de la Langue Chinoise Orale*, *et Écrite*,《汉语口语及书面语的语法。第一卷:口语;第二卷:书面语》, Vol.1 *Langue Orale*, Paris, 1873; Vol.2 *Langue Écrite*, Paris, 1876。

总结 19 世纪的语法研究有:

20. 光绪七年。Hans Georg von der Gabelentz, *Chinesische Grammatik. Mit Ausschluss des niederen Stils und der heutigen Umgangssprache*,《汉语语法,不论述古代白话及现代白话》, Leipzig, 1881。

这是西方至今最著名的、资料最丰富的古代汉语语法书。Gabelentz 不是汉学家,对中国文学、哲学、历史各方面的研究兴趣也不大。他是纯粹的普通语言学家,在普通语言学历史上地位很高，著作甚丰。除了汉语以外他还教过马来语、日本语。

光绪二十四年《马氏文通》问世以前的西方汉语语法研究著作可以先提出以上这二十部，大部分是奥斯陆大学图书馆的藏书，高本汉的学生 Fonahn 二三十年代收集的。

马建忠先生是天主教徒，在法国住过，精通法语、英语、拉丁文、希腊文。马氏除了受拉丁文语法书的影响以外是否也吸收了这些语法书的资料尚待考。毋庸置疑，《马氏文通》是东西文化交流的一项辉煌的成果。

第六章

历史上外国人创办的汉语教学机构

第一节 那不勒斯东方大学的汉语教学①

在囚禁过马可·波罗的意大利海岸城市那不勒斯,走出虽然异常广阔,但却永远是那样拥挤和嘈杂的车站广场,经过一条车如流水、游人如织的商业大街,转经巍峨壮观的那不勒斯大学城,迤逦来到一个比较幽静的胡同里,有一幢中世纪城堡式的古老建筑,这就是"欧洲第一个汉语研究中心",如今已经发展为一所以东方学为主的多科性文科大学——那不斯勒东方大学。它迄今已有256年的漫长历史了。

一

那不勒斯东方大学的创建者阿巴特·马德奥·里巴(Abate Matteo Ripa,1682—1746)及其一行,组成罗马教皇使团,于1707年来到中国。阿巴特于1711年进入清朝皇宫,从事绘画、雕刻、机械及宫中译员等工作,以他卓越的艺术才能,很快得到

---

① 本节摘自武柏索《欧洲第一个汉语研究中心——古老而年轻的那不勒斯东方大学》,《语言教学与研究》1988年第4期。

康熙皇帝的赏识，赐他以"马国贤"的中国名字。他受皇帝之命，1713年绘制了一本热河行宫画集，后来并把部分复制品带回欧洲，现今仍有不少分别收藏在巴黎、伦敦和纽约等地。意大利本土至少还有两件，一件在都灵皇家图书馆，一件在那不勒斯国家图书馆。接着，康熙又下旨命他用铜板雕制一幅《御旨大清一统全图》。但是，作为天主教传教士的马国贤，并没有忘记罗马教皇交给他的传教的神圣使命，他利用康熙及其后来雍正皇帝对他的赏识和宠信，并在他们的默许下，奔走于北京、热河一带，举办弥撒、布道和洗礼等活动，而且为他的中国教徒们开办了一所小小的学馆，给他们讲授拉丁文、西方科学和天主教教义，以培养中国的神职人员。

1722年，康熙驾崩，雍正继位。1723年，马国贤满载大清皇帝的赐物，并得皇帝陛下的恩准偕其四名中国教徒返回欧洲，1724年抵达他阔别了十六年之久的祖国意大利。为了继续为中国天主教会培养神职人员，他经过长期筹划与奔波，终于在1732年6月25日创建了欧洲第一所"圣·法米里亚中华书院"。之所以把校址选在意大利西岸海港城市那不勒斯，是因为他认为该城市的宗教气氛和地理环境对于严格和正规地培养中国青年弟子们比罗马更为适宜。书院在创建后的百年中，无论马国贤生前和死后，一直在迅速地发展和扩大。中国的宗教人士纷纷来到那不勒斯进修和深造，有时多达百数十人，而且一些印度、朝鲜等亚洲国家的学生也慕名来此访经问道。在众多的中国学生中，大部分学成归国，分赴四川、江苏和江西等地从事宗教事业，一部分则流散到英、法、美等地，有的已成为著名的学者。他们对弘扬古老的中国文化做出过重要的贡献。该院还设立了汉语和其他几个亚洲国家的语言教学科目，逐渐开展了中国学、印度学和东方学的研究，为那不勒斯、意大利半岛甚至整个欧洲大陆了解中国和其他亚洲国家的历史与文化起了深远的影响。当时，还有这样一个插曲：1800年至1815年法国统治那不勒斯期间，野心勃勃的拿破仑一世，出于对外扩张和称霸东方的目的，曾十分垂涎于这所欧洲仅有的特别学堂，因而要把它迁往法国，甚至还保留下来一份在他的授意下编写的未完成的《拉丁文—汉文词典》残稿。可能是因为他过早地从皇帝的宝座上摔了下来，他的这一愿望也遂成泡影。

意大利统一之后，1869年这所原以为中国培养天主教神职人员为宗旨的旧式书院，被政府接管，改为国立，更名为"皇家亚洲学院"，又于1888年改名为"皇家东方学院"，遂使它发展成一所不仅是意大利，甚至是欧洲的专门教授亚洲和非洲语言与文化的高等学府。自从确定它为大学级的文科学院之后，它的严格而系统的语言教学和学术研究的组织机构更日臻完善和加强，终于承担起不仅在中国学、东方学领域，而且包括部分西方和东欧语言的教学与科研任务，并且有数种学科处于可以授予学生博士学位的权威地位。

二

在19世纪下半叶，在此讲授中国和远东的语言与文化课程的众多学者中，我们不会忘记意大利本土的埃多阿尔多·维达勒、罗道维多·诺钦蒂尼、顾易多·维达勒等人，他们的教学和学术活动，为奠定意大利的中国学基础做出了贡献。我们更不会忘记那些远离故土、来到万里之隔的异国他乡，为撒播祖国的文化种子，在极艰难的条件下历尽辛劳，巧为耕耘，并结下智慧之果的中国学者。在这座古典式的知识殿堂里，至今还留有他们当年开创的不朽业绩，如一位意语名字叫佛朗切斯科·萨维里奥的王先生，就曾留下了很多手写的汉语著作，其中有一部附有汉字笔画检索表的《汉语—意大利语词典》。而其佼佼者，据文字记载，应推我国清末民初的郭栋臣先生。

郭栋臣（1846—1923），字松柏，意大利文的名字叫朱塞白·郭，湖北潜江县人，出身天主教家庭。清咸丰十一年（1861年），他与一批湖北籍天主教徒来到意大利那不勒斯，入中华书院学习。同治八年（1869年），他用意大利文和拉丁文同时翻译了中国启蒙读物《三字经》，而且还编写和出版了专供外国人学习用的汉语教材《华学进境》，又根据中外历史题材编写了许多汉语读物。可以说，正是在他的创造性的工作和多方努力下，中华书院才首次正式开设了面向本国和欧洲学生的中文专修课，他也因而成为该校第一位来自中国的中文教师，并且有形无形地扭转了当初中华书院的创建者马国贤专为他的中国教徒而设的办学方向，而昔日的中华书院才会逐渐发展成今天这样以中国学而著称于世的那不勒斯东方大学。他于1872年晋升为神甫，次年回国传教。光绪十二年（1886年），他又奉命率领数名湖北留学生重返那不勒斯母校执教，从此一去十年。他嗜好搜集中国古币，典藏有三十六箧，曾运往罗马参加过1925年举行的梵蒂冈博览会。他把意大利人和德理（Odorico da Pordenone，1265—1331）的游记首次翻译成汉文，并详加注释，题名为《真福和德理传》予以发表。这是研究我国元代中西交通史的重要文献。在其晚年还精心增补了其兄郭连城撰写之著名的欧洲旅游记《西游笔略》。1903 年他再一次来到意大利参加过罗马教廷的一次会议。1923 年在湖北家乡去世。

纵观郭栋臣先生前后两次长达二十余年的旅居那不勒斯的生平事迹，他的确是二百余年间就读于那不勒斯中华书院的中国留学生中的杰出代表和值得纪念的学者。他为中国和意大利两国的文化交流和友好往来做出了不可埋没的贡献。

三

那不勒斯东方大学在 20 世纪、特别是最近三十多年中师资队伍的发展是十分显著的。中国语言、文学、政治科学、历史、艺术、文物考古等方面的学者、教授不断地集中到这里执鞭任教，使它成了令人瞩目的中国学专家荟萃之地。据笔者管见所及，意大利中远东学院的创建者，当代世界最负盛名的汉藏学家、天才的语言学家、"对意大利人了解亚洲和创立意大利东方文化学派做出了决定性贡献"（《欧洲百科全书》第 11 卷，意大利 Garzonti 出版社出版）的朱塞白·杜契教授（1894—1984），20 世纪 30 年代就曾应聘到这里教授过汉语。曾担任过几届亚洲国家大使的著名外交家、中国学家、罗马大学中国语言文学教授的朱里亚诺·白尔杜乔里（中国名字白佐良）先生也曾在这里任教。调离不久的著名中国历史学家庇耶罗·高拉蒂尼教授曾长期在这里担任过教学领导职务。20 世纪 50 年代意大利首批派来中华人民共和国北京大学留学的菲利浦·高恰教授和《中国通史》的作者之一保罗·桑坦杰罗教授一直在这里分别担负着现代汉语、中国近现代历史和亚洲历史的教学工作。1973年北京语言学院复校后第一批入学的二十余名意大利留学生当中,回国后就有五名来到这里工作,其中安娜玛丽娅·白尔里诺和马乌里茨娅·萨凯蒂教授已成了这里的教学骨干。两度来华任教、为创建和完善上海外语学院意大利语专业倾注过极大的热情和精力、并能操流利的汉语的阿莱桑德拉·拉瓦尼诺和焦尔焦·曼蒂奇夫妇,多年来一直在这里从事汉语教学与研究。汉语和文学教授桑德拉·贾莱迪女士,从1977年起担任过八年意大利驻华使馆的文化专员,并潜心研究中国现当代文学,1985年回国后即登上那不勒斯东方大学的讲坛。更有意思的是,她在中国的继任者、意大利中国学的后起之秀,以其丰硕的汉语研究成果而引人注目的焦尔焦·卡沙奇先生,去年刚和阿拉瓦尼诺女士通过国家考试晋升为中国学教授之后,也很快从罗马大学应聘到东方大学政治科学系。

应该特别提出的是,当代意大利中国学翘楚、中远东学院副主席、威尼斯东方学会会长、大型学术刊物《中国》主编、意大利中国研究协会秘书长、欧洲中国研究协会副主席里奥内罗·兰乔蒂教授,于1979年毅然辞去了由他创建并惨淡经营了十几年但目前正在蓬勃发展、声誉日渐提高的威尼斯大学中国语言文学系主任的职务,应聘到东方大学讲授中国语言学,并担任学术委员会主席。这位多年来和中国教育及学术界有着广泛联系,并作为意大利文化使团的组成人员,几乎每年都要和我国政府谈判和商定两国文化交流项目的著名学者,利用他在学术界的特殊地位,国内外的社会声望和卓越的组织才能,对促进东方大学的汉语教学和对科学研究的宏观指导都起着重要的作用。

东方大学对聘请母语国家的教师进行语言教学（特别是口语）一直是很重视的。过去有不少来自我国台湾地区的教师或长期居住在当地的华侨先后在此任教。自从中意两国恢复邦交以后，根据两国政府的文化协定，我国政府已经向该校正式派遣过七轮十二位汉语教师，有时同时在此执教的中国籍教师多达四人。中国专家、学者也常有到这里进行短期讲学和学术交流的。

随着教师队伍的发展，世界形势的巨大变化，东方大学的教学方针、课型设置以及教材教法，也在不断地发生着整体性的变革。厚古薄今的教学思想早已不被人们接受，一部《论语》或几首唐诗翻译就可占领大学讲坛的现象也已成为历史。无论在课堂上或者在学术研究上，当代中国的每个方面都越来越成为教师和学生们关注的对象。

四

近年来，受"中国热"和"汉语热"的影响，入"欧洲第一个汉语研究中心"学习汉语的学生一直在迅猛和持续地增加着，去年在校学习汉语的学生就有二百多名，比前两三年足足增加了一倍多。学习日本和朝鲜语专业的学生，为了得到必要的基础知识，学校规定他们至少也要学习两年以上的汉语和中国文学课。多年来"汉语难"常常使大部分满腔热情而来的青年学生"半途而废"，转向其他专业，学成毕业的为数很少，而现在每年毕业的学生还多于十年前入学新生的几倍，连一些辍学多年的老学生也串演了"二进宫"，重返课堂，攻取毕业文凭来了。同时，已经大学毕业且在我国留学以后来到这里继续攻读国家博士学位的研究生也在逐年增加，使汉语教学出现了新气象、新局面。

作为一所以东方学为中心的多科性文科大学，东方大学在课程设置上的特点是比较注意多样和齐全。文学哲学系和政治科学系开设的中文专业课程有：现代汉语、古代汉语、汉语史、中国考古和艺术史、中国古代史、中国近代和现代史、中国古典文学、中国现代和当代文学史、中国古代哲学史。为了充实学生的知识面，又开设了门类繁多的公共课，诸如远东历史和文化、远东哲学与宗教、远东法律与社会制度、亚洲史前学、中亚史、中亚考古和考古史、亚洲现代史、亚洲和非洲的政治与经济地理等。现代汉语课包括讲课、练习和语言实验等三个环节，每周七个学时。为了强化课堂实践，课文后面都附有大量的练习材料。其他课程，则分讲授和不定期的圆桌讨论，并经常举行本校教师和国内外著名学者参加的学术报告和讨论会。学术讨论内容广泛，题目新颖，贴近社会，信息量大，世界范围内的学术研究状况和最新的科研成果由此进行交流，既丰富了教学内容，又扩大了学生的视野，因而成为该校十分重视的教学环节。

学校还特别注意组织和动员三四年级学生到母语国家学习。留学时间长则一至二年，短则半年或两三个月。成绩优秀者由国家教育部、学校或所在国提供奖学金，其余则由家庭或个人半工半读筹集学费。现在，我国大陆和台湾地区许多高等学校都有他们的不少学生。已经回国的青年学生，不少人表示还要再来中国继续他们的学业，探求新的知识，为意中两国人民的文化交流和友好往来增添新的力量。

五

意大利的高等学校,历来把科学研究事业摆在非常重要的位置上,国家的许多尖端的科研机构就设在高等学校。教学和科研人员是一套班子,两者有机地融为一体,形成相辅相成的关系:以教学促进和刺激科研的发展,以科研充实和革新教学内容;有时教师的讲授和科研就是同一个课题,可以随时把最新的研究成果补充到教学上去,因而常讲常新。近年来,那不勒斯东方大学的中国学研究,结合学校体制的不断改革和完善,逐渐地得到了巩固和扩大,仅文学哲学系就设有门类繁多、大小不一的研究所和研究室,由它们组织和协调本系和学校的科研工作。教师个人或集体提出的研究项目,一般都纳入国家研究委员会、教育部或其他有关部门所制订的研究计划,并取得以上部门所提供的科研资助或奖金。除此以外,学校还给予从事中国和远东问题研究的教师以特别奖励,并设有青年学者钻研奖。根据国家规定,在三至五年之内,教师都有一年以上的学术休假,可以去国外进行学术考察或专题研究。

为了推动科学研究的发展,大学还设有出版机构,组织出版各种文字的大学年鉴、教材和学术性的著作。创刊于1928年的大学学报,定期发表有关中国、中亚和东亚的学术论文。十多年前,他们和中国社会科学院谈判并达成了用该校的东方语系的年鉴交换中国的《历史研究》的长期协议。

东方大学经常组织和举行各种形式的学术会议。1969年9月,他们和意大利中远东学院联合发起在塞尼加利亚召开了第十一届国际中国学会议,并编辑出版了大会论文集。1975年5月,又在卡里扎罗召开了意大利第一届远东学术会议。欧洲研究中国协会（EACS/AEDC）两年一次的中国学国际会议，在该校 L. 兰乔蒂教授的主持下，1986 年 9 月在意大利工业城市都灵市举行，并取得了巨大的成功。

近年来，东方大学的教师和学者们有关中国学研究的成果是十分显著的。保罗·桑坦杰罗教授编著的《中国通史》（与威尼斯大学萨巴蒂尼教授合作）1986 年在罗马付梓出版，反响十分强烈；现在，他在详细地考察了中国和朝鲜的儒家学说的发展及苏州地区的社会经济变迁之后，正潜心于明末清初中国政治伦理道德和苏州地区社会状况的研究。著名中国学专家、历史学教授高拉蒂尼先生主持了两个科研项目——《中国历代农民起义》和《清朝时代（1644—1911）中国统治者和邻国的关系》，部分成果已在该校学报上发表。中国语言学新秀、研究唐宋时代的口语专家 A. 卡多纳博士，经过多年的刻苦研究，翻译出版了敦煌文献。M. 阿莱桑德拉·拉瓦尼诺教授把我国古代最杰出的美学专著《文心雕龙》翻译成意大利文，并通过和欧洲古典与现代修辞法的比较，对中国美学观的传统修辞法加以研究。为了开拓研究中国文学批评史的新方法，她还设想用意大利文编写一部词汇集之类的著作。此外，意大利的学者和专家们渴望已久的《现代汉语—意大利语大词典》，也于几年前在 L. 兰乔蒂、G. 白尔杜乔里和 M. 萨巴蒂尼等三位教授领导下，由东方大学、罗马大学和威尼斯大学的部分教师和学生联合编撰，对意大利的汉语学习和学术研究甚至经济贸易来说，这是一项意义深远的基本建设工程。

1987 年由东方大学的教师构想和发起编写的一套百科全书式的英文十卷本《中国文化历史全书》，每卷 1000 多页，分别介绍中国从史前时代到20世纪80年代的社会、经济、制度、文化和国际关系等各方面的历史和发展情况。这将是第一部在世界范围内全面介绍中国的综合性丛书。他们的这一规模浩大的学术工程,得到了国际上的广泛支持和赞赏,不少国家纷纷要求参加编写并提供资助。现在已由意大利、美国、英国、日本等国的著名专家如李约瑟、费正清等教授和我国大陆与台湾地区的学者共同组成顾问委员会。笔者以为他们这一宏伟之举,将可以和英国李约瑟教授主持编写的《中国科学技术史》比肩,对世界人民了解和研究我们古老而年轻的中国做出重大的贡献。

第二节　澳门圣保禄学院的汉语教学[①]

澳门圣保禄学院(Colegio de S. Paulo)创建于1594年,于1762年关闭。圣保禄学院在澳门历史发展的进程中,曾发挥过重要作用,培养了一批历史文化名人,他们对中国以及整个远东的历史、文化、教育等方面的发展都有十分重要的影响。

澳门圣保禄学院根据在中国传教的需要设置课程,有中文、拉丁文、哲学、神学、数学、天文学、物理、医学、音乐、修辞学等。在圣保禄学院,中文教学到底占据什么位置?是否作为一门正式课程编入教学大纲?每周有多少学时?又有谁曾在

---

① 本节摘自李向玉《澳门圣保禄学院的中文教学》,《世界汉语教学》2000年第3期。

此教授过中文？使用的是什么教材？这些问题都是值得我们研究的。

不少中国和葡萄牙史学家都认为，该学院自始至终都重视中文教育，中文不仅是主科，而且学时最多。中山大学历史系黄启臣教授认为，该学院中文课程是最重要的必修课，人人要学，学时最多。① 南京大学历史系黄鸿钊教授也认为汉语为必修课程，课时也最多。② 澳门本地学者刘羨冰也持相似观点，认为"在圣保禄学院里，汉语是必修课，人人要学，因为它是东方传教必需的沟通工具，不但每位学生要学，教授也要学。……据说，在课程中，课时最多的也是汉语"③。笔者曾就圣保禄学院的中文教学问题请教过葡萄牙历史学家文德泉神父（P. Manuel Teixeira），他十分肯定地说，圣保禄学院非常重视中文教学，与其他课程相比每周课时不少。但见诸历史学家文字记载的仅有："罗明坚再一次从科钦（Cochin）来到中国，于1579年7月抵达澳门。在这里，他全力以赴学习中文，了解中国及其人民情况，以便日后与他们打交道……"④ 但他在这里并未明确说何地、向何人学习中文。而据法国费赖之著《在华耶稣会士列传及书目》一书所载："罗明坚神父之第一授业师为一中国画师，利用其毛笔教授中国文字形义。"⑤ 这位画家是否在圣保禄学院任教并讲授中文，不得而知。

---

① 黄启臣《澳门第一所大学：圣保禄学院》，《岭南文史》1995年第1期。
② 朱维铮主编《基督教与近代文化》，上海人民出版社，1994年。
③ 刘羨冰《澳门圣保禄学院历史价值初探》，澳门文化司署，1994年。
④ P. Manuel Teixeira（文德泉）. *Macau e a Sua Diocese*《澳门及其教区》. Macau, Tipografia Soi Sang, 1956-1961.
⑤ 费赖之《在华耶稣会士列传及书目（上册）》，中华书局，1995年。

此外,至今在葡萄牙有关圣保禄学院最完整的研究著作《澳门远东第一所西方大学》中有关于课程设置的详细记载,但其中没有提及中文教学,颇令人诧异。

耶稣会士有入乡随俗的传统,尤其是无论到了哪个国家,就会学习那里的语言及其风俗习惯。更何况该会的远东视察员范礼安了解中国情况。他在制订向中国传播福音的计划的时候,知道语言的重要性,十分重视语言,因此决定派利玛窦、罗明坚等入华之前,已令他们二人学习中文。据法国裴化行著《利玛窦评传》载,振兴中国传教事业的是范礼安神父,"他决定安放几名神父在澳门,要他们在那里学习方块字和中国口语,一旦门户开放,他们便可早有准备……范礼安神父鉴于身边无人足以承担这一任务,便写信给果阿省区教长……教长就选定了罗明坚神父担当此任……就从印度把利玛窦神父请来了"[1]。

人们不禁会问,设立圣保禄学院又为什么没有正式开设中文课呢?这不但不合逻辑常理,而且令人不可思议。唯一可能的解释是,圣保禄学院成立之初的宗旨是培养赴日本传教的会士,暂无必要学习中文。那么从这里带出另外一个问题,即圣保禄学院的小学部主要教授"阅读和写字",而学生均为儿童,没有成人。那么,学生们仅学习葡文和拉丁文吗?难道没设中文课?学生又多为华人子弟,这可行吗?关于这一点,我们至今所见到的《圣保禄学院年报》均未提及,尚待进一步研究。

我们是否可以这样假设,在圣保禄学院成立初期,除小学部有可能设立中文课程,大学部可能不设中文课程,抑或中文

---

[1] 裴化行《利玛窦评传(上册)》,管震湖译,商务印书馆,1993年。

仅为选修，这样是可以讲得通的。我们从下面的史料似可证实这一观点。据1594年的《圣保禄学院年报》记载："除供儿童学习的阅读课、书写课、文法课、人文课和道德课外，仅有两名由中国教区负责的神父在私下学习神学专业。而人们期待有更多人来此攻读这一专业。"从这一段文字，我们可以这样解读：一是大多数学生毕业后将可能派往日本，所以没有设置中文专业；二是在中国工作的神父仅有两名，占极少数，入读的主要目的是修读神学专业。即使此时有中文课，也不是主修或必修课。

与这一点相吻合的是1596年1月16日的《圣保禄学院年报》，其中讲到利玛窦决定在南昌建立耶稣会院，特向澳门圣保禄学院申请派两名神父前去帮忙，一位是苏若望（Joao Soeiro）神父，另一位是罗如望（Joao da Rocha）神父，他们"正在学院攻读神学和中文"。这里对中文学习的情况虽是一笔带过，但却清楚地证明该学院确实教授过中文。①

另外，作为补充史料，在这里我们引述葡萄牙曾德昭在《大中国志》中的一段话："……而在中国传教所遇到的困难又超过所有其他地方。中国语言看来是世界上最难的，都是单音节，简短而多义；神父们面对这个困难，没有老师教他们，也没有译员向他们解释对方说的话，所以他们听不懂别人说的，别人也听不懂他们说的；只有靠勤勉和不懈的努力，他们才逐渐掌握了基础。尽管他们没有达到完全通晓语言的程度，发音也不完美，他们却

---

① 笔者已仔细阅读过现有二十期《圣保禄学院年报》，这是唯一提及中文教学的一期。

发现了那种语言的诀窍，做出明白的解释，使后来的人学习它变得容易。"① 这里有两点值得注意，一是说"没有老师教他们"；二是说他们"靠勤勉和不懈的努力"，不仅学会了中文而且发现了诀窍，做出了解释。这里还要强调的是，这一段话是曾德昭在描写澳门圣保禄学院后所讲的。我们不禁要问：是曾德昭忽视了圣保禄学院开设的中文课呢？抑或是曾德昭写作该书时，圣保禄学院所开设的中文课地位无足轻重？这个问题尚需进一步考证。

第三节 马六甲英华书院的汉语教学②

英华书院（The Anglo-Chinese College）是新教传教士创办的第一所进行汉语培训的教会学校，它在汉语教学史上有着重要的地位与影响。目前关于英华书院的研究主要涉及它的英语教学、编译、近代教育与近代新闻传播，陈才俊、陈红、丁伟、李敏③等考察了英华书院的英语教学；谭树林、周岩厦、肖朗、

---

① 成少森、叶川主编《西方文化大辞典》，中国国际广播出版社，1991年。
② 本节摘自岳岚《马六甲英华书院的汉语教学》，《汉学研究》2016年春夏卷。
③ 陈才俊《基督新教来华与中国学校英语教学的发端》，《华南师范大学学报（社会科学版）》2008年第2期。陈红《马礼逊与中国英语教学的初创》，《苏州大学学报（哲学社会科学版）》2008年第5期。丁伟《伦敦会新教传教士与马六甲英华书院的英语教学》，《广西社会科学》2004年第2期。丁伟、李敏《马六甲英华书院英语教学历史研究》，《中国科技信息》2006年第14期。

傅政①讨论了英华书院的教育模式及其对近代教育的影响；谭树林、刘静②探讨了英华书院翻译人才的培养和编译事业对中国近代出版的意义，杨华③也从新闻传播事业的角度对英华书院进行评析；夏泉、徐天舒④则探讨了英华书院创校南洋的缘由与始末，及其对中国本土社会所产生的积极影响。对于英华书院的汉语教学情况只见一些零星叙述，缺少全面研究。本节通过梳理《英华书院年度报告》等主要文献，试图勾画出英华书院汉语教学的全貌。

一 马六甲英华书院的建立

19世纪初期，由于清政府的禁教和闭关政策，西方传教士在华传教及有关的汉语学习、印刷出版工作等困难重重，甚至连传教士的居留都是问题，于是，马礼逊等人认为"需要找到一个邻近中国并处于欧洲新教国家统治下的地点建立中华传道团总部，以期更为合理地长期开展卓有成效的工作，并准备一旦上帝为我

---

① 谭树林《英华书院：近代教会学校之滥觞》，《聊城大学学报（哲学社会科学版）》2002年第2期。周岩厦《从英华书院到马礼逊学校——中国西式教育发轫述评》，《中国地质大学学报（社会科学版）》2008年第1期。肖朗、傅政《伦敦会与在华英国教会中等教育——以"英华书院"为中心的考察》，《浙江大学学报（人文社会科学版）》2010年第6期。

② 谭树林《英华书院与晚清翻译人才之培养——以袁德辉、马儒翰为中心的考察》，《安徽史学》2014年第2期。刘静《英华书院与晚清编译事业》，《北京印刷学院学报》2012年第1期。

③ 杨华《英华书院与近代中国新闻传播事业》，《新闻爱好者》2008年第1期上半月。

④ 夏泉、徐天舒《嘉道年间英华书院创校南洋研究》，《东南亚研究》2003年第5期。

们打开一扇大门时,能够进入中国发挥更大的作用"①。鉴于马六甲作为荷兰属地,当时的政府也极力支持,并且马六甲的地理位置距中国较近,交通便利,再加上气候和环境条件有利于身心健康等因素,他们选择在马六甲建立布道站。马六甲布道站选用"恒河域外传道团"(The Ultra-Ganges Missions)这一名称,显示了其工作范围。马礼逊先生及其同工还决议"尽早建立一所免费的中文义学,并希望它能为后期建立神学院铺路;这所神学院以教育虔诚的中国人在中国和邻近国家担任基督教牧师为目标"(米怜,2008)。1818年1月,恒河域外传道团临时委员会在增补决议中指出"一位朋友捐赠四千西班牙银元,在马六甲建立一座宽敞的房屋,称为英华书院(The Anglo-Chinese College)。正如这位朋友在捐赠条款中表明的那样,这所书院旨在培养学生的汉语和其他如文学、神学和哲学的知识。我们代表伦敦传教会接受这笔捐款,并以伦敦传教会的名义在马六甲的恒河域外传道团地上划拨出一片土地,作为英华书院的校址。……米怜先生负责兴建英华书院校舍,并应尽快开展必要的工作"(米怜,2008)。1818年11月11日,英华书院在马六甲奠基,1820年前后建成并开始招生。

英华书院(The Anglo-Chinese College)这一名称中,"华"(Chinese)作为名称的一个组成部分,显示出了中国的重要性。事实上,"因为马六甲布道站最初是出于对中国特殊的考虑而建立的,而且实际上成为留驻中国的最佳替代地点,所以布道站所有的事务,应该与此最初的设想保持一致,优先考虑中国,其他

---

① 米怜《新教在华传教前十年回顾(中文版)》,大象出版社,2008年。

的则只能视为次要。这一设想与马六甲布道站建立之前几年在这些地区向中国人传教的最初想法完全符合，而且也与从那时起每次正式向公众宣布的目标一致"（米怜，2008）。在马六甲布道站努力下建立的英华书院也与这个目标相一致。英华书院的目标有两个：其一是汉语和英语文学的培养，其二是基督教的传播。

二 马六甲英华书院的招生和学生入学

马六甲英华书院在初创时期，极力吸引学生，非但对学生的入学条件很宽松，而且还要给他们生活补贴，以博得家长的同意。因此，中国人，无论出生在中国还是中国以外的任何国家，无论是否信仰基督教，如果有意愿，并得到董事和管理委员会的批准，就可以获准成为英华书院的学生。欧洲人和美国人，无论是否出生在印度，如果得到董事和管理委员会的同意也可以成为英华书院的学生。[①] 可以入学的中国学生，需要承认学院的基本原则，并在书面协议上签字，根据学院的发展，可以要求改变和修改，协议主要内容如下：

  1. 根据正确的官话发音学习中国语言和文学，也学习英语语言和文学。

  2. 来到书院后，所有的事情都要服从学院的规章和习惯。

  3. 同意学满六年，并享有资助：第一年每月 3 卢比；第二年和第三年每月 5 卢比；第四年每月 6 卢比；第五年每月 7 卢比；第六年每月 8 卢比。

---

① *Anglo-Chinese College at Malacca.* 1818.

4. 协议期间，不允许找借口不学习和偷偷休息。如果真的有离开的理由，必须事先声明；在每件事情上，必须服从法律和章程。

5. 第一年可以回家吃住；但剩下的几年则不可以。

6. 在学院必须听从老师的指导，不能反抗。

7. 六年期满后，根据双方意愿，并在后续的协议基础上，可以留下或离开。

此协议以书面形式签订，副本保存在英华书院。①

在马六甲英华书院发展初期，为了发展的需要，也不具体规定学生入学的年龄。因此招收的学生年龄从13岁到35岁，相差较大。在英华书院的房子还没有完全建成时，一位被称为Yaou的华人在1819年10月入学了，他应该是英华书院招收的第一名学生。他进入英华书院学习，主要是为了提高自己的官话水平。跟他有着同样目的的还有1820年1月入学的Loo。据记载，截至1822年上半年，入学的学生还有来自广东的梁阿发（Leang-a-fah），1820年1月入学，当时他35岁，是最年长的学生。他没有学满六年，1821年5月就离开了。另外还有来自马六甲的中国人Chang-chun（16岁，1820年3月入学）、Tsze-hea（13岁）、Ma-king-tseuen（1820年8月）、Woo-tuy-pe（25岁）和其他中国人Tsang-kow-gan（16岁，1821年9月—1822年5月在学）、Woo-heun-chan（1821年9月入学）、Kow-hwang-tih（1821年9月入学）、Soo-yuen-tseun（15岁，1822年2月入学）、Tëen-

---

① To the Public. *Concerning the Anglo-Chinese College.* Malacca: Printed at the Mission Press, 1823.

sǎng（1822 年 4 月入学）、Mǎng-teěn-yin。另外还有四位外国人，其中有三位来自苏格兰的牧师，分别是：1820 年 1 月入学、1821 年因病离开的 Rev. R. Fleming，1821 年 9 月入学的 Rev. Jas Humphreys 和 1822 年 1 月 24 日入学的 Rev. D. Collie，以及来自马六甲的 James Bone（16 岁，1820 年 2 月—1821 年 5 月在学）（Concerning the Anglo-Chinese College，1823）。

他们唯一特别重视的是所有进入英华书院学习的学生的品格。所有被批准入学的学生必须经过三个月的考察期，如果三个月考察期过后，认为他们是合格的，才正式接收他们入学，条件是他们要学满六年。入学后，如果有恶劣的、不道德的行为会被开除，连续不按照规定进行学习以及违反学校规则也可以作为开除的充分理由。一位名为 Woo-heun-chan 的学生，1821 年 9 月入学，他就因为自己的恶劣行为被开除（Concerning the Anglo-Chinese College，1823）。

从 1823 年至 1832 年，每年入学的学生人数约为 30 人，但是到了 1833 年，英华书院财政方面发生了重要变化。每月支付给老师的薪金是书院财政上的一个相当大的负担，他们想尽快卸掉这个负担。于是，做出了书院支出方面的缩减计划。考虑到书院发展的最初几年，异教徒心中充满了愚昧和偏见，他们认为雇佣男孩子来学习是合适的，十几年过去了，人们思想上发生了很大改变。虽然多数毕业生没有从事基督教工作，但他们家中看不到偶像崇拜或迷信的痕迹了，村民们也受到了不同程度的思想影响。因此他们认为到了废除以前资助学生计划的时候了。1833 年年初，他们明确告知所有新申请入学的学生没有像以前一样的津贴给他们，他们在任何情况下入学，必须作为自由的男孩子入学，一直到离开都是如此。尽管发布了这个新的、严格的布告,仍然有 20 人左右愿意入学,人数甚至超过了以金钱为目的入学的学生数量。截至 1833 年年底,学生人数是 32 人,其中 15 名为接受资助的学生,17 名为自由男孩。[①] 经过两年的努力,这个措施成功地扩大了书院的利益,学生的数量几乎达到以前的二倍,1835 年学生人数为 70 人。

表 1　1823—1835 年学生情况列表 [②]

年份	学生总数	老生	新生	考察期内学生	外国学生	中国学生	被资助学生	离开
1823 年	28 人	10 人	8 人	10 人	1 人	27 人	新生 4 人	
1824—1825 年	26 人	12 人	6 人	8 人			16 人	
1825 年 6 月—1826 年	28 人			6 人	2 人	26 人	17+3 人[③]	开除 2 人
1827 年	29 人	9 人		5 人	1 人		24 人	7 人
1828 年	33 人	20 人	5 人	8 人	1 人		25 人	3 人
1829 年	30 人						22 人	
1830 年 1 月—1831 年 6 月				9 人			24 人	7 人
1832 年	25 人							2 人
1833 年	32 人						15 人	
1835 年	70 人							

---

① *The Ninth Report of the Anglo-Chinese College, for the Years 1832 and 1833*. Malacca: Printed at the Mission Press, 1834.

② 根据 *Report of the Anglo-Chinese College*(Malacca,1824—1836)整理。

③ 说明:17 名学生由英华书院资助,3 名学生由私人资助。

三 汉语教授和汉语教师

英华书院的汉语教学工作由汉语教授和本国的汉语老师承担。汉语教授一般为欧洲人，为欧洲学生讲授汉语，也教授中国人逻辑、神学、伦理学或道德哲学等课程，当条件需要、时间允许时还要协助校长工作。除了教学工作外，中文教授在书院中具有较高的地位和职权，他和书院主席、常务校长共同组成委员会，对学院的重要事情以及不能用目前的规章制度来解决的新事物等和校长进行商议。主席不在的时候，中文教授和校长共同协商每个重要的议题。在日常的工作管理中，中文教授和校长分担管理学生的工作，周一、二、三由校长对学生的行为等进行监督，周四、五、六则是中文教授负责监督，周日校长和中文教授轮流值班。另外，中文教授还和校长享受相同的薪金待遇，为每年100镑。

在马六甲英华书院曾经担任过汉语教授的有：牧师柯大卫（David Collie，任期为1823—1826年）；1827年柯大卫牧师因为James Humphreys校长辞职，接任校长职位，汉语教授交由牧师基德（S. Kidd）担任；之后，因为柯大卫去世，1828年基德成为校长，汉语教授一职空缺，后由John Smith A. M.接替，1829年，Mr. Smith因为健康原因返回欧洲。1835年时任校长的John Evans临时担任中文教授。

中文教师由本国人担任，他们负责教授中国经典，用汉语读圣经和其他有关基督教的书，还要帮助外国学生学习汉语，教本国和外国学生汉语写作。这些中文教师的工资为每月66卢比。根据年度报告的记载，马六甲英华书院的中文教师则有：Le Sëen

Sang（1823—1831），Yaou Sëen Sang（1824—1826），Yim Sëen Sang（1827），Choo Sëen Sang（1829—1831），K'o Sëen Sang（1834—1835）。

四　课程设置与汉语教学

马六甲英华书院的最终目的是为了基督教的传播，因此，在学生的课程设置上，与基督教相关的课程是首当其冲的。学生们要学习基督教的教条，并将之进行英汉翻译。他们学习并翻译了《教理问答》《启示录》《约翰福音》《使徒行传》等。

为了做好基督教的传播工作，语言是第一关。从学生招生情况看，除了少数几个欧洲人以外，大部分为生活在马六甲的华裔。虽然他们的父母是中国人，但马来语是他们的母语，在上学前，对汉语几乎没有或完全没有任何知识。他们的学习分为英语文学和汉语文学，但时间主要用于汉语学习，因为在英语学习之前需要他们对汉语比较熟练。不过汉语的学习和英语是分不开的，因为翻译法被广泛用于他们的教学中。

1823年，二班的学生每天花费三个小时用于英语阅读和写作，记忆口语短语，准备汉语和英语，他们可以把汉语口语比较轻松地翻译成英语。1824年，高年级的学生除了用汉语和英语阅读并记忆基督教书籍的一些内容外，还为了更完美地掌握母语知识，学习一些最被认可的中国作者的作品，还在本国老师的监督下进行汉语写作练习。二班学生学习了马礼逊的汉语语法和英语语法，还有一本汉英语法书，以及汉语的基督教小册子。他们还用汉语写关于米怜基督教文章的评论。三班和四班的学生则主要使用掌握的汉语和英语语言知识，他们用两种语言读入门书，学习短语，练习写作。不过，他们缺少合适的汉语入门书，从当时英华书院图书馆的藏书看，他们所使用的汉语教材主要有：德庇时的《中文小说》（Chinese Novels）、《汉语片段》（A Chinese Fragment）、马士曼的《汉语语法》（Chinese Grammar）、马礼逊的《汉英英汉词典》（Chinese and English, and English and Chinese Dictionary）、《汉语语法》（Chinese Grammar）、《中国概观》（View of China）、《英汉对话》（English and Chinese Dialogues）、蒙突奇（Montucci）的 Parallel，雷慕沙的《汉文启蒙》（Élémens de la Grammaire Chinoise）。还有一本捐赠的《汉语札记》（Notitia Linguae Sinicae），这本书包含相当多的带有罗马注音的汉字和大量的习惯用语，对第一阶段的学习者来说有很大的帮助。为了弥补汉语教材的缺乏，他们还通过阅读、背诵、解释和翻译"四书"来学习汉语。汉语蒙学读物《千字文》《三字经》也在学习之列。

英华书院建立之初，考虑到在更大范围内推广基督教，要求学生学习汉语官话。在和学生们签订的入学协议中也明确说明，要根据官话的正确发音来学习汉语文学。因为官话或 Mandarin Dialect 是使用最广泛的，中国每个地方有文化的人都能理解。但是，对那些希望学习各地方言，特别是广东和福建方言的人，也可以给予一些指导。到了1832年，考虑到六分之五的学生的父母都是福建人，他们认为学习福建方言是合适的，并且恰好有一个非常优秀的福建方言教师。还有一点关键的是他的工资只是中等水平，低于本土汉语教师的工资，这对于极力想去除支付本土老师薪金所带来的财政负担的英华书院来说，也是一件利好的事情。于是,学生们开始学习福建方言,本土的官话老师在1829年6月结束工作返回中国。不过,为了获得更好的结果,他们仍然认为为高年级的学生找一名官话老师还是合适的。

此外,在他们看来,"无论本地人还是外国人,全面了解他们即将要前往工作的国家的经典著作及其历史、宗教和哲学,是最为重要的,并应该在他们的学习中占据主要地位。一位不熟悉本国文学和历史的本土传道人,会被见多识广的人所鄙视;一位没有阅读过该国人民所重视的书籍,也不能与民众谈论起历史大事或影响其政治情势的主要事件的外国人,将处于极为不利条件之下,被周围的人轻视,并丧失心灵满足和教导的巨大源泉。而且,如果一位宣道师缺乏对一个民族的历史和文学的全面了解,他的教导易于缺乏要点,犹如射击偏离了目标,他要推翻偶像崇拜的尝试几乎很难有正确的导向,他将经常处于误将朋友当作敌人,以及忽视一些集中了异教巨大力量的要点的危险中"(米怜,2008)。因此,除了基督教方面和语言的学习外,英华书院学生学习的科目广泛,涉及多个领域,有天文、地理、历史、几何、算术、道德等。图书馆的藏书也涉及多个知识门类,比如1823年图书总量大约3380册,其中2850册是中文书,涉及伦理学、法律、地理、地形学、天文、历史、诗歌、写作、信件写作、官方文件格式、汉字、中国宗教、自然史、医药、军事艺术、占卜术、戏剧和小说等领域。除了汉语书以外,历史书、圣经评论、艺术和科学方面的基础著作是他们最需要的,他们也特别欢迎任何中国以及其他国家的历史、风俗和习惯方面的书。

五 教学制度与教学方法

（一）教学制度

1825年，Mr. John Moore 将英国制度引入英华书院的英语班。根据英国系统教授高年级的男孩子学习英语很实用。他们在阅读英语上取得了相当的进步。他们被分成四个班，每个班都有一个高年级的做指导。不仅教他们正确地读很多圣经课程，而且还要用心重复，拼出每一个词，把所有的都用各种语言可以接受的词语或习语翻译成马来语和汉语。通过这个方法，虽然很多课程还没有学，但他们已经完全明白并记在心里了。实际上在汉语学习中，此制度也同样被采用。根据学生的程度和级别将他们分成四个班，以水平和能力进行分层教学。

对学生的指导方法，每年几乎没有什么变化，即采用问答式的教学指导方式。他们认为这样能够确保知识的掌握，能传播正确的基督教知识。他们特别注意让学生理解每一课的内容，在问孩子们读什么之前，先让每个人把英语口头翻译成汉语，然后再一字不差地翻译回来。高年级的学生会把他们所学到的知识教给低年级的学生，这也是他们练习的一种方式。

（二）教学方法

翻译法是19世纪流行于欧洲的教学法，这一方法也是英华书院最主要的教学方法。高年级的学生们会逐字地把一种语言翻译成另一种语言，严格地练习语法分析，并给出每个词语或短语在汉语中的对应词语，这个时候，还会给出他们一些句法规则帮助学习。而学生们已经学习的默里（Murray）《英语语法概要》，为语法分析练习打下了基础。低年级的同学在主要学习汉语和英语的基础部分，他们每天练习汉译英、英译汉，记一些带有汉语翻译的英语句子。老师很早的时候就会教学生区分言语的不同部分，并给出每个词在另一个语言中的具体意义。不幸的是，英语语法术语在汉语中没有相对应的词，这为他们的汉语学习增添了困难。1828 年书院唯一的欧洲学生马儒翰（John Robert Morrison）学习汉语的方法主要是把翻译作为练习。翻译法的使用不限于语言学习，在基督教的学习中，也采用了这一方法。他们几乎每天都在进行宗教书籍的汉译英、英译汉练习。此外，1823 年他们还把《大不列颠百科全书》中历史概况的文章翻译成汉语，1828 年学生们把 Joyce 的《科学对话》的一部分翻译成汉语，1829 年高年级的学生每天把 Morell 的《希腊史》的一部分从英语翻译成汉语，还差不多每天都把一本汉语书翻译成英语。

"口头传教是每个基督教布道站非常重要的工作。宣讲福音是一项神圣工作，其本质主要是吸引注意力和传播知识；在教会历史中的每个时期，口头传教一直受到重视，祈求能蒙上帝之福而有益于拯救人类。"（米怜，2008）由于这个原因，他们颇为重视口语的学习。英华书院集中必要的力量来培养本国的和欧洲的口语老师，使他们能逐渐有能力来暴露异教徒的错误，并能阐述、说明和捍卫基督教真理。在语言学习中，学生们经常把一种语言翻译成另一种语言，分析他们读到的动词的含义，当使用习语翻译时，也教他们在整体上理解句子。英语语法和汉英口语占用了他们的精力。

六 教学成果

马六甲英华书院,是新教传教士创办的第一所汉语培训机构,马礼逊 1831 年还在自豪地说:"目前,在英国本土内还没有一所中文学校,我相信,英华书院是英国统治领域内唯一一所教授中文的学校。"① 英华书院在汉语教学上的开创之功不言而喻。但是,从最终的教育结果看,除了梁阿发等个别人虔诚地信奉了基督教并被委任为宣讲福音的牧师以外,多数毕业的学生并没有从事和基督教传播相关的工作。1827 年还未完成学业的两名学生因为不愿错过很好的工作机会,提前离校。他们中的一个到马六甲海关工作,另一个去了新加坡一所 The Rev. Messts. Smith and Tomlin 主管的中文学校教书。1832 年多数毕业生在新加坡做生意,有几个在英国商人手下做到了比较高的位置。1834 年公布的 39 位毕业生名单中,从商者 17 人,政府翻译或文员 5 人,从事航海职业者 4 人,医疗工作者 2 人,其余还有 7 人职业不明,4 人去世。② 较为著名的袁德辉(Shaow tih)1829 年回到中国后,成为北京皇宫里皇帝的西方语言翻译;就连欧美的学生也未能直接服务于基督教的传播工作。马儒翰则到广州商行做了译员;出于商业目的而学习汉语的威廉·C. 亨特也在学成后到广州旗昌洋行工作。这一结果显然未能达到办学的初衷。因此,理雅各(James Legge)担任英华书院校长后,对这一局面十分不满,"他认为

---

① Morrison, E. *Memoirs of the Life and Labours of Robert Morrison*. London, 1834.

② Harrison, Brain. *Waiting for China: The Anglo-Chinese College at Malacca, 1818-1843, and Early Nineteenth-Century Missions*. Hong Kong University Press, 1979.

将一个以研究和传授中国语言文化知识为目的的教育机构,设在远离中国的马六甲,是一个根本的错误;而且由于书院的事物占用了传教士的精力,马礼逊等为它规定的另一个目的——促进对华传教事业——也无法达到,它反而阻碍了传教事业的进行"①。他向伦敦传教会发出建议,将英华书院迁往中国。后来,1841 年伦敦传教会做出决定,关闭马六甲英华书院,1843 年迁往香港,马六甲英华书院就此终结。

---

① 吴义雄《在宗教与世俗之间——基督教新教传教士在华南沿海的早期活动研究》,广东教育出版社,2000 年。

第七章

早期海外任教的中国汉语教师

第一节 美国汉语教学的先驱——戈鲲化[①]

作为外语,中文被列入美国高等院校的教学大纲已有相当长的历史了。然而,究竟始于何人何时,却鲜为人知。最近,根据笔者的调查,发现第一位受聘于美国高校,正式开课教中国语言的,不是语言大师赵元任,也不是某个在中国传教归来的洋传教士,而是清朝的一位知府候选——举人戈鲲化(1835—1882)。时间是1879年9月到1882年2月,比一般传闻的要早一些。

1877年2月22日,曾任美国驻中国牛庄(在辽宁营口市东北)领事的波士顿商人弗兰西斯·耐特(Francis R. Knight),以其亲身的经验和独到的眼光,给当时哈佛大学的校长查理斯·伊利奥特(Charles W. Eliot)写信,提出了在哈佛大学设立一个中文教授的职位的建议。耐特在信中说:

> 过去十五年在中国从事商业和官方事务的经验使我深信,那些到中国居住的(美国)人犯了一个极大的错误。那就是在他们到中国的时候,对中国的语言一无所知,因此只

[①] 本节摘自崔颂人《美国汉语教学的先驱——戈鲲化》,《世界汉语教学》1994年第3期。

能靠所谓的"洋泾浜英语"（pigeon-English）来和那个大帝国的人民交流。过去几年中国已发生了很大的变化，在那儿我们的商业和外交利益正在不断地扩展。而我确信，这些利益将会继续增长，直至其重要性超过其他西方国家，所有这些，使这个错误更为显著，令人痛心。

自从我回美国以后，得知牛津及欧洲不少大学都已设立了中文教授的教职。耶鲁大学也一样，准备委派沃尔斯·威廉斯（Walls Willians）神学博士任中文教授。（注：据记载，耶鲁大学在1876年已开设了中文课，但由于没有学生选课，所以没开成。）已经引起了本人的关注，希望能采取某些措施，把中文教学引进哈佛大学。

伊利奥特校长和哈佛校董会对耐特先生的建议十分重视。经过向波士顿地区有对华贸易经验的商人咨询以后，伊利奥特校长于1877年3月10日给耐特先生回了信，告诉他校董会已同意他的建议。不久，由当时在中国海关任职多年的竹禄（E. B. Drew）先生出面，并经过他的努力，在短期内就筹集了一笔总金额为8750美元的基金，作为设立中文教职的费用。这笔钱的大部分是狄嗣沃尔（Dixwell）等十人逐年捐认的。后来，哈佛校董会又授权耐特先生负责甄选合适的中文教师的工作。

那时候，要挑选一位既有学识，又愿意离乡别井，到异邦去任教三年的中国学者，确实是一件不容易的事情。为了这事，当时伊利奥特校长、耐特先生和中国的竹禄先生，有过相当多的信件来往，有的信长达16页之多（这些信件的原文，现在还保存在哈佛大学的图书馆里）。经过两年多的努力，终于在宁波找到了合适的人选,一位既有学问,又有跟外国人共事经验的安徽徽州人士——戈鲲化。1879年5月26日,由耐特先生代表哈佛大学和戈鲲化在美国驻上海领事馆正式签订了合同。

这份字迹至今还非常清晰的中英文合同规定:大清知府候选戈鲲化,应聘到美国哈佛大学教授中文,从1879年9月1日至1882年8月31日,为期三年,月薪200美元。另外,哈佛还负责提供戈鲲化和家人(一妻二子三女)以及一个佣人和一个翻译共九人的双程船票和旅费。

当时在宁波海关工作的竹禄先生,于1879年7月28日,给伊利奥特校长写了一封长信,介绍了戈鲲化的简历和为人。戈鲲化是安徽徽州人,四十四岁。从小就接受了严格的儒家传统思想教育,才学出众。从二十二岁起,他跟随曾经领兵与太平军作战的清朝将领黄凯方(译音 General Hwang Kai-fang),任文书(secretary)五六年。后来,他到了上海,给美国驻上海领事馆的翻译当教员和文书,负责译文的抄写工作。两年后,他搬到了宁波,在那儿住了十五年。他一直在英国驻宁波领事馆工作,同时也教英国人和法国人中文。竹禄先生就曾经是他的学生。

竹禄先生在推荐信中写道:

> 作为一位教师,这个人确实非常好。由于他长期与外国人共事,对他们的想法和风俗都很熟悉,这使他目前受聘的条件远远优于其他有更高深学问的中国学者(这样的学者往往可能对外国人的想法不了解,也不关心)。对戈鲲化作为教师的资格,是毋庸置疑的。我曾经跟他学过一段时间,另外了解他的两位先生对他也有好评。……戈先生是一个灵敏

机警的人。他言谈清晰,身体健康,自愿赴美,理解力强。他在美居留期间,如果不能引导他编写能教育他的同胞有关外交事务的著作的话,将是一大憾事。

竹禄先生同时还另写了一份关于戈鲲化在哈佛开设中文课的备忘录,供伊利奥特校长参考。主要的内容是:(1)戈鲲化教的是南京话,更准确地说,是南方官话(Southern Mandarin)。(2)因为没有更好的课本,戈鲲化准备选用汤姆斯·韦德(Thomas Wade)先生1867年编的《语言自迩集》(*Yü-yen Tzu-erh Chi*)作为教材。虽然这本书是根据北京话的发音写的,由于戈鲲化对此书很熟,所以在教学时只要对发音做一定的调整,便不会有什么困难。(3)一个班的人数,三到四个人就够了。如果有更多的人学中文,应开两个班。

1879年9月1日,戈鲲化全家,连同一个女佣人、一个女翻译,共九人,乘轮船"格兰芬拉斯"(Glenfinlas)号抵达纽约。根据耐特先生的建议,哈佛大学特地派了一名中国留学生到纽约迎接戈鲲化一行,并陪同他们到波士顿和剑桥。戈鲲化一家先临时住在哈佛校园外围的一间小屋子,后来搬到了剑桥市剑桥街717号。

戈鲲化的到来,在剑桥和波士顿引起了一阵的轰动。当地甚至纽约的报纸都先后登载了一些有关哈佛开设中文课以及采访戈鲲化及其家人的报道和照片。这些文章充满了对这批来自东方文明古国的稀客及他们的言行服饰的好奇和尊重,也表现了对中文课的成功的祝愿和未来美中两国友好关系发展的希望。1879年11月3日《每日图文》(*The Daily Graphic*)的一篇文章写道:

今天我们刊登由波士顿的沃仁（Warren）拍的清朝官员，在剑桥的中文教师戈鲲化的一张照片。他最近才偕妻子和一个有五个孩子、很有意思的家庭来到这个国家。他大约四十五岁。他的举止温文尔雅，体现了贵族般高尚的风度，令人联想到英美旧式学校培养出来的绅士。值得祝贺的是，哈佛大学有胆识，敢于成为这一学海的先行者。哈佛大学不久前明确宣布，自上个月（10月）22日起，任何有能力的人，都可以每天到学校来学中文。这个试验是新奇的，公众自然对其规模、方法和可能的问题都很好奇。官话（Mandarin）是全中国普遍使用的官方语言，是中国文学的载体，也是贸易界使用的语言，特别是在靠北方的港口，如上海、牛庄、天津、芝罘（即烟台）……因此哈佛的中文课，是为下列几种人开的：（1）希望能亲自从第一手资料了解中国的文学、历史和政体的学生。（2）希望为美国领事馆、欧洲政府或中国海关工作，在中国担任一定官方职务的人。不管地方方言是什么，官话都是中国各港口与地方官员沟通的语言。（3）希望至少在一定程度上不依赖翻译，在北方官话通行的港口做生意的商人。（4）希望在已懂得自己居住地区的民众的方言的基础上，再增加一些官话知识的传教士。

1880年的《哈佛年鉴》（*Harvard Register*）上有这么一段话：

1880年的毕业典礼打开了本校历史新的一页。在全体出席的教员中，坐着一位古老的中华帝国真正的成员。每一个善于思考的与会者都会感到戈鲲化这位中文教师的出现和他的使命，正在创造出一种神秘的联系，连接着他来自的古老的国度和我们所属的这个年轻的国家……

戈鲲化于 1879 年 10 月 22 日正式上课。他开的中文课不只限于招收哈佛大学的本科生，同时也接纳校外有兴趣学中文的人士（妇女除外）。任何人，只要向哈佛大学交一定的学费，就可以选修中文。戈鲲化每星期上五天课。上课时，他都穿着清朝的官服。他要求他的学生像中国人尊敬老师一样对待他。在任教期间，他一共有五个学生。

就在合同期快满的前半年，戈鲲化患了重感冒和肺炎，病了两个多星期。先经莫日尔·韦曼医生（Dr. Morril Wyman）治疗，后受到弗兰西斯·敏诺特医生（Dr. Francis Minot）和几个自愿帮忙的医科学生的照料，仍不见好转，不幸在 1882 年 2 月 14 日下午病逝于剑桥街 717 号家中。

戈鲲化的逝世，如同他的到来，在当地引起了不少的关注。波士顿的报纸连续几天都登载了好几篇文章，报道戈鲲化病逝的消息，介绍他的生平事迹，追忆他在美的学术活动，赞美他的为人和品德，悼念这位为中美文化交流而远渡重洋、仙逝异邦的第一位华人中文教师。这里仅摘译其中几段：

> 哈佛大学的中国语言文学教授戈鲲化，这位先生的突然去世，令人悲痛地终止了作为推进我们在华商业利益的手段而开设的中文课的试验。假如这个试验不足以令那些为促成此事而出钱出力的人士满意的话，那么，教授这门深奥的学科的工作，已经不可能放在（比戈鲲化）更好的人士的手上了。教授是一位性格善良、和蔼可亲的人。他是一位对朋友忠诚、情操高尚、尊贵的正人君子。（*Boston Daily*

Advertiser，1882 年 2 月 17 日）

　　他总共只有四五个学生。尽管数量很少，但是成果是令人满意的。这位教授曾在宁波教过英国和法国的学生，据他说他的一位美国学生已超过了他以前在中国教过的所有的外国学生。听说一位自他在哈佛教书起就跟他学中文的学生已具备了跟中国人自由交谈的能力，并且已基本准备好在中国的商界立足开业。……1879 年来美时，戈教授连一句英语还不会说，可是他临死前已经能用我们的语言相当自如地会话了。他是个温文尔雅的人，举止谦虚简朴，性格极为可爱。

（*Boston Daily Advertiser*，1882 年 2 月 15 日）

　　他思路敏捷，记忆力非凡。我从来没发现过他用的引文有什么误差。……他的幽默感是他最突出的特点……一个纯洁、正直的灵魂，一颗善良的心，一个表示欢迎和送别、亲切的微笑，将是哈佛的这位中文教授留下的永远的回忆。

（*Boston Daily Advertiser*，1882 年 2 月 17 日）

　　1882 年 2 月 18 日，哈佛大学在哈佛园内的 Appleton 教堂为戈鲲化举行了一个简单严肃的追悼仪式。中午，装着戈鲲化遗体的铅棺抬进了教堂，跟在尸棺后的是伊利奥特校长和按照中国传统披麻戴孝的戈鲲化的长子戈搏夫（译音 Poh-fu Ko）。出席丧礼的还有当时清朝驻 Hartford 使团的官员敖隆（译音 Onong），在中国海关工作的竹禄先生，以及耐特先生、校董呼坡（Hooper）先生和雷尼（Lane）教授。很多教员和学生也来参加了追悼会。哈佛神学院的埃佛热特（Everet）神学博士主持了丧礼并在会上致悼词。戈鲲化的遗体后来被运回了中国安葬。

1882年5月13日,哈佛大学校长伊利奥特以及Geo M. Lane、George Wales、Henry S. Grew等人联名给《波士顿每日广告人》(*Boston Daily Advertiser*)报社编辑部写信,力陈戈鲲化遗眷回中国后将面临的困难,呼吁公众解囊相助,以筹款成立一个信托基金会,帮助解决戈家今后的生活和子女教育的费用。根据当时清朝驻Hartford使团的资深官员赵光启(译音Kuang-ki Chiu)与中国海关的竹禄先生的建议,如果戈家每年能有固定的300美元左右的收入,生活和长子的教育问题就可以得到解决。经过一番努力,哈佛为戈家筹得了5000美元。这笔钱先在美国投资,然后再用其所得定期汇往中国,作为戈家的生活费用。

尽管戈鲲化没有留下什么重要的著作,他的事迹也甚少人知,但是,作为第一个在美国的大学从事汉语教学的华人,他是值得我们纪念的。

第二节 英国伦敦大学的汉语教师——老舍[①]

老舍作为现代中国的一位伟大的爱国主义作家、人民艺术家和我国当代语言艺术大师闻名于全世界。但是,他也曾经是一位优秀的对外汉语教师,对我国的对外汉语教学也做出过重大贡献,

---

① 本节摘自刘小湘《我国对外汉语教学的珍贵遗产——试论老舍在伦敦期间的对外汉语教学》,《世界汉语教学》1992年第3期。

这一点却很少为人所知，关于这方面的研究至今还是个空白。本节想对老舍在伦敦的对外汉语教学进行一番考察，以引起同行们对这一问题的兴趣和重视。

一

1924 年秋到 1929 年夏，经伦敦基督教会派到中国燕京大学任教的艾温士（Robert Kenneth Evans）教授的推荐，老舍在伦敦大学东方学院从事了五年的对外汉语教学工作。当时，英国人的外语教学在世界上占有着领先的地位。伦敦大学专门设有东方学院，教授远东、近东及非洲的一切语言文字，重要的语言还成立独立的学系。老舍就是这个学院的中国语文系唯一的华人讲师。

老舍最初专教北京官话。后来又应学生和校方的要求，开设了古文、翻译（笔译和口译）、历史文选、道教佛教文选、写作等课程，还在校内做过"唐代爱情小说"的讲座，又曾应邀去英国广播电台（BBC）做汉语知识广播。因此，两年后，他的职称就由原来的"中国语讲师"改为"北京官话以及中国古典文学讲师"了。就这样，老舍在英国辛勤执教度过了五个春秋。据统计，在老舍执教的五年中，学习北京官话的学生平均每年在校总数为 50—60 人，最多的一年 63 人，最少的一年为 41 人。此外，还有个别学生在此学习宁波、广东、厦门、福州等地的方言。而该系的专职教师，连老舍在内只有三个人，其他两人是布鲁斯（J. Percy Bruce）教授和讲师爱德华兹（E. Dora Edwards）小姐，此外就是几位临时兼课的助讲师，可见老舍工作的繁重了。关于这段工作，老舍自我评价说："对于我的工作，我是尽了自己的最大的努力的。我开设了学生们所想学的所有课程,尽管有些课程不在与我签订合同的范围之内。"[1] 他的工作确实得到了东方学院校方和同事们的好评。

在伦敦期间,老舍还和布鲁斯教授和爱德华兹讲师(后升为教授)合作,为"灵格风语言中心"编写了一套课本《言语声片》。[2] 这套汉语教科书为灵格风东方语言丛书之一。该丛书的总编辑是伦敦大学东方学院理事尼·得尼松·罗斯(E. Denison Ross)。全书共30课,分为英文本和中文本两个分册出版。根据该书的"前言"可知,其中第16—27课每课的下半部分(即"会话"部分,而16课以前的15篇课文,只有生词和句型练习,没有会话)以及第28—30课的全部内容都是由老舍执笔的。全书中文部分的编辑工作由老舍负责,书中所有的汉字都是根据老舍的手书制版的,全部生词和课文均由老舍朗读灌制唱片。书和录音唱片都由灵格风协会出版发行。老舍是第一个在世界著名的灵格风协会的出版社出版教材并灌制唱片的华人。这套语言教材和唱片曾在世界上流传,产生过广泛影响。这是一份老舍研究和我国对外汉语教学研究的珍贵资料。

此外,老舍在伦敦执教期间,还帮助英国人克来门特·埃杰顿(Clement Egerton)把我国著名古典小说《金瓶梅》译成英文。英译本《金瓶梅》于1939年由英国乔治·鲁特利父子公司出版。出版时,译者特意在扉页上题词:"献给我的朋友舒庆春!"在"译者说明"中,第一句话就是:"在我开始翻译时,舒庆春先生是

---

[1] 李振杰《老舍在伦敦》,《新文学史料》1990年第1期。
[2] 关于这套教材的情况和发现经过,参见拙作《老舍在伦敦教汉语》,《解放日报》"朝花"副刊1991年8月21日。

东方学院的华语讲师,没有他不懈而慷慨的帮助,我永远也不敢进行这项工作。我将永远感谢他。"(李振杰,1990)由于老舍的帮助,埃杰顿的英译本相当成功,曾一版再版,很受西方读者欢迎。

老舍在东方学院辛勤耕耘五年,不仅写出了《老张的哲学》《赵子曰》《二马》等著名小说,走上了文学道路,而且作为一名对外汉语教学事业的先驱者,为汉语和中华文化的传播做出了不可磨灭的贡献。他对祖国的爱、对祖国文化和语言的爱,他渊博的学识、勤奋的工作态度,以及他在对外汉语教学方面的经验,永远值得我们学习。

二

虽然老舍在伦敦从事对外汉语教学的资料未能全部保存下来,然而在他所参加编写的教材《言语声片》,以及他本人对那段教学生涯的自述中,仍然包含着至今还有价值的丰富经验,值得我们学习。

第一,针对学生的实际需要,教学有的放矢,灵活多样。

东方学院的教学是实用性的、商业化的。它的方针是以学生为中心,来者不拒,尽量满足学生需要。这就必须针对学生实际需要,采取有的放矢、灵活多样的教学方法。在东方学院的学生中,军人和银行里的练习生是成批来学习的,他们的学习目的非常明确。根据当时大英帝国的政策,对军人的外语要求很高。"言语,要能和中国人说话;文字,要能读大报纸上的社论与新闻,和能将中国的操典与公文译成英文。"① 学中文的英国军官，在英国学一年中文，然后就可以派到中国，在中国实践了一些时候再回到英国考试，考试及格便可加薪。银行的练习生们，虽没有军人那样高的要求，但他们考及格了也能混个资格，有被派到东方工作的希望。对于这些学生，就统一编成班，按部就班地进行教学。教师对他们的语言训练较严格，学生的学习积极性也较高，尤其是军人。老舍认得一个年轻的军官，才二十三岁，就已通过了四种语言的考试。

　　此外，大量的是抱着各种不同目的来学习的单个儿学生。他们大多是成年人，而且都有各自的实际需要。据老舍回忆，他们"有的学言语，有的念书，有的要在伦敦大学得学位而来预备论文，有的念元曲，有的念《汉书》，有的是要往中国去，所以先来学几句话，有的是已在中国住过十年八年而想深造……总而言之，他们学的功课不同，程度不同，上课的时间不同，所要的教师也不同"（老舍，1989）。学生的年龄也参差不齐，有七十来岁的老人，有十几岁的孩子，最小的一个才十二岁。有的专学中国字，不大管它们都念作什么；有的则很注重发音，要学标准的华语。对于这些学生，就不能混合编班了，而只能按不同要求分班，因此往往是一人一个班。不仅如此，教师也可由学生指定，如一位注重发音的七十多岁老人就指定要跟老舍学。这样，教授和讲师就很不易当了。比如，有一位英国医生要求教他点儿中国医学，老舍感到为难，那个唯一的教授只好和他对付了一个学期。老舍很佩服教授的这点儿对付劲儿。

---

① 老舍《东方学院》，《老舍文集（第十四卷）》，人民文学出版社，1989年。

在指导思想上以学生为主体，教师为学生服务，适应学生的需要，这在对外汉语教学中有特殊意义。现在来华学汉语的学生都来自不同的国家，有不同的文化背景和文化层次，也有各自不同的要求。但我们有些对外汉语机构，往往只按学生的汉语程度编班统一学习，而不大考虑他们的实际需要和原有文化层次。这样虽方便了"教"，但往往不利于"学"，在一定程度上影响了学生的学习积极性和教学效果。针对这种情况，想想为老舍所称赞的"来者不拒，完全听学生的"的办法，是很有益处的。

第二，编写语言教材，注意中国化、生活化。

如前所述，老舍同两位英国教师为灵格风语言中心合编了一套具有世界影响的教材《言语声片》。该书编写的指导思想相当明确。它的"导言"表明："本课程的目的是使学生能尽力用简单明白、发音准确的中国语交谈。"全套课本是一种"考虑周到的会话"，学生轻松地学完全部课文后，掌握的词汇量将近1000个。"第1—15课，从语法结构的观点编排。第二部分，16—27课，28—30课全部会话由东方学院中文讲师舒先生撰定。它们引导学生学习现代中国人的思考方式和语言表达方式。"（布鲁斯等，1926a）[①]为达到这个目的，编写者（主要是老舍）十分注意语言材料的中国化和生活化。

在根据欧洲人学汉语的语法难点编写的前15课中，除了注意对学生进行语音训练和句型操练外，编写者也有意把与中国文化有关的日常交际用语，如"过奖""贵姓""贵国""贱姓""敝

[①] 布鲁斯、爱德华兹、舒庆春《言语声片（第1卷·英文本）》，The Lingua Phone Institute，1926年。

国""父母还在不在""姐妹出阁了没有"等编写在句子中。

第16课以后,老舍所写的会话部分,都是极富中国情趣的语境对话。它们的标题是:16. 打电话;17. 卖水果;18. 遇友;19. 火车站;20. 游戏;21. 看小说;22. 贺友人结婚;23. 邮政局;24. 银行;25. 洋服庄;26. 烟铺和卖糖的;27. 旅馆;28. 商业谈话;29. 阿刺(拉)伯人和他的骆驼;30. 新闻。一个外国人到中国生活,所需的交际用语几乎都有了,考虑得十分周全。

会话的语言全是现代北京口语,句法灵活,句子简洁有力,自然悦耳,生动活泼,生活气息浓厚,设置的语境完全符合当时北京的生活实情。比如"打电话":

甲:喂,西局一五六二。

乙:有人叫,等一等。

甲:喂,这是西城方宅吗?

丙:是,找哪一位?

甲:张子良要和方志伦先生说话。

丙:是,等一等。

丁:喂,子良么,我是志伦。你在哪儿哪?

甲:我在正阳门大街买东西哪。我说,昨天咱们谈的那件事你办了没有?

……(布鲁斯等,1926b)①

寥寥数笔,勾勒了一幅20世纪20年代北京人用电话办事的日常生活画面。当时的北京只有手摇式电话机,甲(张子良)要

---

① 布鲁斯、爱德华兹、舒庆春《言语声片(第2卷·中文本)》,The Lingua Phone Institute,1926年。

打电话给朋友方志伦（丁），必须先通过北京西局的接线员（乙），恰巧"有人叫"（电话占线，这是常有的事），接通了方宅的电话后，电话机旁的人并非方志伦（这也是常有的事），所以要请丙叫一下。学生学了这篇课文，不仅掌握了打电话时所要用的汉语，也了解了当时北京（包括中国各大城市）电话通信的情况。

类似的例子，在老舍写的课文中比比皆是，限于篇幅，这里就不一一列举了。

这些富有中国生活情趣的对话，听起来好听，念起来顺口，易懂易学，而且有丰富的语境知识。从中，学生不仅能学会说标准的中国话，而且能了解现代中国的人情风貌，使身在英国的学生也能体会现代中国人的思维方式和语言表达方式。

第三，听力领先，着重培养学生的言语能力。

在第二语言教学中，如何有效地提高学习者的言语能力呢？当代语言教学家提出先听后说，靠大量的听觉输入帮助第二语言学习者在大脑中储存足够的言语信息，以促进口头表达，培养言语交际能力。[①] 笔者惊喜地发现，在老舍参加编写的《言语声片》中，就已经对此十分重视了。《言语声片》英文本第25页上的"学习提示"中，第1—9条都是对学习者怎样听录音提出的要求。第1—3条，要求学生着重注意听发音，先不要去理解意义，反复地听，"直到那谐和的声音印在记忆中"。第4—6条要求学生听的时候要注意汉语的声韵调、停顿、重音和语境。第7条才要求学生在"耳朵熟悉了发音和节奏"后再注意词义，阅读有关语法的注解。第8—9条仍要求学生看着译文听录音，反复听，

---

① 杨惠元《论听和说》，《语言教学与研究》1991年第1期。

直到不需要译文的帮助也能听懂为止。然后看着译文重复说汉语句子,直至"一开口它就能自己从舌头上滚下来(布鲁斯等,1926a)"。由此可见,老舍与他的同事们对听力的强调。

东方学院对学生的口语交际能力有较高的要求,根据老舍的回忆,"言语,要能和中国人说话"。在现实的交际中,先要听懂中国人说的话,才能和中国人说话。听是说的基础,这一点从儿童习得母语的过程中就可以得到证明。成年人第二语言的习得虽跟儿童习得母语有很大区别,但先听后说的规律是相同的。六十多年以前老舍和他的同事们就是按这一规律办事的。他们从训练学生的听力入手,首先要求学生看着书听生词的录音,注意书的注释中提到的首音(声母)和尾音(韵母)以及四声变化;其次让学生听句子,注意汉语的节奏和重音;最后听完整的段落,让学生体会语流中语音的不同排列组合,体会汉语中词序的重要性。通过这样的反复训练,提高学生对汉语的听音辨调能力,学会从声韵调以及重音、停顿、语气的变化中辨认区分说话人所要提供的信息,体会说话人流露的感情,同时也有利于学习说汉语。

老舍和他在东方学院的同事们所强调的听力领先的训练方法,确实对培养学生的言语交际能力十分有效。他们训练出来的英国人,尤其是英国军官,能说一口流利汉语的人才不少。

第四,担负语言教学和文化传播的双重任务。

在伦敦教外国人学汉语的同时,老舍还十分注意传播中国文化,担负起语言教学和文化传播的双重任务。

首先,他在编写语言教材时,注意介绍当时中国的国情和中国人语言交际时的文化心理,这些我们已经在上文略做剖析。为了让英国学生学好汉字，教材中还对汉字的笔画结构做了分析，对汉字的演变历史和构字方法做了介绍，《言语声片》（第二卷，中文本）的"学习提示"中就以"永"字为例对中国字的笔画和笔顺做了详细说明。在《言语声片》中文本的"附录"中，还印有老舍亲笔书写的214个汉字和部首的现代形体（楷书）和古代形体（小篆），让英国学生对中国汉字文化有一个感性了解。

其次，除了教北京官话以外，他还主动开设中国古文和历史文选课，为东方学院举办"东方和非洲诗歌"讲座，演讲"唐代爱情小说"，弘扬中华民族悠久的历史文化。

最后，就是前述关于《金瓶梅》的翻译介绍了。对于《金瓶梅》，老舍的评价极高，他在《现代中国小说》一文中写道："明代最杰出的白话小说是《金瓶梅》，由英国人克里门特·艾支顿（Clement Egerton）译成英语，译本书名是 *The Golden Lotus*。在我看来，《金瓶梅》是自有中国小说以来最伟大的作品之一。……《金瓶梅》用山东方言写成，是一部十分严肃的作品，是大手笔。"[①] 基于这样的评价，老舍才"不懈而慷慨"地帮助埃杰顿把《金瓶梅》译成英文，把它介绍给西方和全世界。

三

老舍在伦敦从事对外汉语教学的五年，不仅给我们留下了宝贵的经验，而且在如何当好一名对外汉语教师方面，也给了我们重要的启迪。他启示我们：作为一名对外汉语教师，首先要热爱

---

① 老舍《现代中国小说》，区鉷译，《中国现代文学研究丛刊》1986年第3期。

自己的祖国，热爱祖国的语言和文化，同时要有扎实的语言文字修养，熟悉汉语的自身规律，有比较渊博的祖国历史文化知识，有较高的写作水平，还要有一定的外语（学生母语）能力。

老舍之所以能成为一名优秀的对外汉语教师，首先来自他的爱国精神。他在伦敦的文学创作，特别是长篇小说《二马》，就是这种精神的明证。正是这种崇高的爱国精神，使他具有一个堂堂正正的中国人的品格，而受到同行们的尊重。其次，是由于他本人具有较高的语言文化修养。他有较高的汉语文造诣，除了他的文学创作，他在《言语声片》中所写的课文也是极富文采、生动形象、耐人寻味的。他有广博的文化知识，对祖国古今历史文化、文学艺术乃至民间习俗都很熟悉，因此无论教课还是编写教材都能得心应手，适合学生需要。他有丰富的教学经验和生活阅历，在赴伦敦前已经在北京的教育界执教多年；他善于洞察人生，特别对中国城市中下层社会和贫苦人民十分熟悉。因此，他编写的语言教材既符合教学规律，又充满了浓厚的生活气息。他有较高的外语水平，赴伦敦前曾在燕京大学旁听掌握了英语，并得到英籍教授艾温士的赏识。到了伦敦后，他仍千方百计不断提高自己的英语水平。他曾孜孜不倦地在东方学院的图书馆抱着字典阅读莎士比亚等著名作家的原著，提高了阅读能力。他还注意学好英国人的口语，他同埃杰顿合租一层楼并与他"一气在那里住了三年"，"差不多是为学些地道好英文"[①]，因为埃杰顿的英语说得非常漂亮。正是由于这些原因，加上老舍对工作的认真负责，

---

① 老舍《我的几个房东》，《老舍文集（第十四卷）》，人民文学出版社，1989年。

对同事的热情诚恳,使他在短短的五年教学生涯中取得了令人瞩目的成绩。至今,东方学院(现改名为亚非学院)仍不忘这位六十多年前的华人讲师,图书馆里还收藏有他的许多作品和研究他的著作。

今天,我国对外汉语教学得到了飞速的发展。与老舍那个时代相比,今天我们的教学研究领域要深广得多了,我们的教学手段也先进得多了。但是,重新审视六十多年前老舍所做的一切,仍然感到具有重大的开创意义和启示作用。他在对外汉语教学方面所做的贡献是我国对外汉语教学领域中的珍贵遗产,值得我们研究、继承和发扬。

第三节 任教朝鲜的汉语教师——魏建功[①]

研究对外汉语教学历史的人大都知道,"20 年代到 40 年代,就有老舍、萧乾、曹靖华这样一些著名的作家学者从事过对外汉语教学,而且取得了很大成就"[②]。

其中老舍先生更是一位在国外最早从事对外汉语教学工作,并且时间最长的优秀的对外汉语教师。从 1924 年秋到 1929 年夏,老舍先生经伦敦基督教会派往燕京大学任教的艾温士教授(Robert

---

[①] 本节摘自赵金铭《魏建功先生在朝鲜教汉语和在台湾推广"国语"的贡献》,《世界汉语教学》2002 年第 3 期。

[②] 鲁健骥《谈对外汉语教学历史的研究——对外汉语教学学科建设的一个重要课题》,《语言文字应用》1998 年第 4 期。

Kenneth Evans）的推荐，在近五年的时间里，由专教北京官话开始，陆续开设了古文、翻译（笔译、口译）、历史文选、道教佛教文选等课程。他当年讲课的录音，至今依然完好地保存在伦敦。据统计称，在老舍先生执教的五年之中，学习北京官话的学生，每年在校总数平均为 50—60 人，最多的一年为 63 人，最少的一年也有 41 人。他的工作得到东方学院校方和同学的一致好评。①

老舍可算是 20 世纪初叶在国外从事对外汉语教学的第一人。老舍到伦敦两年之后，1927 年 4 月，另一位青年学者又远离故乡，来到朝鲜汉城（今韩国首尔）教汉语，这就是后来名闻中外的语言文字学家魏建功先生，当时他年仅二十六岁。魏建功从事对外汉语教学却鲜为人知。1948 年魏建功回忆自己在朝鲜一年多的教汉语经历时，曾说，二十年前他"曾经受了朝鲜京城大学的聘"，去担任汉语的课程。②

魏建功所任教的朝鲜"京城大学"，是日本人在 20 世纪 20 年代创办的，全名为"京城帝国大学"，即后来的韩国汉城大学（今首尔大学）。当时任校长的是日本人服部宇之吉。这是一位在日本文化教育界很有资望的人士。清朝曾在北京"京师大学堂"（北京大学前身）当过教习，是一位对教育，特别是对语言教育颇有眼光的人。当时他所任校长之大学正准备开办本科，他一改以往的做法，改从北京聘请大学毕业生前往朝鲜教授汉语。

---

① 张亚军《对外汉语教法学》，现代出版社，1990 年。刘小湘《我国对外汉语教学的珍贵遗产——试论老舍在伦敦期间的对外汉语教学》，《世界汉语教学》1992 年第 3 期。老舍《东方学院》，《老舍文集（第十四卷）》，人民文学出版社，1989 年。

② 魏建功《文法学的理论与实际》，《国文月刊》1949 年第 76 期。

魏建功于1919年秋，考入北京大学预科乙部，主修英语。1921年转入中国文学系，1925年毕业后留校工作，任北京大学国学门助教，资格具备，正逢其时。对日本人聘他去朝鲜教汉语，魏建功认为："这是日本人对于汉语在大学里传习的一个新态度，他们向我的母校——北京大学——文学系邀约教员，把中国语文教学从用一两个教'京话'的发音人的办法，改变为请懂得文字音韵的人担任。"①

这里有两处值得深究：一、何以必向北京大学邀约教员？二、在教师资格的取舍上为何改变以往的做法？

在20世纪20年代，在北京的各大学中，唯独北京大学文学系与日本文化界的联系最为密切。诸位名教授如马裕藻、刘师培、沈尹默、钱玄同、朱希祖、张凤举、周氏兄弟（周树人、周作人）等均日本留学。日本文化界在中国有关文化交往事宜也总是通过北大诸君来联系，服部宇之吉此次招聘教员，就是委托当时在北京游学的一个日本人今村完道向北大文学系张凤举教授提出的。张与沈尹默商讨后决定推荐魏建功前往。当时正是发生段祺瑞北洋政府镇压学生的"三一八"惨案之后，魏建功已离开北大，避在徐州第三师范学校任国文教员，接到通知回北京后，由沈带去与今村完道见面谈妥，于1927年3月底从北京出发去朝鲜汉城赴任。②

朝鲜的汉语教学传统可说源远流长。朝鲜国家正式设立太学

---

① 赵金铭《魏建功》，《中国现代语言学家（第一分册）》，河北人民出版社，1980年。

② 魏建功先生之子魏至先生所提供的《有关魏建功先生在汉城"京城帝大"任教的一些情况》，打印稿，1998年。

讲授汉语是公元372年,是为高句丽第十七代小兽林王二年,这是国家正式讲授汉语的开始。近世以还,朝鲜人学习汉语的方法与日本人近似,采取"训读"和"音读"并用的方法来读汉字。所谓"训读"就是把汉字按照朝鲜语语音来读,而"音读"则是按照中国的汉音、唐音或吴音来读。至于书写,一直到1444年朝鲜创制自己的文字"训民正音"以前,是利用汉字作为记写符号的(李得春,1984[①];张亚军,1990)。到了日本人统治时期,朝鲜人学汉语都是雇佣老北京"旗人"(即满族人)教地道的北京话,然而所用的教材依然是明朝初年编定的朝鲜人学习汉语的两种课本,《朴通事》和《老乞大》。这两种会话书里的语言跟元曲说白的语言,无论就语法说或是就词汇说,都没有多大差别,虽然,我们从两种书的内容上可以判断那里边写的是北京口语,[②] 但究竟是六七百年前的语言,显得陈旧了,与现代北京话相比已有很大的差距。教材过时,方法古板,教师又不懂文字音韵之学,改弦更张,势在必行。在这种情况下,魏建功作为中国语讲师来到了"帝大法文学部"(即法学与文学部),担任中国文学和中国哲学两个讲座(相当现在所称之"专业")的中国语教学。魏建功一改以往的传统教学,首先更换教材,他以刘鹗(铁云)的《老残游记》为汉语课本,拿当时国内公布仅几年的"注音符号"为汉字注音,借助于学生已有的汉语文言,特别是以英语为媒介语进行授课与操练(《有关魏建功先生在汉城"京城帝大"任教

---

① 李得春《朝鲜历代汉语研究译介》,《延边大学学报(社会科学版)》1984年第2期。

② 罗常培、吕叔湘《现代汉语规范问题》,《现代汉语规范问题学术会议文件汇编》,科学出版社,1956年。

的一些情况》，1998）。1936年魏建功谈及他在汉城教汉语时说："余以民国十六年春侨朝鲜汉城，为京城大学华语讲师，所业不过舌人译事，伴学者如小儿婴娩，终日几无可与语。"① 由此看来，魏建功从事的是口语教学，"舌人"为证；教学中采用翻译法，是为传统的语言教学法，"译事"佐之。而学习者多不会说汉语，但敢于开口说汉语，如婴儿学舌。因此，魏建功从事的是初级阶段的汉语教学。

那个时候在异国教授汉语，是十分困难的，即以推广白话文运动而言，也是阻力很大的。1919年，蔡元培先生就与守旧而反对白话文的林琴南（纾）展开过激烈的辩论。林称白话为"引车卖浆之徒所操之语"，嘲讽北京大学"凡京津之稗贩，均可用为教授矣"（林纾《致蔡鹤卿太史书》）。蔡先生以实证答之："北京大学教员中，善作白话者，为胡适之、钱玄同、周启明（作人）诸君，公何以证知为非博极群书，非能作古文，而仅以白话文藏拙者？"（蔡元培《答琴南书》）魏建功在国外教汉语，也是勇者所为。那时，注音字母才公布了几个年头，并未十分推广，魏建功已用之国外，也是一种远见卓识。那时候，国内的语言学研究尚无进展，正缺少有系统的语法书作为教学之依据，虽然语法学者都在做有系统的研究，而"为了一些外国学生讲解上应用的就绝对找不着"（魏建功，1949）。在这种条件下，魏建功凭着自己对语言理论的认识，仗着自己深厚的国学功底，以及对语言教学与学习的理解，对汉语教学做了大胆的革新。二十年后，魏

---

① 魏建功《影印皇明遗民传跋》，天津《益世报》1936年4月23日第12版。文中的"婴娩"即婴儿。《释名·释长幼》："人始生曰婴儿……或曰婴娩。婴，是也，言是人也。娩，其啼声也。故因以名之也。"

建功在忆及这段教学经历时,虽轻描淡写地说:"当时只是把注音字母教给学生,却没有条分缕析地将语言组织讲个明白。"又说:"我教的是我们现代的口语,却利用着学生所懂的我们前代的文言做解释,又不三不四地拿英语帮忙。"(魏建功,1949)我们却从中悟出不少道理。

魏建功以《老残游记》为课本,是想既教现代活的语言,又能传承中国文化。1942年吕叔湘先生出版的《中国文法要略》中就选用了其中不少例句。魏建功选为教材,正是着眼于语言流畅,十分口语化。它的文化底蕴正如鲁迅所说,刘铁云"借铁英号老残者之游行,而历记其言论闻见,叙景状物,时有可观,作者信仰,并见于内,而攻击官吏之处亦多"[1]。

"嘴上用声音系统表示意思的是语言,纸上用形体组织表示意思的是文字,文字纯粹记录我们的语言。"在魏建功看来,语言是一套符号,文字是另一套符号,两套符号系统从不同的方面记录着我们的话。于是,魏建功认为,说到汉语的组织,那么"在嘴上是一串声音的排列变化,在纸上也应该是这一串声音的排列变化,不过用文字记录出来"(魏建功,1949)。明乎此,我们就不难理解魏建功在教材选取上的眼光,以及在教学方法上的改进。

魏建功在汉城教授汉语共一年零四个月,1928年8月,在国内发生了日本帝国主义在山东屠杀中国军民五千余人震惊中外的济南惨案,他在朝鲜也不能忍受日本人的欺凌,在爱国热情的驱使下,毅然归国。[2]

---

[1] 鲁迅《中国小说史略》,人民文学出版社,1973年。
[2] 董鹏程《台湾推行"国语"教育的经验与对外推行华文的展望》,《第四届国际汉语教学讨论会论文选》,北京语言学院出版社,1995年。

编后记

世界汉语教育史是一个全新的研究领域，它极大地拓宽了汉语作为第二语言教学的研究范围，使学科有了深厚的历史根基。以 2003 年张西平等编著的《西方人早期汉语学习史调查》出版为起点，以 2004 年成立的世界汉语教育史研究学会为基本队伍，以 2009 年张西平主编的《世界汉语教育史》（赵金铭等总主编的"商务馆对外汉语专业本科系列教材"之一）为标志，十余年来，随着更多学者的进入，更多文献的发掘整理，更多文本的翻译研究，这个研究领域进展迅速，取得了丰硕的成果。

为了更好地展现汉语作为第二语言教学史的研究成果，论文集收入了自 20 世纪 90 年代以来本领域内具有代表性的一批论文，从"汉语作为第二语言教学史研究的兴起""汉语作为第二语言教学的历史发展""历史上外国人所编对外汉语教材""历史上外国人所编双语学习词典""早期西方人的汉语学习与汉语研究""历史上外国人创办的汉语教学机构""早期海外任教的中国汉语教师"几个板块做了较为系统的梳理。由于篇幅有限，还有很多优秀的研究成果在本集中未能收入，希望今后能继续整理出版。

感谢丛书主编赵金铭教授高瞻远瞩的学术眼光，将汉语教育史纳入整个书系。在论文的选编整理过程中，得到了入选作者的大力支持，在此向各位专家学者深表谢意。北京外国语大学国际中国文化研究院的杜芳、张天皓、徐爽、孟祥源等几位研究生同学付出了巨大的辛劳，也向他们表示衷心的感谢。感谢责任编辑刘婷婷对书稿的严格审校。没有他们的努力，也不会有这部论文集的顺利出版。

编者希望通过论文集的出版，将世界汉语教育史的研究进一步纳入对外汉语教学界和中国语言学界的学术视野，尽绵薄之力推动学界把对中国语言的思考、对"汉语国际教育"的研究扩展到一个更为宽阔的学术空间。

编者

2018年4月于北京

图书在版编目(CIP)数据

汉语作为第二语言教学史研究/张西平主编.—北京:商务印书馆,2019
(商务馆对外汉语教学专题研究书系.第二辑)
ISBN 978-7-100-16732-1

Ⅰ.①汉… Ⅱ.①张… Ⅲ.①汉语—对外汉语教学—教育史—研究 Ⅳ.①H195

中国版本图书馆CIP数据核字(2018)第237694号

权利保留,侵权必究。

汉语作为第二语言教学史研究
张西平 主编

商 务 印 书 馆 出 版
(北京王府井大街36号 邮政编码100710)
商 务 印 书 馆 发 行
北京市艺辉印刷有限公司印刷
ISBN 978-7-100-16732-1

2019年4月第1版　　开本880×1230　1/32
2019年4月北京第1次印刷　印张11¾
定价:38.00元